U0554451

海关高等教育教材
HAIGUAN GAODENG JIAOYU JIAOCAI

海关行政法原理与实务

HAIGUAN XINGZHENGFA YUANLI YU SHIWU

主　编◎王丽英　　副主编◎祝少春　吴　展

中国海关出版社有限公司
·北京·

图书在版编目（CIP）数据

海关行政法原理与实务/王丽英主编. —北京：中国海关出版社有限公司，2022.7

ISBN 978-7-5175-0590-7

Ⅰ.①海… Ⅱ.①王… Ⅲ.海关法—行政法—中国—高等学校—教材
Ⅳ.①D922.221

中国版本图书馆 CIP 数据核字（2022）第 122816 号

海关行政法原理与实务
HAIGUAN XINGZHENGFA YUANLI YU SHIWU

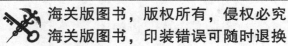

主　　编：王丽英
副 主 编：祝少春　吴　展
责任编辑：吴　婷
出版发行：中国海关出版社有限公司
社　　址：北京市朝阳区东四环南路甲 1 号　　邮政编码：100023
网　　址：www.customskb.com/book
编 辑 部：01065194242-7532（电话）
发 行 部：01065194221/4238/4246/4247（电话）　01065194233（传真）
社办书店：01065195616/5127（电话）　01065194262/63（邮购电话）
https://weidian.com/?userid=319526934（网址）
印　　刷：北京鑫益晖印刷有限公司　　经　　销：新华书店
开　　本：787mm×1092mm　1/16
印　　张：17.25　　字　　数：456 千字
版　　次：2022 年 7 月第 1 版
印　　次：2022 年 7 月第 1 次印刷
书　　号：ISBN 978-7-5175-0590-7
定　　价：58.00 元

“海关高等教育教材”丛书序

我国古代海关的起源，一般认为是在西周，至今已有三千多年的历史。其名称几经变迁，经历过关、塞、关楼、津、市、市舶司、月港督饷馆、钞关、户关、工关、榷关、常关等，直到清代康熙二十四年（1685 年），中国历史上才第一次出现了正式的、以海关命名的进出境关口。1840 年鸦片战争以后，中国逐渐沦为半殖民地半封建国家，丧失了关税自主权和海关行政管理权。为培养我国自己的税务、海关人才，清政府于 1908 年在北京创办了税务学堂。1913 年，北洋政府教育部批准将税务学堂改名为税务专门学校。在四十余年的办学中，该校为中国海关培养了两千余名专业人才。

中华人民共和国的海关专业教育起步于 1953 年，以上海海关学校的设立为标志。1980 年，经国务院批准，上海海关学校升格为上海海关专科学校。1996 年更名为上海海关高等专科学校。2007 年 3 月，教育部批准在上海海关高等专科学校的基础上设立上海海关学院，设置了管理学、经济学、法学、文学等若干本科专业。上海海关学院作为全国唯一设置系列海关类课程和专业的本科院校，承担着传播海关专业知识、培养海关专门人才、进行海关学术研究、开展海关国际交流与合作的重任。

上海海关学院的发展，事关人才培养重任，事关国家的海关改革与发展，如何更好地服务国家战略，需要我们冷静思考、科学规划、抓住机遇、真抓实干，在新的起点上以新的办学思路、新的办学举措、新的办学业绩来适应新时代海关事业的改革与发展，以及国际经济贸易的发展。

在海关总署党组的领导和全国海关的支持下，升本后的上海海关学院严格按照教育教学规律组织教学工作，夯实教学管理基础，切实加强教学监控，狠抓人才培养质量，并积极探索构建以海关学为核心的学科群，探讨海关学基础理论，明确海关学的研究对象，建立包括海关管理学、海关法学、关税学等在内的二级学科理论体系，努力使中国海关拥有与自身地位相匹配的学科地位。

为满足迅速发展的海关高等教育的实际需要，2009 年以来，学校连续两轮组织教师编写“海关高等教育教材”。该套教材涵盖了海关法律、关税、商品归类、海关估价、海关稽查、海关统计、风险管理、原产地规则、海关专业英语等诸多内容，具有涉及海关专业诸多领域、专业性强、偏重原理、强调理论和实践相结合等特点。“海关高等教育教材”不仅能满足海关高等教育的需要，同时也是对海关实践的理论总结，对丰富和发展海关学科专业，构建以海关学为核心的学科群具有重要的意义。

自2015年起，在教材使用的基础上，我们认真总结教材编写方面的经验，贴合海关和外经贸事业发展对人才培养的实际需求，启动新一轮教材体系建设工作。我们将始终坚持以教材体系建设为抓手，推动学校走特色办学、内涵建设发展之路，着力在“三型一高”，即应用型、复合型、涉外型的高素质人才培养方面发挥应有的作用，早日实现建设海关鲜明特色、服务国家战略、具有国际影响力的世界一流高等学府的办学目标。我们相信，本着科学、务实、与时俱进的精神编写的教材，不仅能够为学校的教学提供科学适用的教材，也将为海关学科建设和人才培养做出积极的贡献。

上海海关学院院长 丛玉豪

2018年2月

前　言

海关作为国家行政机关，具有行政处罚、行政强制、行政征收、行政许可、行政检查等诸多行政权力。孟德斯鸠说："一切有权力的人都习惯于滥用权力，这是万古不易的一条经验。有权力的人使用权力一直到遇到界限的地方才休止。"习近平总书记指出"把权力关进制度的笼子里"。因此，在一个以"权利为本位"为价值取向的法治社会里，规范和制约海关权力是十分必要的。如通过行政组织法，控制行政权的权源；通过行政程序法，控制和规范行政权行使的方式；通过行政法制监督法、行政责任法、行政救济法等制约行政权的滥用。本教材设置的"第一编　海关行政法总论""第二编　海关行政行为论""第三编　海关行政救济论"的内容涵盖了海关行政组织法、海关行政程序法、海关行政法制监督及海关行政救济等内容，体现了规范权力、保护权利理念，具有一般行政法理论框架及特点。

从法学体系而言，海关行政法是重要的部门行政法；从海关执法而言，海关行政法是海关重要的执法依据。海关行政法具有一般行政法的特点，比起其他部门行政法，又具有调整对象的涉外性（进出境监管相关）、政策性（紧跟海关改革步伐）、救济手段的特殊性（纳税争议复议前置）等个性化特点，所以有必要形成一门独立课程及一本专门教材。

《海关行政法原理与实务》在2013年由复旦大学出版社出版并投入使用，在2017年获得海关总署优秀教材奖。现今，海关机构发生了变化（2018年4月20日出入境检验检疫管理职责和队伍划入海关总署），相关法律法规进行了修改或新增［如修改了《中华人民共和国立法法》（以下简称《立法法》）、《中华人民共和国监察法》（以下简称《监察法》）、《中华人民共和国行政诉讼法》（以下简称《行政诉讼法》）、《中华人民共和国行政处罚法》（以下简称《行政处罚法》）、《中华人民共和国行政复议法》（以下简称《行政复议法》）等；增加或修改了《中华人民共和国进出口商品检验法》《中华人民共和国进出境动植物检疫法》《中华人民共和国国境卫生检疫法》《中华人民共和国食品安全法》《中华人民共和国海关行政许可管理办法》《中华人民共和国船舶吨税法》等］，教材要呼应这些变化和法律法规的修改，进行全面修改。

教材紧紧围绕和依据相关法律法规，紧密结合海关行政执法实践，在对海关行政法渊源和基本原则、海关行政处罚、海关行政强制、海关行政许可、海关行政程序、海关行政救济等方面进行系统、全面、科学的介绍的同时，深入探讨和研究了海关行政法诸多理论问题，如海关行政的特点、海关行政合理性原则、海关程序违法、海关行政复议案件管辖、海关行政复议与诉讼的衔接等，并提出了独立见解。目前我国在部门行政法领域的研究比较薄弱，加上海关执法领域的特殊性，海关行政执法更多涉及归类、估价、原产地等海关业务知识，相关研究较少或相对薄弱。所以本教材的修订出版，必将拓展行政法的理论研究领域，活跃行政法的学术氛围，具有一定的理论价值和创新性。

本教材的特点是内容丰富、资料翔实，包括海关行政法基本概念的界定、海关行政行为（海关行政立法及海关行政具体行为）研究、海关行政复议研究、海关行政诉讼研究、海关行政赔偿研究等，不仅涵盖海关行政法基本理论，同时也关注和研究海关行政法前沿问题和焦点问题，来自海关实践，又服务于海关实践。本教材写作模式独特之处在于：既包括海关行政法理论部分，又包括海关行政行为的具体程序部分；既有理论阐述，又有案例实践；既有国内的相关知识，又介绍了国外的相关规定。这有利于海关执法办案，是海关办理行政案件的“好帮手”，对办案人员来说是直接可以运用的一本实用手册。

本教材由上海海关学院主讲海关行政法课程的法学教授王丽英策划和组织编写，主讲海关监管等课程的法学副教授祝少春以及主讲行政法与行政诉讼法等课程的法学副教授吴展作为副主编参与编写。其中，吴展副教授撰写“第一编 海关行政法总论”（第一章至第七章），祝少春副教授撰写“第二编 海关行政行为论”（第八章至第十四章），王丽英教授撰写“第三编 海关行政救济论”（第十五章至第十七章），并负责全文的统稿。三位教师具有多年的教学经验，保证了教材的专业性、理论性及实务性。

王丽英

2022 年 3 月于上海

目 录

第一编 海关行政法总论

第二编 海关行政行为论

第三编 海关行政救济论

第一编　海关行政法总论

第一章 海关行政法概述

第一节 海关行政概述

作为行政法研究前提的“行政”一直是行政法研究者关注的重点范畴之一。在实际研习过程中，由于人类社会不同历史时期的“行政”所具有的重要性及其变迁，以及行政法学之外的政治学、行政学、管理学等诸多学科也对“行政”予以广泛关注，“行政”自身特质由于关注的众多而成为一个表面上简单、深究起来却相当复杂的问题。因此，对海关行政作较为清晰的界定，同样是海关行政法研习者的首要工作。

一、海关的概念与性质

（一）海关的概念

海关的英文是 Customs House，权威的法律工具书《布莱克法律辞典》对海关的界定是：“设在货物进出口地的机构或办公室，其职责是根据进出口情况应收取或支付的关税、优惠税或退税，以及为船只等交通工具验关放行，是对商品进口税进行检查和估价的一个政府机关。”《中华人民共和国海关法》（以下简称《海关法》）第二条的表述是：“中华人民共和国海关是国家的进出关境监督管理机关。”海关是国家赋予权力管理货物、物品进出关境的行政机关，其管理的主要方法是关税和决定货物、物品是否可以出入关境，而人员的进出，则不是海关的管辖范围。另外，海关是国家法律、政策的执行机关，可以向政策制定机关、决策制定机关提供信息，但其本身不负责指导或影响宏观政策的制定。因此，海关作为一种国家机关的定位，在很多情形下是很难准确定性的。对此，法国海关法学家克劳德若·贝尔、亨利·特雷莫在其《海关法学》一开头就提出海关是税收机关还是经济部门的问题：“税收机关还是经济部门？这是人们长期以来对海关反复提出的问题，在他们眼里，海关时而是前者，时而又是后者。”

基于上述情形，遵循成文法依据对海关予以界定就成为一种相对准确的选择。其原因在于，无论是在国内还是国际法律层面，海关的定义都具有一定的权威性。依据我国海关法律规范的规定，海关可以被界定为依据本国（或地区）[①] 海关法律、行政法规行使进出境监督管理职权的国家行政机关。在具体职权方面，由于自 2018 年 4 月 20 日起，出入境检验检疫管理职责和队伍划入海关总署，海关在具体执法工作过程中除了依照海关法律规范监管进出境的运输工具、货物、行李物品、邮递物品和其他物品，征收关税和其他税、

① 主要表现为一些单独关税区。

费，查缉走私，并编制海关统计之外，还要进行进出境领域的卫生检疫和动植物检疫、进出口商品检验、进出口食品安全监管并办理其他海关业务。

（二）海关的性质

1. 海关是监督进出关境活动的国家管理机关

海关由国家设立，是代表国家专门在进出关境环节对货物、物品或运输工具实施监督管理的行政机关。在对外贸易活动中，海关作为国家的进出关境监督管理机关，依据《海关法》所赋予的权力，代表国家在口岸和与进出境运输工具、进出境物品有关的场所行使管理职能。当然，在具体的海关活动中，海关行使管理职能的方式是综合性的。首先，海关可以依照法律和行政法规赋予的权力，制定具体的海关行政规章或行政措施；其次，海关可以对进出关境业务活动实施监督管理，以保证其按照国家的法律规范进行；再次，海关可以对那些违法行为依法实施处罚。就其根本而言，海关在进出境环节所发挥的是有别于其他国家行政机关的监督管理职能。在具体监督管理活动中，海关所采取的措施、手段也主要具有行政和经济性质。

2. 海关是国家行政执法机关

作为实施对外贸易法及国家对外贸易管制政策和措施的重要政府部门，海关是执行国家行政管理有关制度的行政执法机关。从一种过程论的视角来说，国家的对外贸易管理措施主要是通过海关管理活动实现的。同时，作为一种综合性的行政执法活动，海关行政执法涉及国家治理的诸多层面，比如国民经济管理、文化教育管理、国防管理、外事管理等。从法律的本质来说，海关行政执法是国家行政机关保证法律、法规实施的行政执法行为。在实践层面，海关的监督管理是依照法定职权、法定程序与有关法律、法规的规定作出的行政执法活动。上述行政执法活动既可能表现为对进出关境的监督管理对象施加影响，也可能表现为直接进行监督检查，甚至表现为采取行政强制措施，排除行政执法过程中所可能遇到的阻力。

3. 海关是履行监督管理职能的国家行政机关

随着我国改革开放基本国策的不断推进，我国的经济体制和外贸体制产生了巨大的变革，传统的以计划经济为主的体制逐步转轨为社会主义市场经济体制。由此带来的变化是，政府直接组织企业经济活动的职能转变为间接管理，从而使得政府具体组织、领导企业经济活动的职能逐渐减少。在此背景下，作为政府行政机关之一的海关所发挥的监督管理职能日渐凸显。海关采取立体性的措施履行其监督管理职能是海关作为国家行政机关应有的职责。①

---

① 当然，从根本的角度来说，海关监督管理职能的行使是服务于国家经济发展的目的的。但海关服务经济发展的基础是根据健全的法律规范实施高效的监督管理，而不是放弃或削弱海关监管的无原则服务。

二、海关行政的概念与特征

（一）海关行政的概念

海关作为国家行政系统中的一员，其运作行政权的各种行为是有关国家的事务管理或社会公共管理的综合活动。依照一般的行政法理，海关行政可以界定为海关依照法律、行政法规、行政规章运作行政权的综合活动，相关说明如下。

1. 海关行政的法定主体主要是海关

海关行政是与国家海关事务有关的国家机关的活动。海关行政主体就是指依法代表国家，并以自己的名义实施国家海关行政管理的组织。在我国，它主要表现为海关。当然，作为实施国家海关行政管理的组织，海关要实施海关之外其他诸多国家部门的贸易管制等措施，但以上其他诸多国家部门在此方面只是贸易管制等措施的制定者，而非实施者。比如在美国 337 调查制度中，其程序的运行涉及众多部门，但最终行政裁决的执行一般由海关负责。

2. 海关行政并非海关的所有活动

它限于海关行使海关行政权对国家海关事务进行组织和管理的活动，海关非行使海关行政权而进行的非海关管理活动（如借用、租赁、买卖等），因受其他如民事法律规范等的调整，而不属于海关行政的范畴。

3. 海关行政活动与对外贸易存在较为密切的关系

作为一种综合性活动，海关行政是为国家的对外贸易服务的，其重要工作内容就是实施国家所制定的各种进出口贸易管制政策。正因为海关行政与对外贸易之间存在较为密切的关系，海关才被视为实施对外贸易法及国家对外贸易管制政策和措施的重要政府部门。同时，考虑到对外贸易领域的规则在世界范围内的大致通用性，海关行政活动所适用的法律规范与相同领域的其他国家也存在较强的相似性。

（二）海关行政的特征

海关行政的特征是体现其内在本质的重要内容，使得人们借此可以明确地界分海关行政与非海关行政之间的区别。概括而言，海关行政主要具备以下特征。

1. 海关行政具有国家意志性

海关行政不是一般社会组织的活动，也不是个人的一般活动，当然也不是海关行政主体所进行的民事活动。作为国家行政机关行使行政权力的综合活动，海关行政是一种国家的活动，以海关的名义进行，并体现和实现国家意志。

2. 海关行政具有执行性

海关行政并不是海关进行的所有活动，而是海关运行行政权的活动。这种活动的主体是海关，活动的内容是运行海关行政权的各种行为。在我国，各级政府由权力机关——各级人民代表大会产生，它从属于权力机关并向其报告工作。它对权力机关的意志只有执行的义务，而没有抗衡的权力。就此而言，海关作为一个职能部门，其运行海关行政权的活动只是一种执行活动，是海关执行权力机关意志的活动。①

3. 海关行政具有法律性

在法治语境下，现代海关行政管理都是建立在法律的基础之上的。海关行政不得超越于法律，而要受法律的规范与制约。在现代国家，海关行政也必须是法治行政，海关行政主体必须依法行政。反过来，违反法律的行政因其构成违法行政而不应当具有相应的法律效力。

4. 海关行政具有强制性

由于海关行政是海关代表国家的活动，体现的是国家的意志，其具体实施是以法律的强制力为保障的。实际上，海关行政作为行政法律规范约束下的海关行政，其相当多的具体手段多具有强制和命令的特性。在海关行政实践领域，海关所实施的各种行政活动，海关行政相对人均具有服从、接受和协助的义务。如果海关行政相对人未履行以上义务，海关则可以凭借海关行政的强制性采取相应的法律措施来使海关行政相对人履行其具体义务。

李某携带走私象牙及其制品案

（一）案情简介

D海关查验科关员于2016年12月14日14时40分对李某驾驶的中国籍进境空车（黑C×××××—黑C××××挂）进行例行扫描，发现车厢中部下侧内装有不明物体，经人工上车检查，发现车厢中部被棉被覆盖处隐匿一个长方形铆接的铁皮暗箱，在撬开暗箱后发现箱内装有若干排列整齐、外裹编织袋包装并编号标记、疑似猛犸象牙的物品。经调查，2016年12月13日，当事人李某、俄罗斯人沙某（音译）合谋在李某驾驶的货车黑C×××××—黑C××××挂的车厢内做了暗箱走私象牙。2016年12月14日，李某驾驶黑C×××××—黑C××××挂入境，在中国海关卡口申报为空车，到查验科经过机器扫描时，被海关发现车厢内有夹藏进境的猛犸象牙540千克、60块，经H海关关税处核定，涉案货物偷逃税款81005.75元人民币②。

（二）法律分析

猛犸象牙对应的海关商品名称为其他濒危野生兽牙、兽牙粉末及废料（商品编码：0507100020），属于濒危动植物及其制品范畴，需接受海关的严格监管。《海关法》第二条规定："中华人民共和国海关是国家的进出关境（以下简称进出境）监督管理机关。海关依照本法和其他有关法律、行政法规，监管进出境的运输工具、货物、行李物品、邮递物品和其他物品（以下简称进出境运输工具、货物、物品），征收关税

---

① 当然，海关在具体行政执法环节也执行上级行政机关的指令，但上级行政机关的指令也是出于执行法律规范的目的作出的。

② 以下简称元。

和其他税、费，查缉走私，并编制海关统计和办理其他海关业务。”《海关法》第三条规定：“国务院设立海关总署，统一管理全国海关。国家在对外开放的口岸和海关监管业务集中的地点设立海关。海关的隶属关系，不受行政区划的限制。海关依法独立行使职权，向海关总署负责。”根据上述规定，海关作为进出境活动的国家监督管理机关行使广泛的行政权能，具体包括监管进出境运输工具、货物、物品，征收关税和其他税、费，查缉走私，编制海关统计和办理其他海关业务等。从海关行政法的角度来说，海关以上职能的发挥符合海关行政的特点，都属于海关行政的范畴。

第二节　海关行政法的渊源

海关在具体的执法实践中，其所适用的法律规范多种多样，具有较强的综合性，甚至在一些国家，国际公约也是海关执法的直接依据。正因为如此，人们对海关法、海关行政法的认识存在诸多混淆。其中对海关行政法渊源认识的不同是一个较为主要的原因。

一、海关行政法的概念与特征

（一）海关行政法的概念

海关的历史源远流长，如印度的古文献《政治经济理论》（Arthashastra，公元前4世纪）记录了国王财政的几个来源，其中就包括海关税收。但海关法的产生比海关的产生要晚得多。同时，由于在所有法律部门中，行政法的产生与发展实际上是较晚的事情，海关行政法的形成和发展也较晚。直到19世纪末20世纪初，随着“行政国家”的兴起，作为一个独立法律部门的行政法才逐步形成。行政法之所以产生，是因为行政权能的大量增加和行政权的大肆扩张，如果不对行政权加以控制和规约，人民的权利和自由便无法保障。行政权具有双面性，一方面它所具有的执行性和支配性可以维护社会正常秩序、促进社会的有序发展；另一方面它自身的扩张性和侵权性会吞噬公民个人的权利、压缩社会自治的空间。正是出于对行政权控制与规范的需要催生了行政法，而控权的目的和价值取向决定了行政法的内容。当然，上述推论是以行政权的独立存在并获得广泛运用为基本前提的。在权力分立与制衡观念及制度尚未确立之前，行政权实际上是被裹挟在封建王权（皇权）政体之中的。在王权专制统治时代，行政权由专制君王直接授予，无须由体现民意的法律赋予，亦不需要借助法律来约束行政权的行使，“专制君主政体就把关于行政事务的立法权集中在国王手里，并由他发给官吏的命令，变成行政法或公法的来源”①。由此可见，独立形态表现的行政权是真正意义上的行政法存在的前提。更进一步说，如果不存在独立形态的行政权的广泛运用，则在具体行政法治实践层面，公民权利遭受侵害的范围和可能性就相对比较小。如此，行政法也便没有独立乃至存在的必要。

---

① ［荷］克拉勃. 近代国家观念［M］. 王检，译. 长春：吉林出版集团有限责任公司，2009.

通过以上行政法的整体进程可以发现，海关行政法在其属性上实际上属于特别行政法或者说部门行政法的一种。相关海关行政法律规范的功能在于对海关行政权力的来源、运行予以规制，从而保障国家公共利益以及海关行政相对人的合法权益。因此，作为特别行政法中的一种，海关行政法是指规范海关行政这一特定领域的行政法，是对海关行政关系加以调整的法律规范的总称。具体而言，海关行政法是指在实现海关行政职能过程中，通过对海关行政权力的授予、行使、控制与监督，对海关行政相对人权利的保障与约束，来调整海关之间、海关与海关行政相对人等不同主体之间发生的各种海关行政关系，以及在此基础上产生的监督海关行政关系的法律规范的总称。

（二）海关行政法的特征

海关行政法调整的是拥有海关行政职权的海关之间、海关及其海关关员之间、海关与海关行政相对人之间、监督海关行政主体与海关之间的权利和义务关系。海关行政法的目的和任务旨在实现国家海关管理的行政职能，以建立良好的海关行政法律秩序。作为特别行政法的一种，海关行政法与一般行政法具有相同之处，但也存在一些鲜明的特征。海关行政法的特征具体如下：

1. 对象的确定性

一般行政法以行政关系和监督行政关系为调整对象，具有抽象性、不确定的特点。与一般行政法不同，海关行政法的调整对象及其范围是确定的，即始终以海关行政关系、监督海关行政关系为调整对象。调整对象的以上确定性，决定了海关行政法作为一个独立法律部门的地位。

2. 规范主体的单一性

一般行政法所规范的行政主体涉及国家行政管理的各个部门，范围广泛，呈现出多样性的特征，而海关行政法所规范的行政主体只有海关及其委托授权的组织，呈现出单一性的特征。海关行政法是调整海关行政关系及监督海关行政关系的法律规范，它不仅规定监督海关行政主体的性质及地位、海关的性质及地位、海关关员和海关行政相对人的性质和地位，也规定海关行政相对人的活动及其方式，同时还规定监督海关行政主体、海关、海关行政相对人对实施以上活动所实行的责任制度。

3. 调整行政行为的专门性

一般行政法所调整的行政行为的概念、特征与行为程序大都同样适用于海关行政行为。但部分海关行政行为却为海关行政法规范独自调整，呈现出专门性的特征，如海关行政裁定行为[①]、海关稽查行政行为、海关担保行政行为、海关关境知识产权保护行政行为等。

4. 法律救济手段的独特性

大部分行政法救济理论都可以适用于海关行政法，但海关行政法也规定了本部门所独有的一些救济制度，如纳税争议复议前置程序、海关行政诉讼一审管辖法院为中级人民法

---

① 对于我国行政法而言，在海关行政领域广泛适用的海关行政裁定也是一种制度创新。

院等。

二、海关行政法及其法律渊源

法律渊源又称法源，即各法律部门法的表现形式，亦即各法律部门法律规范的来源、出处。海关行政法法源即指海关行政法的表现形式，亦即海关行政法法律规范的来源、出处。在我国法律体系下，根据海关行政法效力位阶的不同，其法源主要包括以下几种，如图 1. 1 所示。

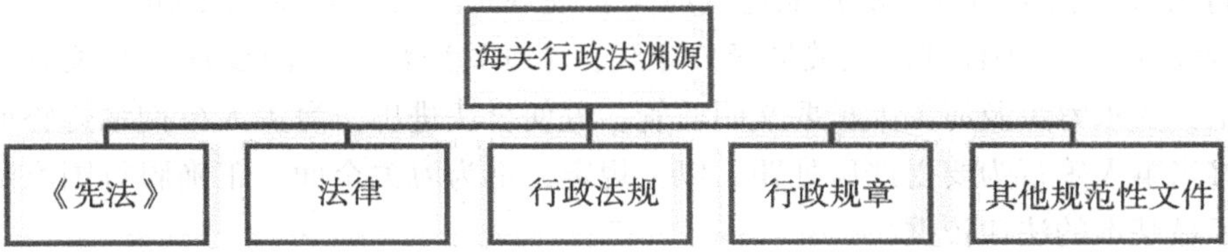

图 1. 1　海关行政法的渊源结构图

（一）《宪法》

现行《中华人民共和国宪法》（以下简称《宪法》）规定，《宪法》是“国家的根本法，具有最高的法律效力”“一切法律、行政法规和地方性法规都不得同宪法相抵触。一切国家机关和武装力量、各政党和各社会团体、各企业事业组织都必须遵守宪法和法律。一切违反宪法和法律的行为，必须予以追究。任何组织和个人都不得有超越宪法和法律的特权。”作为海关行政法法源的《宪法》，其所包含的海关行政法律规范主要有：

1. 关于行政管理活动基本原则的规范

比如关于依法治国、建设法治国家的原则、人民参与国家管理的原则、保障人权和保障公民权利自由的原则、法制统一的原则、工作责任制原则、民族平等原则、行政首长负责制原则、行政机关工作人员接受人民监督等基本原则规范。

2. 关于国家行政机关组织、基本工作制度和职权的规范

比如海关总署及相关海关机构的组织设立、基本工作制度及职权规范。

3. 关于公民基本权利和义务的规范

比如关于公民批评权，建议权，申诉权，私有财产权，获得赔偿、补偿权，言论、出版、集会、结社、游行、示威自由权，非经法定程序不受逮捕、拘留权，劳动权，受教育权，社会保障权，以及服兵役的义务，纳税的义务，遵守法律、公共秩序，尊重社会公德的义务的规范。

（二）法律

根据我国《立法法》的规定，制定法律是属于全国人民代表大会和全国人民代表大会常务委员会的职权，而且海关立法还属于《立法法》所规定的“基本经济制度以及财政、海关、金融和外贸的基本制度”只能制定法律的情形。理论上讲，法律既可能是海关行政法的法源，也可能是一般行政法乃至刑法、民法或者其他部门法的渊源。但在以上法律之中，也存在一些集中规定海关行政事务的海关立法，比如，《海关法》《中华人民共和国进出口商品检验法》《中华人民共和国进出境动植物检疫法》《中华人民共和国国境卫生检疫法》《中华人民共和国食品安全法》，其中又以《海关法》最为典型。《海关法》明确规定了海关的管理体制如机构设置、组织体系、领导关系，规定了海关的职责、任务和海关的权力及其限制，规定了海关监督管理活动的基本方针和基本原则，又明确规定了海关监督管理活动的具体内容和工作制度。与此同时，《海关法》还明确规定了违反《海关法》的行为（包括走私行为及其他违反海关管理规定行为）应受的处罚方式（包括刑事处罚和行政处罚）。为保证海关关员奉公守法，《海关法》还专门设置了有关海关执法监管的规定，要求海关及海关人员要文明监管，方便合法进出，海关人员徇私舞弊或拖延验放、刁难当事人等行为要受严厉处罚。以上规定，都为海关全面、正确履行国家赋予的职能提供了最基本的法律依据。

（三）行政法规①

行政法规是中国特色社会主义法律体系的重要组成部分，担负着保证《宪法》、法律实施以及维护国家法制统一的重要职责。关检融合后，海关在行政处罚领域涉及行政法规20多部。主要涉及《中华人民共和国海关行政处罚实施条例》（以下简称《海关行政处罚实施条例》）、《中华人民共和国进出口关税条例》、《中华人民共和国海关事务担保条例》、《中华人民共和国进出口商品检验法实施条例》、《中华人民共和国进出境动植物检疫法实施条例》、《中华人民共和国国境卫生检疫法实施细则》、《中华人民共和国知识产权海关保护条例》、《中华人民共和国食品安全法实施条例》、《中华人民共和国进出口货物原产地条例》、《中华人民共和国海关统计条例》、《中华人民共和国海关稽查条例》、《保税区海关监管办法》、《中华人民共和国认证认可条例》、《国务院关于加强食品等产品安全监督管理的特别规定》、《国际航行船舶进出中华人民共和国口岸检查办法》、《中华人民共和国国境口岸卫生监督办法》、《中华人民共和国海关对出口加工区监管的暂行办法》、《海关工作人员使用武器和警械的规定》等。

（四）行政规章

行政规章是指有关行政机关制定的具有普遍约束力的规范性文件，它包括部门规章和地方政府规章。作为海关法法源的行政规章主要是指部门规章，在其实践中多由海关总署或海关总署会同国务院的部、委、办制定，并由海关总署署长签署命令颁布的海关规范性文件。在其内容方面，作为海关行政法律规范的行政规章多是为了执行《海关法》、海关行政法规和国家涉及海关管理的相关法律、行政法规、决定、命令的事项。在其效力方面，行政规章要低于法律、行政法规。

---

① 由于海关事权属于中央立法的范畴，地方性法规等地方立法不应涵盖海关事务内容。

（五）规范性文件

尽管在《立法法》、《中华人民共和国国务院组织法》（以下简称《组织法》）、《中华人民共和国行政法规制定程序条例》（以下简称《行政法规制定程序条例》）、《中华人民共和国规章制定程序》（以下简称《规章制定程序条例》）、《中华人民共和国海关立法管理规定》等制定之后，海关领域的规范性文件数量相对已经大为降低，主要是由海关总署制定的各种规范性文件，由于其构成各级海关日常工作的重要执法依据，在海关行政执法领域仍然发挥巨大的作用。

第二章　海关行政法的基本原则

法的基本原则是法的灵魂，任何国家包括行政法在内的法都不可能没有灵魂，因而也不可能没有基本原则。在行政法律规范的制定和实施过程中，行政法需要体现和遵循不同层次的原理以及准则。这些原理和准则既包括国家所奉行的政治原理或准则、法的整体所奉行的部门法原理或准则、行政法律规范所普遍奉行的部门法原理或准则，也包括体现不同的行政法律制度所奉行的局部行政法原理或准则等。海关行政法作为特别行政法中的一种，其具有与一般行政法共同的一些基本原则，也存在与其自身领域运作特性保持一致的特殊基本原则。

第一节　海关行政法基本原则概述

一、海关行政法基本原则的含义

海关行政法基本原则，是指在海关行政法律规范体系中发挥指导和统领作用的原则、准则的总称。在海关行政法基本原则与所有海关法律规范之间的关系方面，海关行政法基本原则是所有海关法律规则综合体现的基本精神，是海关在国家行政管理活动中必须遵循的基本行为准则，是规范海关行政关系的全部海关行政法律规范都必须遵循和贯彻的核心准则和纲领。

从一般法理上讲，法律原则有公理性原则和政策性原则之分，海关行政法原则也有公理性原则和政策性原则之分。两者的区别在于：

（1）表现形式不同。公理性原则的表现形式是活生生的社会公理，政策性原则的表现形式是国家意志。

（2）决定因素不同。公理性原则是由法律的客观性决定的，而政策性原则则是由法律的主观性决定的，是法律对公理的认可。

（3）形成的先后不同。公理性原则先于法律而存在，而政策性原则后于公理，换而言之，在法律尚未存在时，公理已产生。

（4）具体内容不同。公理性原则中社会伦理性内容居多，政策性原则中法律技术性内容居多。原因在于：法律以原则形式确认的公理大都产生于人与人、人与自然之间的社会伦理关系，而那些具有自然属性的公理当然是没有必要以法律形式予以规定的。政策性原则通常由法律的意志性决定，因人们通过法律拟制活动而产生，故具有较强的专门性。

二、海关行政法基本原则的特征

海关行政法基本原则作为指导和统领所有海关法律规范的原则、准则，其具体构成应当符合以下主要特征：

（一）海关行政法基本原则具有法律性

在现代国家，依法行政客观上要求海关的一切行政活动都应当按照法律所规定的条件、程序、形式以及方式来展开。海关行政法基本原则对海关的行政行为同样具有直接的法律约束力。换而言之，任何海关及海关关员，若其行为违反了海关行政法基本原则，均会引致一种直接的法律后果。相应地，行政行为被确认无效，该行为则自始不具有法律效力。如系违法行政，则作出海关行政行为的海关乃至相关海关关员还需承担相应的法律责任。

（二）海关行政法基本原则具有规范性

规范性是法律的基本特征之一，统领法律规范的法的基本原则自然也具有相应的规范性。在具体形态上，海关行政法基本原则的规范性不仅体现为其内容的规范性，而且也表现为其形式上的规范性。

（三）海关行政法基本原则的适用具有广泛性

海关行政法的基本原则贯穿于全部海关行政法律规范，它必须适用于海关行政法的各个环节和所有领域，并贯穿于海关行政管理活动的全过程，而不是仅适用于某一环节、某个领域的具体原则。

第二节　海关行政合法性原则

一、海关行政合法性原则的含义

海关行政合法性原则，是指海关行政权力的获得和行使必须要有明确的法律依据。在海关行政执法实践中，如果海关行政权力的获得和行使与法律相悖，则在法律后果方面不仅上述行为本身可能被撤销或修正，而且行政行为人还要承担法律责任。同时，因该行政行为而受到损害的行政相对人也应获得必要的救济。因此，海关行政合法性原则之要义在于解决行政权和法的关系问题。

从源头上说，行政合法性原则的确立立足于法治理论。被誉为“行政法母国”的法国，其公共行政基本原则是通过一系列的判例构筑起来的，其中最为重要的是行政法治原则（亦称行政合法主义）。行政法治原则的基本内涵包括：（1）行政行为必须有法律依据；（2）行政行为必须符合法律；（3）行政机关必须以自己的行为来保证法律的实施。作为后起之秀的德国行政法吸收了首先发轫于德国的法治国理念，遂形成了依法行政的重要原则。在德国，依法行政原则的含义是指行政活动必须接受议会法律规制，必须置于法院的司法控制之下；行政活动违法的，必须追究行政机关的法律责任。

在我国，《宪法》第一章总纲部分第五条明确规定：“国家维护社会主义法制的统一和尊严。一切法律、行政法规和地方性法规都不得同宪法相抵触。一切国家机关和武装力量、各政党和各社会团体、各企业事业单位组织都必须遵守宪法和法律。一切违反宪法和法律的行为，必须予以追究。任何组织或者个人都不得有超越宪法和法律的特权。”这一总纲性的规定为行政合法原则奠定了《宪法》基础。2000年制定的《立法法》则为践行这一《宪法》原则详细确定了立法权限的分配，对于关系国家大事以及公民基本权利的十大事项实行“法律保留”。2004年3月，国务院发布了《全面推进依法行政实施纲要》，突出行政行为的法律依据，强调以外部监督来兑现依法行政理念。例如，《全面推进依法行政实施纲要》提出依法行政五大基本要求，其中首要的便是合法行政：“行政机关实施行政管理，应当依照法律、法规、规章的规定进行；没有法律、法规、规章的规定，行政机关不得作出影响公民、法人和其他组织合法权益或者增加公民、法人和其他组织义务的决定。”

二、海关行政合法性原则的具体要求

海关行政合法性原则的具体内容和要求支配着行政活动的各个过程，从行政立法到行政司法等都需要贯彻合法原则。同时，合法原则不仅是行政实体上的原则，也是行政程序法的原则——《行政诉讼法》将“违反法定程序”作为撤销和重作判决的五种情形之一，即彰显了在行政程序领域遵循合法性原则的理念。具体而言，海关行政合法性原则要求：

其一，海关行政主体的设立必须合法。任何海关行政主体及关员行使职权均需有组织规范依据。一切行政行为都以行政职权的存在为前提，无职权就无行政。在我国海关行政领域，行政主体的职权一般来自组织法的直接规定。

其二，海关行政职权的配置应当合法。对海关行政主体配置相应的职权，是其进行海关行政管理的先决条件。行政职权的配置必须有法律依据。这要求海关既要依法管理海关行政相对人，又应当在其具体管理工作中遵守法律、法规和规章。海关不得享有法律以外的特权。

其三，海关行政职权的运行应当合法。对于法定的行政职权，行政主体必须依据法定的实体内容和程序要求予以实施。无正当理由不行使、拖延行使或不按法定要求行使职权，都是违反海关行政合法性原则的行为，应当受到法律的追究。

一、浙江某公司、上海某国际货运公司走私普通货物案①

（一）案情简介

2014年10月至2015年6月间，被告单位浙江某公司从德国、美国进口有源音箱（带功率放大器）、功率放大器、调光台等货物。其间，被告人赵某作为浙江某公司法定代表人、董事长、总经理，为牟取非法利益，在明知该公司不具备进口3C认证产品资质的情况下，仍接受作为被告单位上海某国际货运公司总经理的被告人张某的建议，决定以伪报品名、隐瞒品名和低报价格的方式进口上述货物，并安排作为浙江某公司报关员的被告人周某根据外商发来的实际成交价格发票，通过采取将有源音箱品名改为无源音箱、将功率放大器品名改为无须3C认证的近似货物品

① （2017）沪03刑初5号判决书。

名或者直接删除功率放大器品名，并改低货物实际成交价格的方法，制作虚假报关单证，然后提供给上海某国际货运公司。上海某国际货运公司将上述虚假单证提供给报关公司用于向海关申报进口货物，并为浙江某公司提供境内外代理运输服务。相关货款由浙江某公司通过该公司银行账户和其他境外账户支付给外商。经上海松江海关核定，被告单位浙江某公司、上海某国际货运公司共同采用上述手法进口涉案货物共计 11 票，偷逃应缴税款共计 242018.22 元。

（二）法律分析

《海关法》第二条规定："中华人民共和国海关是国家的进出关境（以下简称进出境）监督管理机关。海关依照本法和其他有关法律、行政法规，监管进出境的运输工具、货物、行李物品、邮递物品和其他物品（以下简称进出境运输工具、货物、物品），征收关税和其他税、费，查缉走私，并编制海关统计和办理其他海关业务。"第四条规定："国家在海关总署设立专门侦查走私犯罪的公安机构，配备专职缉私警察，负责对其管辖的走私犯罪案件的侦查、拘留、执行逮捕、预审。海关侦查走私犯罪公安机构履行侦查、拘留、执行逮捕、预审职责，应当按照《中华人民共和国刑事诉讼法》的规定办理。海关侦查走私犯罪公安机构根据国家有关规定，可以设立分支机构。各分支机构办理其管辖的走私犯罪案件，应当依法向有管辖权的人民检察院移送起诉。地方各级公安机关应当配合海关侦查走私犯罪公安机构依法履行职责。"根据上述海关行政法律规范，海关是查缉走私犯罪的合法主体，具体职权行使由海关内设专门侦查走私犯罪的公安机构依法履行。本案中海关相应机构依法行使所拥有的职权，查清走私犯罪事实，使得违法犯罪分子得到应有的法律惩罚。

二、A 有限公司擅自将减免税设备移作他用案

（一）案情简介

经 B 海关调查，2015 年 5 月，A 有限公司在未经海关许可的情况下，擅自将 141 台减免税设备移至 B 有限公司使用。经计核，涉案货物价值为 4968720.03 元。2015 年 6 月，A 有限公司在未经海关许可的情况下，擅自将加工贸易货物存放在 C 有限公司。经计核，涉案货物价值为 1202126.17 元。

（二）法律分析

前引案例涉及未经海关许可，将减免税设备擅自移作他用问题。根据《进出口货物减免税管理办法》的规定，在进口减免税货物的海关监管年限内，未经海关许可，减免税申请人不得擅自将减免税货物转让、抵押、质押、移作他用或者进行其他处置。未经海关许可，擅自将减免税货物转让、抵押、质押、移作他用或者进行其他处置的，构成违规。根据《海关行政处罚实施条例》第十八条第一款第（一）项的规定，未经海关许可，擅自将海关监管货物开拆、提取、交付、发运、调换、

改装、抵押、质押、留置、转让、更换标记、移作他用或者进行其他处置的，处货物价值5%以上30%以下罚款，有违法所得的，没收违法所得。前引案例中，当事人A有限公司在未经海关许可的情况下，擅自将141台减免税设备移至B有限公司使用，违反上述法律规范，构成违反海关监管规定行为。此外，该案例中的当事人还存在未经海关许可的情况下，擅自将加工贸易货物存放在C有限公司的违规行为。海关经调查，予以处罚，使得当事人的违法行为得到惩处。

第三节 海关行政合理性原则

一、海关行政合理性原则的含义

行政合理性原则与行政合法性原则共列为公共行政基本原则，在行政法学中居于基础性地位。尤其是在现代社会，伴随着行政权的扩大，如何控制行政裁量，使其合乎“常理”，是当代行政法研究的一项重要课题。随着社会经济的发展，国家行政事务日益繁多和复杂，“行政的作用在于形成社会生活、实现国家目的，特别是在福利国家或社会国家中，国家的任务更是庞杂而繁重，行政往往必须积极介入社会、经济、文化、教育、交通等各种关系人民生活的领域，成为一只处处都看得见的手，如此方能满足人民与社会的需要”。[①] 一国法律无论如何完备，都不可能事先对所有可能作出的行政行为的范围、幅度、条件、方式等作出详尽的规定。

在这样的背景下，行政合法原则自然一如既往地不可或缺，但却并非充分。所以，有必要去探讨公共行政的行政合理原则。行政合理原则是对行政合法原则的重要补充。它要求行政主体的行政行为不仅合法，而且合理。究其法理来说，违反行政合法性原则将导致行政违法，违反合理性原则便将导致行政不当。行政法从只要求政府的行政行为做到合法，到同时要求政府的行政行为做到合理，是从单纯的行政合法原则过渡到确立双重原则，这是人类行政法制进化的一个标志，是世界各国（地区）行政法发展史上的一个飞跃。

对于海关而言，其在各种行政行为中都存在广泛的自由裁量权[②]，海关行政合理性原则的适用同样至关重要。具体到海关行政领域来说，海关行政合理性原则是指海关行政主体的设立、拥有行政职权、运行行政职权、追究违法行为和对权利实施救济等综合性的活动必须正当、客观、适度，行政机关在执法实践中不仅要做到合法，而且要做到合理。

二、海关行政合理性原则的要求

海关行政合理性原则要求海关行政权的行使不仅合乎有效的规范性法律文件的规定，

① 翁岳生. 行政法［M］. 北京：中国法制出版社，2009.

② 不仅在具体行政行为中，而且在抽象行政行为当中也广泛存在自由裁量权，且抽象行政行为中滥用自由裁量权所造成的危害往往更大。

还应当按照公平正义的要求进行，符合法律精神。某种意义上，海关行政合理性原则的适用是要规制海关行政权运行层面的自由裁量权问题。在海关行政权的具体运行领域，海关行政合理性原则要求海关行政主体行使自由裁量权必须与法律目的相适应；必须出于正当动机，符合公正公平的价值导向；还应符合比例原则，行政行为的实施必须兼顾行政目的实现与当事人利益的保护，对相对人利益的影响应当控制在最小限度且与行政目的的实现成适当比例。概括而言，海关行政合理性原则的具体要求包括：

其一，海关行政权力的运行应当符合行政目的。如果运行海关行政权的行为与法律所设定的行政目的相悖，则可以判断其行为虽为行使海关行政权的行为，却不是合理的海关行政行为。

其二，海关行政行为应当出于正当的动机。海关行政行为不得违背社会公平观念抑或法律精神，不得存在正常的法律动机之外的目的或追求。同时，海关行政主体在实施海关管理行为过程中，必须秉持公心，平等地对待海关行政相对人。

其三，海关行政行为的内容应当合乎情理。一般而言，无论是肯定还是否定，海关行政行为的内容都会涉及海关行政相对人的权利和义务。如果海关行政行为可能影响海关行政相对人的具体权益，则这种影响应当符合事物的常规或规律，反之则可能构成不合理的海关行政行为。

某贸易有限公司违规进口固体废物行政处罚案[①]

（一）案情简介

2018 年 5 月 25 日，当事人某贸易有限公司委托某国际贸易集团下属公司通过某报关有限公司向 P 海关申报进口一般贸易项下聚乙烯再生塑料粒子 250000 千克，申报总价 CIF145000 欧元，申报商品编号 3901901000，关税税率 6.5%，报关单号 22012018101821××××。经鉴定，上述货物为限制进口类可用作原料的固体废物，进口需提交“中华人民共和国限制进口类可用作原料的固体废物进口许可证”。经核定，上述违法货物价值 1391540.98 元。

（二）法律分析

根据《固体废物污染环境防治法》第一百一十五条的规定，违反该法规定，将中华人民共和国境外的固体废物输入境内的，由海关责令退运该固体废物，处五十万元以上五百万元以下的罚款。承运人对前款规定的固体废物的退运、处置，与进口者承担连带责任。根据《海关行政处罚实施条例》第十四条第一款的规定，违反国家进出口管理规定，进出口国家限制进出口的货物，进出口货物的收发货人向海关申报时不能提交许可证件的，进出口货物不予放行，处货物价值 30%以下罚款。

① 案例中的法律法规、公告等为案例发生时有效，后续可能被修改、废止等，以下案例不再逐一指出。

根据该实施条例第十五条第（三）项的规定，进出口货物的品名、税则号列、数量、规格、价格、贸易方式、原产地、启运地、运抵地、最终目的地或者其他应当申报的项目未申报或者申报不实，影响国家许可证件管理的，处货物价值5%以上30%以下罚款，有违法所得的，没收违法所得。前引案例中当事人实际进口的货物为限制进口类可用作原料的固体废物，根据当时有效的法律规范，进口需提交“中华人民共和国限制进口类可用作原料的固体废物进口许可证”，而该当事人将货物申报为不需要办理许可证件的聚乙烯再生塑料粒子，实际货物与申报内容不符，已构成未经许可擅自进口属于限制进口的固体废物用作原料的违法行为。根据上述法律规定，本案中，P海关在某贸易有限公司申报进出口货物进境后，对其申报的货物的商品归类进行查验并鉴定，并依法作出行政处罚决定。P海关所为具体行政行为，其行政职权的行使符合行政法的合理性原则。

第三章　海关行政法律关系

第一节　行政法律关系及海关行政法律关系的概念

一、行政法律关系的概念

从权利和义务的角度来说，“法律关系是根据法律规范产生、以主体之间的权利与义务关系的形式表现出来的特殊的社会关系”。[①] 可以说，上述论断中的法律规范是社会关系的调节器。但从法律规范的具体内容来看，不同的部门法调整着不同的社会关系，行政法是调整行政关系的法律规范。在国家生活和社会生活领域存在形式各异的社会关系，以上社会关系经受法律规范调整，便会形成相应的法律关系。

行政法律关系是众多法律关系的一种，具体是指由行政法律规范调整的，因行政主体行使职权而形成的行政关系。在行政执法实践中，行政法律关系既可能产生于行政主体与行政主体之间、行政主体与其组成机构及公务员之间，也可能存在于行政主体与行政相对人之间。无论何种主体之间，只要因行使行政职权而形成一定的权利和义务关系，相应的行政法律关系便会产生。

（一）行政法律关系产生的基础是国家所进行的公共行政活动

国家要实现其公共管理目标，必然要发挥其公共管理职能。而公共管理职能发挥的过程，同时也是产生大量社会关系的过程。上述社会关系是产生行政法律关系的基础。如果不存在国家所进行的公共行政活动，则不可能存在行政法律。

（二）行政法律关系产生的规范前提是行政法律规范

社会关系经受法律规范调整，才能成为一种法律关系。从此逻辑出发，相应的社会关系只有经受行政法律规范的调整，才能形成特定的行政法律关系。在此意义上，行政法律规范构成行政法律关系产生的规范前提。无论是何种主体之间因行政权能活动而产生的关系，只有经受行政法律规范调整，才能构成行政法律关系。

（三）行政法律关系主体中必有一方是行政主体

行政权能的行使是行政法律关系产生的必备权力要素。在行政法律关系中，行使行政职权的行政主体是任何行政法律关系都不可或缺的。并且，在行政法律关系中，行政主体

---

① 沈宗灵. 法理学（第二版）[M]. 北京：高等教育出版社，2004.

和与其相对应的行政相对人之间还存在法律地位的区别：行政主体居于主导、支配地位，具有不可替代性和固定性，如果没有行使行政职权的行政主体，行政法律关系便不会形成；与此相对应，行政相对人则在行政法律关系中居于从属、被支配的地位。

（四）行政法律关系由国家强制力保障实现

行政法律规范系由相应的国家立法和行政立法主体，依照特定的程序制定的法律规范，具有明确的法律效力。因此，行政法律关系主体必须依照法律规定尊重行政法律关系所设定的权利和义务并予以实现。如若违反，则国家需以其强制力纠正或制裁违反行政法律规范的行为，以便使得行政法律关系的参加者能够分别履行各自的法定义务。

二、海关行政法律关系的概念

作为行政法律关系的一种，海关行政法律关系是指受海关行政法律规范调控，且因海关行政执法活动而形成或产生的权利和义务关系的总称。一般而言，国家行政机关因行使行政管理职能而形成的行政关系多种多样。根据行政法治原则的具体要求，大多数的行政关系应当转化为行政法律关系。但是，那些基于对行政机关和相对方的自律要求而任意产生的行政关系，则不必转化为行政法律关系。从其具体构成的角度来说，行政法律关系一般发生在行政主体和行政相对人之间，但也可能发生在行政主体与其他国家机关之间。因此，行政法律关系既应包括在行政活动中所形成的行政主体与行政相对人之间的行政法上的权利和义务关系，也应包括因行政活动而产生的救济或监督关系。

（一）海关行政法律关系一方主体恒定

在行政法律关系中，行使行政职权的行政主体是任何行政法律关系都不可或缺的。同样，在海关行政法律关系中，海关是当然的主体之一。缺少海关的法律关系不可能构成海关行政法律关系。海关是进出关境活动的国家监督管理机关，依法对进出关境活动履行监督管理职能，在海关行政法律关系中，处于主导、支配地位。

（二）海关行政法律关系的规范前提是海关行政法律规范

海关行政法律关系是因海关的行政管理活动而形成的社会关系，但调整这种社会关系的法律规范归属于海关行政法律规范。海关行政法律的上述特征使得它和民事法律关系、经济法律关系乃至行政法律关系中的公安行政法律关系、规划行政法律关系等存在显著的区别。

（三）海关行政法律关系产生的基础是海关对进出关境环节予以监督管理的行政管理活动

海关作为国家行政机关的一种，其在民事活动或经济活动中也可能与其他主体形成特定的权利和义务关系并因此受到相应法律规范的调整，但上述法律关系归属于民事法律关系或经济法律关系，而非海关行政法律关系。海关行政法律关系产生的基础在于海关行使海关行政权能，对进出关境行为予以监督管理的行政管理活动，上述活动以外的海关行为只可能形成其他种类的法律关系，而非海关行政法律关系。

傅某与北京某海关民事纠纷案①

（一）案情简介

2019年1月13日晚19时许，原告傅某在首都国际机场T3航站楼入境接受检验，海关的执法检疫犬对其进行嗅闻检验过程中，原告称手指受伤，并到海关医务室接受临时处理，医务人员称无法确认原告手部所受伤害是否系检疫犬咬伤或抓伤，但可以确认系新伤。此后，傅某以医疗费用等为由，以北京某海关为被告向法院提起民事诉讼。

（二）法律分析

本案所涉及的纠纷应当是行政争议，应当由行政诉讼而非民事诉讼予以解决。之所以如此，是因为：首先，本案是北京某海关履行海关职责过程中引发的纠纷，在北京某海关与傅某之间形成的行政法律关系，属于行政争议；其次，本案事实发生于北京某海关检疫犬对原告进行嗅闻检疫过程中，处于海关行政管理过程中，而非海关日常饲养检疫犬过程中；再次，本案中的检疫犬此时属于北京某海关进行执法的具体工具，原告称手指受伤，海关医务室医务人员称无法确认原告手部所受伤害是否系检疫犬咬伤或抓伤，但可以确认系新伤，双方对此产生争议，应当属于行政争议的范畴；最后，原告傅某与北京某海关之间的争议中，北京某海关的行为属于进行具体执法的行政公务行为。综上，本案中，相关纠纷处于履行海关职责的北京某海关这一行政主体和接受海关执法的傅某这一行政相对人两者之间。在此方面，作为行政主体的北京某海关与傅某两者的法律地位并不平等，并非民事法律争议，而是行政法律争议，应当通过行政诉讼予以解决。

第二节　海关行政法律关系的要素

法律关系的三大构成要素分别是法律关系主体、客体与内容。作为法律关系的一种，海关行政法律关系也由主体、客体与内容构成。在具体海关行政法律关系中，主体、客体与内容具有与其他种类法律关系不同的特征。

一、海关行政法律关系主体

法律关系主体，即法律关系的参加者，是法律关系中权利的享有者和义务的承担者。

① （2019）京0112民初13027号判决书。

海关行政法律关系主体，又称海关行政法关系的当事人，具体是指海关行政法律关系的实际参加者，即在种种具体的海关行政法律关系中享有（或者行使）权利（力）和承担义务的双方（或多方）当事人。在具体海关行政法律关系中，相关主体的类别表现各异。[①]行政法律关系主体并不仅指某一方主体。在具体行政法律关系中，任何享有行政法权力（利）、承担行政法义务的法律主体都可以成为行政法律关系主体。正因为如此，行政法律关系不仅可以在国家或者其他行政主体之间产生，也可以在具有法律能力的行政主体之间产生。就此而言，一切参与到行政法律关系中的当事人都是行政法律关系的主体。当然，具体到海关行政法律关系来说，其通常包括两类主体：

（一）作为行政主体的海关，具体是指行使海关行政权的组织及其人员

海关是国家的进出关境监督管理机关，依法监督进出境的运输工具、货物、行李物品、邮递物品和其他物品，征收关税和其他税、费，查缉走私，并编制海关统计和办理其他海关业务。海关在以上活动过程中与其他主体产生的关系，为海关行政法律关系，海关是以上海关行政法律关系的主要主体。

（二）行政相对人，即与海关相对应的处于被管理者地位的自然人、公民、法人或其他组织

海关行政法律关系下的行政相对人具体是指从事进出关境活动的当事人。在具体海关行政法律关系中，行政相对人可以表现为自然人、法人，也可以表现为其他组织。并且，自然人可以是中国公民，也可以是外国人，甚至可以是无国籍人。法人可以表现为企业法人、机关法人，也可以表现为事业单位法人或者社会团体法人。无论何种行政相对人，只要他和海关监督管理进出关境活动的行为产生具体的权利和义务关系，经受海关行政法律规范调整，便成为海关行政法律关系下的行政相对人。

二、海关行政法律关系客体

海关行政法律关系客体是指海关行政法律关系主体的权利和义务所共同指向的对象或标的，也即联系主体双方权利和义务的媒介。没有海关行政法律关系的客体，则海关行政法律关系的内容无从体现和落实，因而海关行政法律关系通常也便难以成立。应当指出的是，海关行政法律关系的客体与海关行政管理关系的客体是两个不同的概念。海关行政管理关系的客体是指海关行政主体在行使职权时进行海关行政管理的对象，包括被管理的人和被管理的事、物等，与其相对应的概念是海关行政主体。而与海关行政法律关系的客体相对应的概念是海关行政法律关系的主体。

海关行政法律关系的客体由于具体海关行政争议的区别，可能会存在差异。但概括而言，其大致包括以下几种：

---

① 海关机关之间的关系、海关与海关关员之间的关系等内容，会在第四章中详细阐述。

（一）物质财富

物质财富是指能够为海关行政法律关系主体在法律上和事实上予以控制和支配的物质财富，包括有形物（如罚没物、扣留物）与无形物（专利、商标等海关知识产权）。比如，海关依照法定条件和程序征收的海关关税或者海关行政处罚中罚没行为所涉及的物，如罚款处罚中的金钱、没收处罚中的违法所得或违法财物等都是具体海关行政法律关系的客体。

（二）精神财富

精神财富（智力成果）是指海关行政法律关系主体从事智力活动所取得的成果，如专利权、商标权、发明权等物质利益以及与人身相联系的非物质财富，如名誉权、荣誉权等。保护健康、科学的精神财富是保护和发展社会生产力的要求，是行政法的一项基本任务。海关在具体行政执法过程中，也承担着大量的知识产权边境保护任务，相关海关行政法律关系中也会涉及智力成果作为海关行政法律关系客体的问题。①

（三）行为

行为是指行政法律关系主体有目的、有意识的活动，如征税、征地、违章建房、阻碍交通等。行为包括作为方式的行为和不作为方式的行为两种，不是所有的行为都是行政法律关系的客体，只有那些具有法律意义的行为或受行政法规范调整的行为，才能成为行政法律关系的客体。作为海关行政法律关系客体的行为，其具体表现为以下几种：

（1）作为与不作为。作为的法律行为是指行为方式和内容上积极地作出一定的动作，不作为的法律行为是指行为方式上不作出一定的动作。

（2）合法行为与违法行为。合法行为是指行为主体依照法律规范要求的范围和内容，按法定的方式和程序实施的，受法律保护的行为。违法行为是指行为主体违反法律规范的要求所实施的危害社会的行为。

（3）行政主体所为行为和行政相对人所为行为。行政主体所为行为是指具有行政主体资格的组织行使行政职权而作出的行政行为，行政相对人所为行为是指行政法律关系中的相对人所作出的具有行政法意义的行为。

三、海关行政法律关系内容

海关行政法律关系内容，是指海关行政法律关系主体双方及利害关系人所享有或者行使的权利以及所承担的义务的总和。海关行政法律关系的双方，均既享有一定的权利，又履行一定的义务。根据一般行政法理，在行政法律关系中，享有权利的一方当事人被称为“权利主体”，负有义务的一方当事人被称为“义务主体”。但无论是权利主体还是义务主体都不是绝对的，因为当事人的权利和义务总是相对的，当事人在行政法律关系中往往既是权利的享有者，又是义务的承担者。

① 根据我国海关相关立法，受到海关保护的知识产权具体包括：专利权、商标权、著作权。

（一）作为行政主体的海关具有的权利和义务

在海关行政法律关系中，作为行政主体的海关具有与其法律地位相应的权利和义务。尽管以上权利和义务各种各样，但在相应的海关行政法律关系中，它却是特定的。概括而言，作为行政主体的海关所拥有的权利主要包括：

其一，行政规范制定权。在行政立法层面，海关总署有权制定行政规章；在行政规范性文件方面，海关总署及相关海关行政主体有权制定行政规范性文件。其二，行政决定权，即海关行政主体依法对海关行政相对人的权利和义务进行单方面处理的权力。其三，行政许可权，即海关行政主体依法准予行政相对人从事特定活动或者某种行为的资格的权力。其四，行政处罚权，即海关行政主体对违反行政法律规范的海关行政相对人给予行政处罚的权力。其五，行政强制权，即海关行政主体对拒绝履行行政法律义务的海关行政相对人采取强制性措施的权力。其六，行政裁决权，即海关行政主体依法裁断有关海关业务事项的权力。

当然，海关行政主体在拥有权利的同时，也承担相应的义务。总体而言，其义务主要包括：

其一，依法行政的义务。海关行政主体应与依法制定海关行政规章和依法管理海关事务，保护海关行政相对人合法权益的义务。

其二，合理行政的义务。海关行政主体应当正确行使自由裁量权，以便保障海关行政相对人的合法权益。

其三，依法接受监督的义务。在现代法治社会，海关行政主体的各种执法行为，都必须要接受包括海关行政相对人在内的各种主体的依法监督。

其四，依法赔偿或补偿的义务。海关行政主体在执行行政职务过程中因违法行政行为而导致海关行政相对人的合法权益受到损害，应当给予相应的赔偿，因公共利益或其他合法原因而不得不侵害海关行政相对人合法权益时，则负有给予相应补偿的义务。

（二）海关相对人的权利和义务

与海关相对应，海关行政相对人一方的权利和义务同样多种多样，且因不同的行政法律关系而不同。总体而言，其权利主要有行政参与权、受保障权和受益权、知情权、请求权、监督权和救济权等。相应地，海关行政相对人也负有相关法律义务：

其一，遵守行政法律规范的义务。在海关行政法律关系中，海关行政相对人可为不可为的范围是由海关行政法律规范确定的。就此而言，海关行政相对人必须遵守海关行政法律规范，从而维护正常的海关行政法律秩序。

其二，服从行政管理的义务。在海关行政执法过程中，海关行政相对人应该尊重和服从海关行政主体的管理，即使对行政行为的合法性有争议，也应该通过法定程序由有关机关解决，不得擅自否定行政决定的拘束力和确定力。必要时，还应该对海关行政主体履行职务提供便利、给予积极协助和配合。其三，接受行政处罚、承担违法行为法律后果的义务。海关行政相对人如果故意或过失地违反行政法规范，应当服从海关行政主体作出的强制执行或行政处罚决定，接受国家对自己违法行为的否定评价，承担因违法行为带来的法律后果。

某国际货运代理有限公司伪报价格走私案

（一）案情简介

经S海关调查，2017年9月13日，当事人某国际货运代理有限公司制作虚假合同、发票，委托某科技有限公司作为经营单位及收货单位、某国际物流有限公司作为报关公司，申报进口眼底动脉检测仪1套，申报价格为21607.75欧元，当事人已缴纳税款为34147.73元①。经查，该票货物实际价格为143315.57欧元，应缴税款为226488元，当事人采取伪报价格的方式逃避海关监管，造成偷逃税款192340.27元。以上行为有当事人陈述、书证等证据为证。根据《海关行政处罚实施条例》第七条第二项、第九条第一款第（三）项及第五十六条的规定，S海关决定追缴上述走私货物的等值价款954116.1元，没收违法所得192340.27元，并对当事人处以罚款190000元。

（二）法律分析

根据《关于办理走私刑事案件适用法律若干问题的解释》（法释〔2014〕10号）第二十四条第二款的规定，本案当事人偷逃税款192340.27元，未达到本款所规定的走私普通货物的偷逃税款20万元的起刑点，不构成走私普通货物罪，仅构成走私行为。根据《海关行政处罚实施条例》第七条第（二）项的规定，违反《海关法》及其他有关法律、行政法规，逃避海关监管、偷逃应纳税款、逃避国家有关进出境的禁止性或者限制性管理，经过设立海关的地点，以藏匿、伪装、瞒报、伪报或者其他方式逃避海关监管，运输、携带、邮寄国家禁止或者限制进出境的货物、物品或者依法应当缴纳税款的货物、物品进出境的，是走私行为。根据该实施条例第九条第一款第（三）项的规定，有本实施条例第七条、第八条所列行为之一的，偷逃应纳税款但未逃避许可证件管理，走私依法应当缴纳税款的货物、物品的，没收走私货物、物品及违法所得，可以并处偷逃应纳税款3倍以下罚款。本案中，当事人采取伪报价格的方式逃避海关监管，造成偷逃税款192340.27元，已构成违反《海关行政处罚实施条例》第七条第（二）项规定的走私行为。依照法律规定，S海关可以决定对当事人予以处罚。在海关行政法律关系方面，以上海关行政法律关系的主体是S海关、某国际货运代理有限公司；客体是眼底动脉检测仪1套；内容是S海关拥有对某国际货运代理有限公司走私行为查处并科以行政处罚的权力，同时承担依法行政的职责，某国际货运代理有限公司有义务配合S海关的调查、接受相应的行政处罚，同时也享有陈述申辩等权利。

① 除特别说明外，元对应币种为人民币。

第四章　海关行政法主体概述

第一节　海关行政法主体的概念、特征

一、海关行政法主体的概念

某种程度上，《海关法》调整范围的广泛性决定了海关行政法主体范围的广泛性。从法律的角度来说，不同主体之间的社会关系经海关行政法律规范调整即产生相应的海关行政法律关系。经此过程，处于海关行政法律关系之中的主体便成为海关行政法律关系主体，也称为海关行政法主体。

根据我国现行的海关行政法律规范，我国海关行政法主体包括海关、参与进出关境活动的当事人以及其他相关国家机关。换而言之，国家机关、企事业单位、其他社会组织、中国公民、外国人、无国籍人、国际组织和外国国家机关，都有可能成为海关行政法主体。当然，在不同主体参与形成的海关行政法律关系中，不同主体之间的法律地位是不同的。海关作为国家进出关境的监督管理机关，依法对进出关境活动履行监督管理职责，因而在海关行政法律关系诸多主体中处于主导地位。除此之外，各种单位、组织、个人，都可能因为货物、运输工具、行李物品、邮递物品进出我国关境而成为海关行政法律关系中的海关行政相对人。国家机关、社会团体、企事业单位，也可能会因为业务关系等因素而成为海关业务活动的协作人乃至形成固定的业务伙伴关系，从而成为海关行政法律关系的主体。

二、海关行政法主体的特征

海关行政法主体与海关行政主体不同。二者的关系如同行政主体与行政法律关系主体之间的关系。在行政法律关系框架下，行政主体与行政相对人共同构成行政法律关系的主体，行政主体是并且仅仅是行政法律关系主体的一个方面。同样地，海关行政主体与海关行政相对人共同构成海关行政法律关系的主体，海关行政主体仅仅是海关行政法主体的一个方面。此处以海关行政主体的特征进行说明。

海关行政主体是行政主体中的一种，具备行政主体的一般构成特征。首先，海关行政主体必须是具有海关监管职能的组织。监管是一个综合概念，“包含了海关的全部工作内容，即海关对进出境货物、物品、运输工具的现场验放，关税和其他税费的征收、减免，海关对违法进出货物、物品、运输工具的现场验放、关税和其他税费的征收、减免，海关对违法进出货物、物品、运输工具行为的查处，海关对保税、缓税货物的后续管理，海关

统计工作，海关立法和海关法宣传工作，海关国际使用，海关对知识产权的边境保护等”。[①] 除上述职能之外，海关也要进行进出境领域的卫生检疫、动植物检疫、进出口商品检验、进出口食品安全监管并办理其他海关业务。在当代法治社会，法律一般不会将公共管理职能赋予个人。衡量一个组织机构是否是海关行政主体的关键就看其是否具有海关监管职能。现代社会存在各种各样的行政组织机构，并非所有的行政组织都具有海关监管职能。其次，海关内部也存在众多分工不同的部门，并非所有的海关部门都可以成为海关行政主体。除了判断是否具备海关职能之外，还要看其是否以自己的名义实施海关行政管理活动。此外，如果一个组织机构具备了海关的职能，也以自己的名义实施监管行为，但无法承担责任，也不可以称为海关行政主体。

第二节 海关机构的性质和职能

一、海关机构的性质

海关是什么性质的机构，实际上是确立海关法律地位的起点问题。但对这一重要问题，世界各国（地区）在不同历史时期存在不同的认识。如法国海关法专家克劳德若·贝尔和亨利·特雷莫在《海关法学》中就提出海关是税务部门还是经济管理部门的问题："海关是税务部门还是经济管理部门？这是造成长期以来海关问题争论不休的核心。”我国海关在国家经济、社会中的地位几经变迁，直至1987年《海关法》的颁布，才第一次以法律的形式明确规定了海关是国家的进出关境管理机关，海关的性质才大致确定。《海关法》第一章第二条规定："中华人民共和国海关是国家的进出关境（以下简称进出境）监督管理机关。海关依照本法和其他有关法律、行政法规，监管进出境的运输工具、货物、行李物品、邮递物品和其他物品（以下简称进出境运输工具、货物、物品），征收关税和其他税、费，查缉走私，并编制海关统计和办理其他海关业务。”概括而言，海关具有以下属性。

（一）海关属于国家行政机关

首先，在我国行政机关体系内，海关直属于国务院。海关对内对外代表国家依法独立行使行政管理权，是中华人民共和国国家主权的体现。海关是国务院行政机构的有机组成部分，属于国家的行政机关之一。其次，海关依照我国有关法律法规并通过法律法规所赋予的权力制定具体的行政规章和行政措施，对与海关有关的宏观或微观行为进行管理。

（二）海关是国家行政监督管理机关

海关作为国家行政机关，依法有权对我国关境范围内（我国的关境小于国境。我国的关境范围是除享有单独关境地位的地区外的中华人民共和国的全部领域，包括领水、领陆

---

① 成卉青. 海关法与海关法研究的若干问题［J］. 海关研究，1987（1）.

和领空。目前我国的单独关境有香港特别行政区，澳门特别行政区，以及台、澎、金、马单独关税区）所有进出关境的运输工具、货物、物品等进行行政监督管理，以保证进出口活动符合法律法规的要求。

（三）海关具有一定的行政执法权

海关作为管理机关，不仅对与海关有关的活动进行行政监督管理，而且对违反海关法律法规的行为依法进行行政处罚，以保证这些社会经济活动按照国家的法律法规规范运行。因此，海关具有一定的行政执法权。

二、海关机构的职能

海关作为进出关境活动的国家监督管理机关，依照《海关法》所赋予的权力代表国家在口岸和与进出境运输工具、进出境货物、进出境物品相关的场所行使管理职能。而且，随着国际贸易环境乃至国际经济、政治、文化秩序的复杂变动，海关所行使的职能本身也处于不断发展的状态。特别是 2018 年 4 月 20 日，根据党和国家机构改革要求，出入境检验检疫管理职责和队伍划入海关总署，“卫动食商” 等新职能加入海关职能体系。就职能内容而言，海关在具体执法工作过程中除了依照海关法律规范监管进出境的运输工具、货物、行李物品、邮递物品和其他物品，征收关税和其他税、费，查缉走私并编制海关统计外，还要进行进出境领域的卫生检疫、动植物检疫、进出口商品检验、进出口食品安全监管并办理其他海关业务。海关职能见图 4.1。

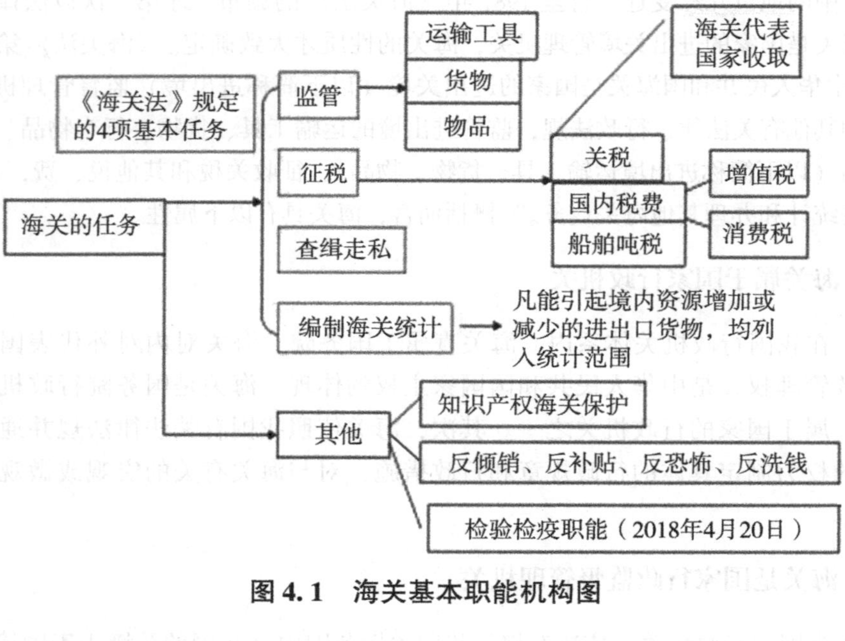

图 4.1　海关基本职能机构图

第三节　海关机构设置和管理体制

海关是国家机器的重要组成部分之一，是代表国家对与进出口活动相关的经济活动行使监督管理的行政执法机关。就具体活动而言，海关既执行宏观调控任务，又为宏观监控提供决策依据。海关既要行使管理权，又要行使监管权，还要行使相应的行政执法权。为了完成以上复杂任务，服务于国家经济、政治与文化事业等，客观上需要创设完善的海关组织机构。

一、海关实行垂直领导体制

根据我国《海关法》第三条的规定，国务院设立海关总署，统一管理全国海关。国家在对外开放的口岸和海关监管业务集中的地点设立海关。海关的隶属关系，不受行政区划的限制。海关依法独立行使职权，向海关总署负责。因此，从海关立法的角度来说，我国确立了海关的垂直领导管理体制。[①] 海关作为国家的进出境监督管理机关，为了适应我国经济发展与改革开放，为了履行其进出境监督职能，提高管理效率，维持正常的管理秩序，实行垂直领导体制能够高效、独立地行使海关行政权，排除各种干扰。同时，实行垂直领导体制，使得海关能够更好地坚持局部利益服从全局利益的原则。

实践中，我国海关设在全国各地，执行国家的统一政策、法律法规。各地直属海关直属于海关总署，海关总署直属于国务院，不受地方政府及其部门的领导。

二、海关组织机构

海关的设置不遵循行政区划的具体情况，而是依照海关业务管理的实际在对外开放的口岸和海关监管业务集中的地点设立海关。在行政体系内，我国海关按照垂直领导体制实行三级行政管理体系。海关总署除在广州设立广东分署作为派出机构，在上海与天津设立特派员办事处作为办事机构以外，还设有一定数量的直属海关和隶属海关。在管理方面，海关实行海关总署、直属海关和隶属海关三级行政管理体系。在领导与被领导关系方面，隶属海关由直属海关领导，向直属海关负责；直属海关由海关总署领导，向海关总署负责。海关组织架构见图4.2。

---

① 目前我国行政机关垂直管理的形式主要有两类：一类是中央垂直管理，即在全国范围内实行垂直领导体制的行政部门，如海关、金融、国税、外汇管理等；另一类是省以下垂直管理，如工商、公安、气象等。海关垂直领导体制属于前者。

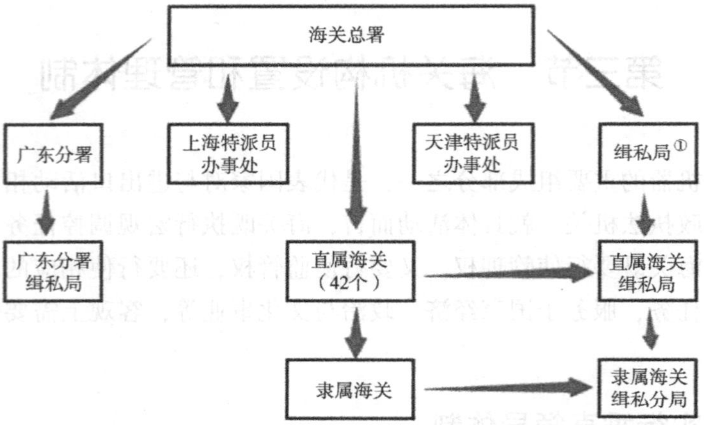

图 4.2 海关组织架构

（一）海关总署

海关总署是国务院直属机构，在国务院领导下统一管理全国海关机构、人员编制、经费物资和各项海关业务，是海关系统的最高领导部门。海关总署的基本任务是在国务院领导下，领导和组织全国海关正确贯彻实施《海关法》和其他法律法规以及国家政策，积极依法行政，维护国家主权与利益，促进和保护社会主义现代化建设。

在具体职责方面，海关总署主要负责全国海关工作；负责组织推动口岸“大通关”建设；负责海关监管工作；负责进出口关税及其他税费征收管理；负责出入境卫生检疫和出入境动植物及其产品检验检疫；负责进出口商品法定检验、进出口食品安全；负责海关风险管理；负责国家进出口货物贸易等海关统计；负责全国打击走私综合治理工作；负责制定并组织实施海关科技发展规划以及实验室建设和技术保障规划；负责海关领域国际合作与交流，垂直管理全国海关，完成党中央、国务院交办的其他任务。2018 年 3 月 17 日，第十三届全国人民代表大会第一次会议审议通过了《国务院机构改革方案》，该方案明确将国家质量监督检验检疫总局的出入境检验检疫管理职责和队伍划入海关总署。2018 年 4 月 20 日起，出入境检验检疫管理职责和队伍划入海关总署，原出入境检验检疫机构和直属单位统一以海关名义对外开展工作。目前海关总署内设机构主要包括办公厅（国家口岸管理办公室）、政策法规司、综合业务司、自贸区和特殊区域发展司、风险管理司、关税征管司、卫生检疫司、动植物检疫司、进出口食品安全局、商品检验司、口岸监管司、统计分析司、企业管理和稽查司、缉私局、国际合作司、财务司、科技发展司、督察内审司、人事教育司、机关党委、离退休干部局。

（二）直属海关

直属海关是指直接由海关总署领导，依法负责管理一定区域范围内海关业务的海关。

① 应当指出的是，海关垂直领导体制下的缉私机构受双重领导，比如缉私局受公安部和海关总署双重领导，以公安部领导为主。

目前直属海关共有 42 个，直属海关就本关区内的海关事务依法独立行使其职能，并向海关总署负责。在组织机构方面，各直属海关根据自身关区的具体业务情况设置相应的机构，如办公室（党委办公室）、关税处、人事处（党委组织部）、综合业务处、动植物检疫处、统计分析处、科技处、自贸区和特殊区域发展处、进出口食品安全处、企业管理处、督察内审处等，一些比较大的关区还设有若干隶属海关。

在海关行政管理体系当中，直属海关发挥着承上启下的作用，主要职责包括：对直属海关内通关作业实施运行管理，包括执行海关总署业务参数，建立并维护审单辅助决策参数，对电子审单通道判别进行动态维护和管理，对关区通关数据和相关业务数据进行有效监控和综合、分析；实施关区集中审单，组织和指导隶属海关开展接单审核并征收税费、查验、放行等通关作业；组织实施对各类海关监管场所、进出境货物和运输工具的实际监控；组织实施出入境卫生检疫和出入境动植物及其产品检验检疫、进出口商品法定检验、进出口食品安全工作；组织实施贸易管制措施、税收征管、保税和加工贸易海关监管、企业分类管理和知识产权进出境保护；组织开展关区贸易统计、业务统计和统计分析工作；组织开展关区调查、稽查和侦查业务；按规定程序及权限管理各项业务审核、审批、转报和注册备案手续；开展对外执法协调和行政纠纷、争议的处理；开展对关区各项业务的执法检查、监督和评估。

（三）隶属海关

隶属海关是指由直属海关直接领导、依法负责办理具体海关业务、海关进出境监督管理职能的基本执行单位。作为整个海关行政管理体系的基本单位，隶属海关负责处理绝大部分海关事务，其所承担的具体职责包括：开展接单审核、征收税费、验估、查验、放行等通关作业；对辖区内加工贸易实施海关监管；对进出境运输工具及其燃料、物料、备件等实施海关监管，征收船舶吨税；负责出入境卫生检疫和出入境动植物及其产品检验检疫、进出口商品法定检验、进出口食品安全工作；对各类海关监管场所实施监控；对通关、转关及保税货物的存放、移动、放行或其他处置实施监控；开展对运输工具、进出口货物、监管场所的风险分析，执行各项风险处置措施；办理辖区内报关单位通关注册备案业务；受理辖区内设立海关监管场所，承运海关监管货物业务的申请；对辖区内特定减免税货物实施海关后续管理。

第五章　海关关员

中国海关实行关衔制度，关衔设五等十三级。分别为一等：海关总监、海关副总监；二等：关务监督（一级、二级、三级）；三等：关务督察（一级、二级、三级）；四等：关务督办（一级、二级、三级）；五等：关务员（一级、二级）。当然，从法律上来说，海关关员是公务员的一种，其选任、管理都依照《中华人民共和国公务员法》（以下简称《公务员法》）①、人事法律规范来完成。

第一节　公务员与海关关员

一、公务员概述

根据2018年修订的《公务员法》第二条，公务员是指依法履行公职、纳入国家行政编制、由国家财政负担工资福利的工作人员。公务员是干部队伍的重要组成部分，是社会主义事业的中坚力量，是人民的公仆。公务员在产生机制上多通过录用来完成。在法律上，公务员录用制度是指根据法定程序和方法，将符合一定条件的人员吸收为公务员、担任某种职务的制度。上述一定条件具体是指进入公务员队伍所应当具备的各种法定要件。在我国，根据《公务员法》第十一条的规定，公务员的条件可以分为积极条件和消极条件。积极条件即取得公务员身份所必须具备的条件，包括：国籍条件，公务员必须由具有中华人民共和国国籍的公民担任；年龄条件：年满18周岁；拥护《宪法》，拥护中国共产党领导和社会主义制度；具有良好的政治素质和道德品行；具有正常履行职责的身体条件和心理素质；具有符合职位要求的文化程度和工作能力；法律规定的其他条件。消极条件即公务员不能具有的情形，如因犯罪受过刑事处罚的，被开除公职的，有法律规定不得录用为公务员的其他情形的等。

二、公务员的录用与退出机制

（一）公务员的录用机制

根据公务员类型的不同，公务员的录用分为中央公务员的录用和地方公务员的录用。两种公务员录用的主管部门不同：中央公务员的录用由中央公务员主管部门负责，地方各级机关公务员的录用则由省级公务员主管部门负责，设区的市级公务员主管部门在获得省

---

① 2005年4月27日第十届全国人民代表大会常务委员会第十五次会议通过，2006年1月1日起施行。

级公务员主管部门授权的情况下，可以负责该市的公务员录用工作。公务员的录用必须在规定的编制限额内，并有相应的职位空缺。其具体程序如下：

（1）发布招考公告。招考公告应当载明招考的职位、名额、报考资格条件、报考需要提交的申请材料以及其他报考须知事项。

（2）资格审核。招录机关根据报考资格条件对报考申请进行审查。报考者提交的申请材料应当真实、准确。

（3）考试。考试包括笔试和面试两部分，考试内容根据公务员应当具备的基本能力和不同职位类别分别设置。

（4）资格复核和体检。招录机关根据考试成绩确定考察人选，并对其进行报考资格复审、考察和体检。体检的项目和标准根据职位要求确定。具体办法由中央公务员主管部门会同国务院卫生行政部门规定。

（5）公示。由招录机关根据考试成绩、考察情况和体检结果，提出拟录用人员名单，并予以公示；公示期满，中央一级招录机关将拟录用人员名单报中央公务员主管部门备案；地方各级招录机关将拟录用人员名单报省级或者设区的市级公务员主管部门审批。

（6）任职。新录用的公务员试用期为 1 年。试用期满合格的，予以任职；不合格的，取消录用。

根据《公务员法》第十六条的规定，按照公务员职位的性质、特点和管理需要，公务员职位类别划分为行政执法类、专业技术类①、综合管理类②等类别；根据《公务员法》的授权，国务院对于具有职位特殊性、需要单独管理的行政事项，可以增设其他职位类别。

根据《公务员法》第十八条、第十九条的规定，公务员职务分为领导职务和非领导职务。其中，领导职务层次分为国家级正职、国家级副职、省部级正职、省部级副职、厅局级正职、厅局级副职、县处级正职、县处级副职、乡科级正职、乡科级副职；非领导职务层次在厅局级以下设置；综合管理类的非领导职务分为一级巡视员、二级巡视员、一级调研员、二级调研员、三级调研员、四级调研员、一级主任科员、二级主任科员、三级主任科员、四级主任科员、一级科员、二级科员。

（二）公务员的退出机制

公务员的退出，即公务员退出公务员队伍，不再具有公务员身份或者辞去某职务的情形。根据《公务员法》的规定，公务员的退出机制主要包括辞职、辞退和退休三种。

1. 辞职机制

辞职机制是公务员基于某种原因辞去其所任职务并经所在机关同意后解除其职务的制度。根据职务是否是领导职务，辞职具体又可分为辞去公职和辞去领导职务两种类型。辞

---

① 此类职位主要是指政府机关中那些为实施公共管理提供专门的技术支持与保障、履行专业技术职责的职位。

② 此类职位主要是指政府机关中除行政执法类职位、专业技术类职位以外的履行综合管理以及机关内部管理等职责的职位。

去公职即依法解除与所在机关的全部职务关系，并从公务员队伍中彻底退出。在具体程序上，《公务员法》第八十五条规定："公务员辞去公职应当向任免机关提出书面申请。任免机关应当自接到申请之日起三十日内予以审批，其中对领导成员辞去公职的申请，应当自接到申请之日起九十日内予以审批。"如果符合下述情形，公务员不得辞去公职：未满国家规定的最低服务年限的；在涉及国家秘密等特殊职位任职或离开上述职位未满国家规定的脱密期限的；重要公务尚未处理完毕且须由本人继续处理的；正在接受审计、纪律审查，或者涉嫌犯罪，司法程序尚未终结的；法律、行政法规规定的其他不得辞去公职的情形。辞去领导职务即不再担任所任领导职务，而不是从公务员队伍中退出。根据《公务员法》第八十七条的规定，公务员辞去领导职务的情形主要包括：因工作变动依照法律规定需要辞去现任职务的；因个人或者其他原因，自愿辞去领导职务；因工作严重失误、失职造成重大损失或者恶劣社会影响的，或者对重大事故负有领导责任的，应当引咎辞去领导职务；对于应当引咎辞职或者因其他原因不再适合担任现任领导职务，本人不提出辞职的，有权机关应当责令其辞去领导职务。

2. 辞退机制

辞退机制是有权机关依法单方面解除公务员职务的行为。辞退公务员，应根据管理权限决定。而且，辞退决定应当以书面形式通知被辞退的公务员。根据《公务员法》第八十八条的规定，公务员如符合下列情形之一的，予以辞退：在年度考核中，连续两年被确定为不称职的；不胜任现职工作，又不接受其他安排的；因所在机关调整、撤销、合并或者缩减编制员额需要调整工作，本人拒绝合理安排的；不履行公务员义务，不遵守公务员纪律，经教育仍无转变，不适合继续在机关工作，又不宜给予开除处分的；旷工或者因公外出、请假期满无正当理由逾期不归连续超过15天，或者一年内累计超过30天的。应当指出的是，根据《公务员法》第八十九条的规定，在以下情形下，不得辞退公务员：因公致残，被确认丧失或者部分丧失工作能力的；患病或者负伤，在规定的医疗期内的；女性公务员在孕期、产假、哺乳期内的；法律、行政法规规定的其他不得辞退的情形。

3. 退休机制

退休机制即依据法律的规定，公务员因年老或因公、因病致残完全丧失劳动能力或部分丧失劳动能力而退出工作岗位的制度。公务员达到国家规定的退休年龄或者完全丧失工作能力的，应当退休。公务员工作年限满30年，距国家规定的退休年龄不足5年且工作年限满20年，或者符合国家规定的可以提前退休的其他情形，经本人自愿提出申请，由任免机关批准，可以提前退休。公务员退休后，享受国家规定的退休金和其他待遇，国家为其生活和健康提供必要的服务和帮助，鼓励发挥个人专长，参与社会发展。

第二节　海关关员权利和义务

一、海关关员的性质

海关是国家行政执法机关，海关关员属于国家公务员，在录用与任免方面按照中央公务员的具体程序进行。就海关而言，其具体职能的发挥离不开海关关员，“作为一个法人的国家，并没有一个固定的形体，唯有靠着由公务员所组成的国家机关，以及公务员所执行的职务，才可显现出国家意志（或法律的意志），以及彰显国家的存在。”① 因此，海关行政权力的运行乃至职能的实现，很大程度上需要借助海关关员的具体行为来完成。正因为如此，世界各国（地区）都通过立法来明确规定海关关员的权利和义务，以便规范海关关员的行为。而且，相比较其他领域的公务员而言，海关关员通常被配置一些特殊的权利和义务。②

二、海关关员的权利和义务

（一）海关关员的权利

根据《公务员法》第十五条的规定，海关关员享有以下权利：

（1）职责保障权，即获得履行职责应当具有的工作条件，这是海关关员开展工作必不可少的权利。

（2）身份保障权，即海关关员非因法定事由、非经法定程序，不被免职、降职、辞退或者处分。

（3）经济保障权，即海关关员有权获得工资报酬，享受福利、保险待遇的权利，海关关员工资包括基本工资、津贴、补贴和奖金，津贴包括地区附加津贴、艰苦边远地区津贴、岗位津贴等津贴。③

（4）其他权利，包括但不限于：参加培训的权利，即海关关员有权参加政治理论和业务知识的培训；批评、建议权，即海关关员有权对机关工作和领导人员提出批评和建议；申诉、控告权，海关关员在其权利受到侵犯时，有权向有关部门提出申诉和控告；申请辞职的权利，这是海关关员基于其公民身份所享有的职业选择权的体现；法律规定的其他

---

① 陈新民. 中国行政法学原理［M］. 北京：中国政法大学出版社，2002.

② 比如海关缉私部门的相关人员为了履行职责有权佩带和使用武器等。

③ 根据《公务员法》第八十条、第八十一条的规定，公务员工资包括基本工资、津贴、补贴和奖金；公务员按照国家规定享受地区附加津贴、艰苦边远地区津贴、岗位津贴等津贴；公务员按照国家规定享受住房、医疗等补贴、补助；公务员在定期考核中被确定为优秀、称职的，按照国家规定享受年终奖金；公务员工资应当按时足额发放；公务员的工资水平应当与国民经济发展相协调、与社会进步相适应；国家实行工资调查制度，定期进行公务员和企业相当人员工资水平的调查比较，并将工资调查比较结果作为调整公务员工资水平的依据。

权利。

（二）海关关员的义务

海关关员作为公务员的一种，首先应当遵守《公务员法》所设定的义务。[①] 根据《公务员法》第十四条的规定，海关关员应当履行的义务包括以下三类。

（1）政治义务，如海关关员负有维护国家的安全、荣誉和利益的义务；忠于《宪法》、忠于国家、忠于人民、忠于职守；全心全意为人民服务，接受人民监督等。这些义务是《宪法》规定的公民维护国家安全的义务和国家机关工作人员为人民服务义务在海关关员上的体现。当然，由于这些义务是否得以履行很难从法律上加以明确规定，法律也没有规定不履行这些义务的法律后果，因而这些义务仅是一种政治上的义务，或者仅是一种政治宣告。

（2）法律上的义务，包括模范遵守《宪法》和法律的义务，按照规定的权限和程序认真履行职责，努力提高工作效率的义务，服从和执行上级依法作出的决定和命令的义务，保守国家秘密和工作秘密的义务。这些义务具有明确的法律依据，法律对其履行程序和认定方法也有较为明确的规定，因而这些义务是法律上的义务。

（3）道德义务，包括恪守职业道德、模范遵守社会公德的义务，以及清正廉洁、公道正派的义务，这些义务是从道德上对海关关员作出的要求。

（三）海关关员的权利保护机制

海关关员属于公务员，当然也同公务员一样具有“双重身份”，即他（她）“既是公务员又是公民”，“公务员以个人名义进行的活动属于个人行为，当他以国家代表人的身份实施行政管理职权时，则属于行政行为。在行使管理权力时，不管他是否超出职权范围，也不管是受行政机关的命令还是他个人的决定，都属于行政行为”。[②] 此外，海关关员在进行行政行为的过程中，其合法的权利应当受到相应的保护。根据我国现行的公务员法律规范，海关关员的权利保护机制主要由控告制度和申诉制度构成：控告是指海关关员认为机关及其领导侵犯其合法权益的，可以依法向上级机关或者有关的专门机关提出处理的请求；申诉是指海关关员对涉及其自身利益的处理决定不服，按照一定程序向有关行政主体请求审核并重新作出处理的行为。提出申诉的事由主要包括海关关员对处分、辞退或者取消录用、降职、定期考核定为不称职、免职、申请辞职、提前退休未予批准等处理决定的不服。其程序如下：

（1）申请。海关关员可以自知道该人事处理之日起 30 日内向原处理机关申请复核；对复核结果不服的，可以自接到复核决定之日起 15 日内，按照规定向同级海关关员主管部门或者作出该人事处理的机关的上一级机关提出申诉；也可以不经复核，自知道该人事处理之日起 30 日内直接提出申诉。对省级以下机关作出的申诉处理决定不服的，可以向

---

① 值得指出的是，《公务员法》所设定的公务员义务在公务员权利内容之前，这与我国《宪法》对公民权利、义务的设定次序不同。

② 应松年. 行政法学新论［M］. 北京：中国方正出版社，2004.

作出处理决定的上一级机关提出再申诉。

（2）受理和复核。原处理机关应当自接到复核申请书后的30日内作出复核决定，并以书面形式告知申请人；受理海关关员申诉的机关应当自受理之日起60日内作出处理决定。案情复杂的，可以适当延长，但是延长时间不得超过30日。公务员不因申请复核、提出申诉而被加重处理；复核、申诉期间不停止人事处理的执行。

（3）处理。海关关员申诉的受理机关审查认定人事处理有错误的，原处理机关应当及时予以纠正。受理公务员申诉的机关应当组成公务员申诉公正委员会，负责受理和审理公务员申诉案件；公务员对监察机关作出的涉及本人的处理决定不服向监察机关申请复审、复核的，按照有关规定办理。

第三节 海关关员的管理机制

为提高海关关员个人素质和业务能力，保障海关关员在其任职期间有效地执行职务并激发其工作的积极性和创造性，有必要建立一套行之有效的海关关员管理机制。根据我国《公务员法》及相关海关立法规定，我国海关关员管理机制主要由海关关员关衔制度、回避制度、考核制度、职务升降制度、海关关员的奖励和惩戒制度等构成。

一、关衔制度

关衔制度是我国继军衔、警衔后实行的第三种衔级制度。关衔是区分海关关员等级、表明海关关员身份的称号和标志，是国家给予海关关员的荣誉。2003年2月28日第九届全国人民代表大会常务委员会第三十二次会议通过了《中华人民共和国海关关衔条例》，时任国家主席江泽民以中华人民共和国主席令第八十五号颁布实施；7月8日国务院第十四次常务会议通过了《海关关衔标志式样和佩带办法》，时任国务院总理温家宝以中华人民共和国国务院令第三百八十四号颁布实施；8月4日海关总署正式下发《首次评定授予关衔办法》；9月12日国务院隆重举行授予关衔仪式，时任国务院总理温家宝等领导同志为海关总监、副总监和一、二级关务监督代表共277人颁发授衔命令证书。

关衔的等级设置为五等十三级，即：

一等：海关总监、海关副总监；

二等：关务监督（一级、二级、三级）；

三等：关务督察（一级、二级、三级）；

四等：关务督办（一级、二级、三级）；

五等：关务员（一级、二级）。

海关总监、海关副总监、一级关务监督、二级关务监督由国务院总理批准授予；三级关务监督至三级关务督察，由海关总署署长批准授予；海关总署机关及海关总署派出机构的一级关务督办以下的关衔由海关总署政治部主任批准授予；各直属海关、隶属海关的一级关务督办以下的关衔由各直属海关关长批准授予。关衔的授予以海关工作人员现任职务、德才表现、任职时间和工作年限为依据。二级关务督察以下关衔的海关工作人员，在其职务等级编制关衔幅度内，按照规定的期限晋级；一级关务督察以上关衔的海关工作人员，在职务等级编制关衔幅度内，根据德才表现和工作实绩实行选升。

二、回避制度

回避制度是现代正当程序的要求，其目的在于通过对海关关员的任职和执行公务作出具体限制从而排除利益牵涉、个人偏见等人为因素对海关关员执行公务的影响，以保证海关关员公正地执行公务。根据《公务员法》第七十七条规定，回避的程序有二：一是自行回避，即海关关员有应当回避情形的，本人应当申请回避；二是责令回避，即海关关员有应当回避的情形而本人不申请回避的，其他人员可以向机关提供海关关员需要回避的情况，或者由利害关系人申请海关关员回避，有关机关根据其他人员或者利害关系人的申请，经审查后作出是否回避的决定，也可以不经申请直接作出回避决定。海关关员回避的类型有任职回避、公务回避等。

三、考核制度

考核制度，即由有权机关对海关关员的德、能、勤、绩、廉，以及工作实绩做全面的考察以认定海关关员的工作态度和能力的制度。《公务员法》第三十五条至第三十九条是关于公务员考核的规定。海关关员的考核分为平时考核和定期考核两类。对非领导成员海关关员的定期考核采取年度考核的方式，先由个人按照职位职责和有关要求进行总结，主管领导在听取群众意见后，提出考核等次建议，由本机关负责人或者授权的考核委员会确定考核等次。对领导成员的考核，由主管机关按照有关规定办理。定期考核的结果分为优秀、称职、基本称职和不称职四个等次，其结果作为调整海关关员职位、职务、级别、工资以及海关关员奖励、培训、辞退的依据。

四、职务升降制度

根据《公务员法》第四十五条、第四十六条的规定，我国海关关员的职务晋升，应当尊重如下条件与程序：

（1）具备拟任职务所要求的政治素质、工作能力、文化程度和任职经历等方面的条件和资格；

（2）应当逐级晋升，特别优秀的或者工作特殊需要的，可以按照规定破格或者越一级晋升职务；

（3）晋升领导职务应遵循如下程序：动议；民主推荐；确定考察对象、组织考察；按照管理权限讨论决定；按照规定履行任职手续。

五、奖惩制度

（一）奖励制度

海关关员奖励是指对工作表现突出，有显著成绩和贡献，或者有其他突出事迹的海关关员、海关关员集体，依据相关法律规定给予的奖励。根据相关法律规定，我国海关关员奖励制度的内容大致包括：

1. 海关关员奖励条件

海关关员个人或者集体具有以下情形的，可以予以奖励：

（1）忠于职守，积极工作，勇于担当，工作实绩显著的；

（2）遵纪守法，廉洁奉公，作风正派，办事公道，模范作用突出的；

（3）在工作中有发明创造或者提出合理化建议，取得显著经济效益或者社会效益的；

（4）为增进民族团结、维护社会稳定作出突出贡献的；

（5）爱护公共财产，节约国家资财有突出成绩的；

（6）防止或者消除事故有功，使国家和人民群众利益免受或者减少损失的；

（7）在对外交往中为国家争得荣誉和利益的；

（8）有其他突出功绩的。

2. 海关关员奖励的实施

（1）对在本职工作中表现突出、有显著成绩和贡献的，应当给予奖励。其中，给予嘉奖和记三等功，一般结合年度考核进行，年度考核被确定为优秀等次的，予以嘉奖，连续三年被确定为优秀等次的，记三等功；给予记二等功、记一等功和授予“人民满意的公务员”“人民满意的公务员集体”荣誉称号，一般每五年评选一次；对在处理突发事件和承担专项重要工作中作出显著成绩和贡献的，应当及时给予奖励。其中，符合授予荣誉称号条件的，授予“模范公务员”“模范公务员集体”等荣誉称号；对符合奖励条件的已故人员，可以追授奖励。

（2）对获得奖励的海关关员、海关关员集体，由审批机关颁布奖励决定，颁发奖励证书；获得记三等功以上奖励的，同时对海关关员颁发奖章，对海关关员集体颁发奖牌。

（3）对获得奖励的海关关员，按照规定标准给予一次性奖金。其中对获得荣誉称号的海关关员，按照有关规定享受省部级以上劳动模范和先进工作者待遇；海关总署会同国务院财政部门，根据国家经济社会发展水平，及时调整海关关员奖金标准；对受奖励的海关关员集体酌情给予一次性奖金，作为工作经费由集体使用，原则上不得向海关关员个人发放；海关关员奖励所需经费，应当列入各部门预算，予以保障。

3. 海关关员奖励的监督

（1）各部门应当依照《公务员奖励规定》等法律规范设定海关关员奖励类型，不得违反规定标准发放奖金，不得重复发放奖金。

（2）海关关员、海关关员集体有下列情形之一的，撤销奖励：申报奖励时隐瞒严重错误或者弄虚作假，骗取奖励的；严重违反规定奖励程序的；获得荣誉称号后，海关关员受到开除处分、劳动教养、刑事处罚的，海关关员集体严重违法违纪、影响恶劣的；法律、法规规定应当撤销奖励的其他情形。

（3）撤销奖励，由原申报机关按程序报审批机关批准，并予以公布。如涉及国家秘密不宜公布的，经审批机关同意可不予公布；必要时，审批机关可以直接撤销奖励。

（4）海关关员获得的奖励被撤销后，审批机关应当收回并公开注销其奖励证书、奖章，停止其享受的有关待遇。撤销奖励的决定存入海关关员本人档案；海关关员集体获得的奖励被撤销后，审批机关应当收回并公开注销其奖励证书和奖牌。

（5）海关关员主管部门和有关机关应当及时受理对海关关员奖励工作的举报，并按照有关规定处理；对在海关关员奖励工作中有徇私舞弊、弄虚作假、不按规定条件和程序进行奖励等违法违纪行为的人员，以及负有领导责任的人员和直接责任人员，根据情节轻重，给予批评教育或者处分；构成犯罪的，依法追究刑事责任。

（二）惩戒制度

惩戒制度的作用是对具有违法违纪行为的海关关员予以处分的制度。根据《公务员法》规定，应予处分的违法违纪主要包括：

（1）散布有损《宪法》权威、中国共产党和国家声誉的言论，组织或者参加旨在反对《宪法》、中国共产党和国家的集会、游行、示威等活动；

（2）组织或者参加非法组织，组织或者参加罢工；

（3）不担当，不作为，玩忽职守，贻误工作；

（4）拒绝执行上级依法作出的决定和命令；

（5）对批评、申诉、控告、检举进行压制或者打击报复；

（6）弄虚作假，误导、欺骗领导和公众；

（7）贪污、行贿、受贿，利用职务之便为自己或者他人谋取私利；

（8）违反财经纪律，浪费国家资财；

（9）滥用职权，侵害公民、法人或者其他组织的合法权益；

（10）泄露国家秘密或者工作秘密；

（11）在对外交往中损害国家荣誉和利益；

（12）参与或者支持色情、吸毒、赌博、迷信等活动；

（13）违反职业道德、社会公德；

（14）从事或者参与营利性活动，在企业或者其他营利性组织中兼任职务；

（15）违反有关规定参与禁止的网络传播行为或者网络活动；

（16）旷工或者因公外出、请假期满无正当理由逾期不归；

（17）违反纪律的其他行为。

另外，海关关员执行明显违法的决定或者命令的，也应当依法承担相应的责任。对海关关员的处分分为：警告、记过、记大过、降级、撤职、开除。

第六章　海关行政相对人

第一节　海关行政相对人的概念、特点

一、海关行政相对人的概念

（一）行政相对人概述

行政相对人[1]是指行政法律关系中与行政主体相对应的另一方当事人，亦即权益受到行政主体行政行为影响的自然人、公民、企业或其他组织等。其内涵特征包括以下三点。

1. 行政相对人是指处在行政法律关系中的个人、组织

任何个人、组织如果不处在行政法律关系中而处在其他法律关系中，就不会具有行政相对人的法律地位，不能称其为“行政相对人”。在其具体活动中，个人、组织可因参与相关活动形成各种属性的社会关系，上述关系因其调整法律规范的不同而可能分属于不同性质的法律关系。在不同性质的法律关系之下，个人、组织的法律定位也是不同的。行政相对人是行政法律关系中的具体称谓。同时，考虑到行政法律关系可分为整体行政法律关系和单个、具体的行政法律关系，那么在整体行政法律关系情形下，所有处于国家行政管理之中的公民个人、组织均为行政相对人。但在单个、具体的行政法律关系中，只有其权益受到行政主体相应行政行为影响、从而参与到特定行政法律关系之中的个人、组织，才在该行政法律关系中具有行政相对人的地位。

2. 行政相对人是指行政管理法律关系中与行政主体相对应的另一方当事人的个人、组织

与民事法律关系不同，行政法律关系中双方当事人的法律地位是不平等的：一方因享有国家行政权而能够依法对对方当事人实施管理，作出影响对方当事人权益的行政行为；而另一方当事人则有义务服从管理，依法履行行政主体为相应行政行为确定的义务。故而，有权实施行政管理行为的一方当事人被称为“行政主体”，而接受行政主体行政管理的另一方当事人则被称为“行政相对人”。尽管在现代行政法治背景下，社会领域的主体已经可以参与甚至在某些情形下经法律授权成为行政主体，[2] 但在行政执法的整体框架下，行政主体仍然是行使行政权力的主体，与其相对的是相应的行政相对人。

---

① 行政相对人是学理而非法律概念。

② 在现代行政法背景下，随着政府职能的转变，行政机关与相对人的关系从原有的利益冲突、对立威权的关系逐渐走向利益一致、服务合作的关系。

3. 行政相对人是指在行政管理法律关系中权益受到行政主体行政行为影响的个人、组织

行政主体所为行政行为对行政相对人权益产生的影响有时是直接的，如海关作出的扣留、罚款、行政许可等；有时产生的影响可能是间接的，如有关行政主体批准公民甲在依法由公民乙经营的土地上盖房，该批准行为对公民甲权益的影响是直接的，而对公民乙权益的影响是间接的。作为个人、组织，无论其权益受到行政主体行政行为的直接影响还是间接影响，都是行政相对人。

（二）海关行政相对人概述

围绕海关行政相对人这一概念，主要存在管理与被管理关系说、权利和义务说两种观点。

1. 管理与被管理关系说

管理与被管理关系说主要是从接受海关管理这一角度来理解海关行政相对人。该观点认为，海关行政相对人是海关法律关系中非海关一方的主体。无论海关行政相对人是中国籍自然人、外国籍自然人，抑或是国家机关、社会组织、企业单位，只要他们办理进出关境手续，因海关进行监督管理货物、物品、运输工具等工作而形成或参与到一定的海关行政法律关系之中，便在法律上成为海关行政相对人。

该观点以是否接受海关管理为标准来界定海关行政相对人，使得海关行政相对人较易明确、具体，使得实践当中对海关行政相对人的把握比较容易操作。但该概念只注意到了海关行政相对人与海关行政主体联系的外部形态，因而只是一种直观现象的说明，并未深入到现象的本质。①

2. 权利和义务说

权利和义务说从权利和义务关系的角度认识海关行政相对人。一般而言，法律关系的内在构造即在于不同种类主体之间的权利和义务关系。从权利和义务的角度认识海关行政相对人是从法律的本质出发，较为清晰地把握处于特定海关行政法律关系之中的海关行政相对人。因此，权利和义务说是从观察海关行政相对人与海关行政主体之间的内在法律关系入手的，即强调海关行政相对人与海关行政主体在海关行政法上有着权利和义务的相对性。

我们赞同权利和义务说。在海关行政执法实践中，海关行政相对人即指由于海关业务管理活动，从而参与到有关海关行政法律关系之中，且其权益受到一定影响的自然人、公民、企业或其他组织等。

二、海关行政相对人的特点

（一）海关行政相对人是海关行政法律关系中的主体

只有参与海关行政法律关系的自然人、公民、法人或其他组织才是海关行政相对人。

① 行政相对人尽管在具体行政过程中可能表现为被管理方，从而表现为相对比较被动的特点，但其也拥有其他权利而成为行政法制监督主体等其他主体，而主动进行相关的法律活动。

就此而言，那些处于海关行政法律关系之外的主体不可能成为海关行政相对人。在海关行政执法实践中，自然人、公民、法人或其他组织参与相应海关行政法律关系的方式包括多种：其一是向海关积极主张权利的方式，比如向海关主张知情权，要求公开有关信息；其二是主动向海关履行义务，或者被海关要求履行义务的方式，比如被海关要求缴纳保证金；其三是对海关享有权利，或者被海关要求履行义务的方式，比如海关作出暂停报关执业、撤销海关注册登记、取消报关从业资格乃至行政罚款等情形。

（二）海关行政相对人是一种法律资格

海关行政相对人不是一般意义上的自然人、公民、法人或其他组织，而是自然人、公民、法人或其他组织因参与海关行政法律关系而取得的一种法律资格。这种法律资格表明他们是海关行政法律关系中与海关行政主体相对应的另一方主体。当自然人、公民、法人或其他组织不与海关行政主体而是跟其他法律主体比如与其法律地位平等的其他自然人、公民、法人或其他组织发生权利和义务联系时，他们就不能被称为海关行政相对人。因而，从概念之间的关系来说，海关行政相对人也是海关行政法律关系之下的一个主体概念。他们与海关行政主体的相对性，是因为他们对海关享有权利或承担义务。此外，海关行政主体对他们也承担义务或行使权利，因而形成海关行政法上的权利和义务关系。

（三）海关行政相对人是海关行政法律关系中不具有海关行政权力的一方

在海关行政法律规范所规制的法律关系中，与海关行政主体存在权利和义务关系的主体是多种多样的，但海关行政相对人只是海关行政法律关系中的主体概念而不是监督海关行政法律关系中的概念。在监督海关行政法律关系中，国家权力机关、司法机关等都是拥有并行使国家监督权的主体，也是海关的对应一方，但不属于海关行政相对人。正因为如此，他们与海关行政主体的法律关系被称为监督海关行政法律关系，基于他们对海关行政主体的特定监督地位和行使国家监督权力，他们虽与海关行政主体也具有对应的权利和义务，但属于对海关行使国家监督权的主体，而不是海关行政相对人。

行政执法实务中，当国家权力机关、行政机关、司法机关以法人（公法人）① 的身份出现在海关行政活动过程中时，他们也是海关行政相对人。其原因在于，在此情形下，他们是海关业务管理活动的对象，因海关的业务管理活动而在以上主体与海关之间形成特定的海关行政法律关系。以上主体是与海关相对的海关行政主体，特定的海关行政主体是此种海关行政法律关系下的行政主体。

尽管理论上讲，公民、法人和其他组织对海关也有权利实施社会性监督，但这是一种广义上的监督，与国家有权机关进行的职权监督在性质上和法律上不可同日而语。② 在性质上，这种监督不涉及国家权力的运行；在法律效力上，也不具有法律上的强制力。故此，公民、法人或其他组织一方从事对海关具有督促性的活动时，属于海关行政法律关系

① 随着合作行政的发展，公法人、私法人共同参与行政的现象越来越广泛。

② 公民、法人和其他组织所实施的广义上的监督在法律上属于行政法制监督的一种，与行政监督乃至国家有权机关进行的监督在监督对象、监督主体、监督内容、监督方式上存在本质的不同。

中的海关行政相对人。然而，当他们从海关行政活动进入国家监督机关实施监督行政的过程，并借助和配合国家监督权力对海关实施监督时，他们既是海关行政相对人，又是监督海关行政法律关系的监督主体之一。换而言之，此时公民、法人和其他组织在监督海关行政法律关系中兼具与海关行政主体相对应的海关行政相对人和监督主体两种身份。

（四）海关行政相对人具有相对性

某一个自然人、公民、法人或组织是海关行政相对人只是说它在某一具体海关行政法律关系中是海关行政相对人，而不是指它是一种永恒的、无条件的海关行政相对人。基于海关行政事务的复杂情势，海关行政相对人是相对的、有条件的，在一种海关行政法律关系中是海关行政相对人，在另一种海关行政法律关系中也可能成为行政主体。

（五）海关行政相对人具有多样性、广泛性

海关行政相对人在各种各样的海关行政法律关系中表现各异，可以是自然人、报关企业、进出口货物收发货人，也可以是保税企业，进出境物品所有人，进出境货物、物品的承运人，抑或进出境货物、物品经营管理人。

第二节 海关行政相对人的分类

一、海关行政相对人身份的确定

从法律上来说，确定海关行政相对人身份具有十分重要的意义。首先，有助于确认行政行为的合法性。确认行政行为相对人的身份，对确认行政行为的合法性而言作用重大。从海关行政法律的角度来说，海关的行政行为是否合法、是否具有法律效力受到多种因素制约。在以上因素之中，必须要考虑的因素是海关行政相对人的具体存在问题。如果某一海关行政行为没有海关行政相对人，则可能会因主体欠缺而不存在合法性。① 其次，确定海关行政相对人有助于确认行政诉讼的原告资格。海关行政相对人的身份确定之后，相关组织或个人通常具有就其所接受海关行政行为提起行政复议或行政诉讼的资格。

在海关行政管理关系中，海关行政相对人是处于被管理地位的当事人。然而，由于构成海关行政相对人主体的可能是公民和社会组织，也可能是行政机关和公务员，因此在海关行政执法实践中，确定海关行政相对人的身份有时候也是不太容易的事情。清晰、准确地确定海关行政相对人的身份，应当以海关行政相对人的分类为基础，同时也应当把握海关行政执法过程中的相关法律关系。

其一是必须首先明确具体的海关行政法律关系。那些在具体海关行政法律关系中履行行政义务以及从事非职权行为的当事人，方可成为海关行政相对人。其原因在于，海关行政相对人在具体的海关行政法律关系中处于被管理者的地位，在诸多情形下必须按照海关

① 行政法律关系必然是两个或两个以上主体之间的法律关系。

行政主体的指令履行自身的义务。

其二是需要与内部行政行为中的行为对象区分开。基于海关组织隶属关系，某一海关行政具体行为可能会涉及众多内部行政行为，如直属海关就某一海关业务问题向海关总署申请批复，某隶属海关就某一海关业务问题向其上一级直属海关请示、报告等。但是，就这一具体海关业务问题涉及的海关行政相对人而言，尽管上述众多内部行政行为对其合法权益可能具有决定性的作用，但在法律上其与以上众多内部行政行为并不存在直接的关系。

二、海关行政相对人的分类

海关行政相对人由于在海关行政执法实践中的多样表现，可以依照不同的标准进行分类。对海关行政相对人进行分类，对准确把握各种类型海关行政相对人的特征以及其在海关行政法律关系中的法律地位而言，具有重要的意义。根据不同的标准，可以将海关行政相对人作简要分类，如图 6.1 所示。

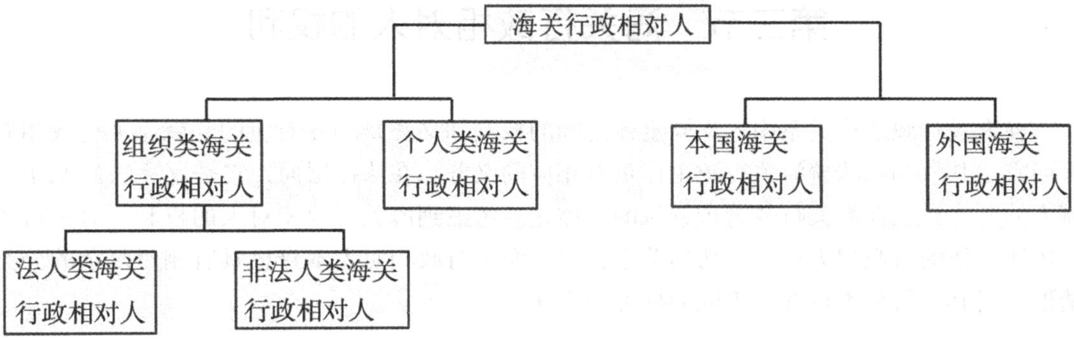

图 6.1　海关行政相对人分类

(一) 组织类海关行政相对人和个人类海关行政相对人

以海关行政相对人的主体是否具有组织特性为标准，可将海关行政相对人分为个人类海关行政相对人和组织类海关行政相对人。之所以如此划分，原因在于某些海关具体行政行为对象的特定性，比如海关对进出境物品的监管行为仅限于个人类海关行政相对人。

1. 个人类海关行政相对人

个人类海关行政相对人为不具有组织特性的主体，在海关执法实践中可以是我国公民，也可以是拥有外国国籍的外国公民乃至无国籍人。

2. 组织类海关行政相对人

组织类海关行政相对人是具有组织特性的主体，在海关行政执法实践中可以是从事进出口业务的企事业单位、社会团体，也可以是不拥有法人资格的其他组织。

法人类海关行政相对人与非法人类海关行政相对人是对组织类海关行政相对人的进一

步分类，以是否拥有法人资格为标准。之所以如此分类，是因为在海关行政法律规范中，存在一些只适用于法人类海关行政相对人或者只适用于非法人类海关行政相对人的法律规范。法人类海关行政相对人是指具有法人资格的组织类海关行政相对人，包括具有法人资格的从事进出口货物业务的国家行政机关、其他国家机关、企事业单位等。非法人类海关行政相对人是指不具有法人资格的组织。

（二）本国海关行政相对人与外国海关行政相对人

无论是本国海关行政相对人还是外国海关行政相对人，只要所从事行为系进出我国关境行为就受我国海关法律规范约束。但就具体的海关行政法律规范而言，依然存在一些只适用于本国海关行政相对人或者只适用于外国海关行政相对人的海关法律规范。以诉讼为例，无论是本国海关行政相对人还是外国海关行政相对人，他们在行政诉讼中都拥有原告的法律资格，但外国海关行政相对人必须遵守我国《行政诉讼法》所确立的平等、同等、对等和委托中国律师诉讼等原则。

第三节 海关行政相对人的权利

在海关行政法律关系中，不同主体之间的权利和义务是相互对应的。就海关行政相对人而言，其权利意味着海关行政主体负有相应的义务。在法律层面，它是《宪法》赋予当事人的基本权利在海关行政管理领域的具体化。考虑到海关行政相对人的权利与海关行政主体所行使的行政权力存在密切的关系，以及海关行政相对人本身也具有相对复杂的分类情形，对其进行分类也存在不同的标准和方法。

一、列举式分类

按照列举式分类方法，可以将海关行政相对人所享有的权利分为八种。从具体内容来说，这些权利既包括对海关行使行政权进行监督的实体性、程序性权利，也包括与自身权利存在直接关系的一些权利。

（一）行政参与权

在海关行政执法实践过程中，海关行政相对人拥有通过合法途径参加国家行政管理活动以及参与行政程序的权利，比如公民经公务员招录程序可以成为海关关员，从而直接参与海关行政管理。在一些行政过程如行政复议领域，行政相对人拥有请求听证的权利等。

（二）行政知情权

根据我国《海关法》以及政府公开信息方面的法律规范，海关行政相对人有权通过行政公示、告知、询问等途径了解行政机关管理活动的依据和程序等。

（三）行政协助权

在法定条件下，海关行政相对人可以协助海关行政主体进行某些管理活动。例如，发现应由海关行政主体处理的事件有权向其报告，对一切违反行政法律规范的行为有权予以制止等。

（四）行政监督权

海关行政相对人有权通过一定组织形式对行政机关乃至行政首长的工作进行评议，拥有对行政工作的批评建议权，对不法工作人员的控告揭发权。对海关具体行政行为不服，有权依照法律的规定申请复议或提起行政诉讼。

（五）隐私保密权

海关行政主体在行政活动中，非经法定程序，不得公开相对人的隐私。相对人享有对自己的隐私保密的权利，海关行政主体有为其保密的义务。比如在知识产权边境保护领域，海关行政相对人向海关提交的有关信息可能涉及海关行政相对人的商业机密、知识产权，海关行政主体有义务尊重其机密信息。

（六）获得保护权

海关行政相对人的人身和财产有权获得国家行政机关的合法、正当、平等的保护。比如，海关扣留或扣押的海关行政相对人享有权益的货物、物品，应当采取适当的方式予以保管。

（七）行政获益权

海关行政相对人可以依据法律从海关行政主体中获得利益。如海关行政相对人因对外贸易政策管制所可能获得的出口退税，因举报或者作为协助查获违反《海关法》案件的有功单位和个人而有权获得物质或精神奖励等。

（八）行政求偿权

海关行政相对人的合法权益受到海关行政主体合法公务行为的影响时，获得行政补偿；受到海关行政主体的不法侵害时，有权获得行政赔偿。[①] 在海关行政执法实践中，因执法不规范等因素而导致向海关行政相对人予以赔偿的案例并不鲜见。

二、概括式分类

概括式分类方法是将海关行政相对人的所有权利按照具体分类标准进行概括，具体分为以下五大类，其中有些大类又可细分为几小类权利。

---

① 《海关法》第九十四条规定，海关在查验进出境货物、物品时，如损坏被查验的货物、物品，应当向行政相对人赔偿实际损失。

（一）参政权

这是指海关行政相对人参加国家行政管理的权利，是海关行政相对人依法以各种形式和渠道参与决定、影响或帮助行政权力依法有效行使的权利。这种参政权与《宪法》上的参政权不同，是《宪法》中公民的政治权利在行政法中的具体化。海关行政相对人的参政权包括以下权利。

1. 批评、建议权

这是指对海关行政主体以各种方式直接或通过其他组织媒体反映批评、意见、建议的权利。

2. 控告、检举权

这是指对海关行政主体及其公务人员的违法失职行为提出控告或检举的权利。

3. 知情权

这是指对行政活动有关内容、资料及其他信息的了解权，海关行政主体有依法向海关行政相对人公开自身行政活动的义务。

（二）受平等对待权

这是指海关行政相对人在行政活动中应当得到海关行政主体的平等对待。这一权利要求海关行政主体在进行行政活动时平等地对待海关行政相对人，平等地适用法律。与一般的平等权不同，这里的平等对待仅限于行政活动中，而不包括立法和司法中的平等权。

（三）受益权

这是指海关行政相对人通过海关行政主体的积极行为而获得各种利益及利益保障的权利。其利益包括财产利益、人身利益和其他各种利益。

（四）自由权

这是指海关行政相对人一切合法权益和自由应排除海关行政主体的妨碍，不受其非法侵害，这种权利不是一种具体权利，而是抽象各种权利和自由的共性而产生的一种权利。

我国海关行政相对人享有的自由权主要包括：自主享有各种合法权益和自由；国有企业（事业单位）的经营、管理自主权；排除海关行政主体非法侵害的权利，如《行政处罚法》第七条、第七十条的规定，相对人对行政处罚机关不出具财政部门统一制发的专用票据时，可拒缴罚款等；合法权益受侵害后有依法获得赔偿的权利。

（五）程序权

海关行政相对人参与的与行政活动相关的程序大体可分为行政程序和救济程序。行政程序可分为行政立法程序和行政处理程序，救济程序可分为行政申诉程序、行政复议程序和行政诉讼程序。

1. 行政程序权

海关行政相对人在行政程序中享有的权利主要包括：

（1）了解权。这是指海关行政相对人享有了解海关行政主体相关资料和信息的权利。又可分为广义的了解权和狭义的了解权：广义的了解权是指所有公民、法人和其他社会组织都有权了解海关行政主体的相关资料和信息；狭义的了解权是指特定行政程序中的相对人为了保护自身的利益，有权了解海关行政主体、行政程序的相关资料和信息。

（2）提出申请的权利。这是海关行政相对人为自身利益而向海关行政主体提出为或不为一定行政行为的相应申请的权利。

（3）获得通知的权利。行政程序中的海关行政相对人有权了解行政程序的过程及自身享有的特定权利，海关行政主体有告知义务。以海关行政许可为例，如果直接涉及申请人与他人之间重大利益关系，海关在作出海关行政许可决定前，应当告知申请人、利害关系人享有要求听证的权利。

（4）评论权。对特定的行政立法、行政程序，海关行政相对人有权发表意见和建议。

（5）申请回避的权利。对行政程序中的公务人员，海关行政相对人如果认为可能涉及回避的事项，有权申请回避。

（6）举证的权利。海关行政相对人可在行政程序中为证明自己的主张提出相关证据加以证明。

（7）陈述、申辩权。海关行政相对人在可能受到海关行政主体不利影响时，可申辩和陈述自己的意见。

2. 救济程序权

海关行政相对人如果与海关行政主体产生行政争议，在有关行政救济程序中也依法享有诸多权利。只不过，在此阶段，海关行政相对人的法律地位发生了变化：他（们）不再是此前海关行政过程中的海关行政相对人，而是海关行政复议或海关行政诉讼过程中的申请人、原告；行政救济程序所指向的内容主要是海关行政行为的合法性或合理性审查，与此前的海关行政过程仍然存在紧密的联系。

概括而言，当事人在海关行政救济领域所享有的权利包括：

（1）由海关行政主体告知救济途径和方法的权利；

（2）提出申诉、复议和诉讼的权利；

（3）委托代理人的权利；

（4）申请回避的权利；

（5）陈述和辩论的权利；

（6）上诉的权利；

（7）申请执行的权利等。

汕头市茂某经贸有限公司诉汕头海关责令退运案①

（一）案情简介

汕头市茂某经贸有限公司（以下简称茂某公司）向中华人民共和国汕头海关（以下简称汕头海关）申报进口品名为“残极甑炭块”的货物226.23吨。汕头海关对货物取样后，经多次移送鉴定，并委托中国环境科学研究院固体废物污染控制技术研究所作出了进口物品固体废物属性鉴别报告，鉴定结果为：所检样品属于国家禁止进口的固体废物。汕头海关向茂某公司作出了责令退运决定书，认为茂某公司申报进口品名为“残极甑炭块”，经鉴定属于国家禁止进口的固体废物，根据《海关行政处罚实施条例》第十三条的规定，责令茂某公司将该批禁止进口的固体废物退运境外。茂某公司不服汕头海关作出的责令退运决定书，提起本诉，诉讼请求撤销汕头海关作出的责令退运决定书。

（二）法律分析

本案一审审理过程中，审理法院广东省汕头市中级人民法院经审理认为对原告作出责令退运决定的具体行政处罚行为之前，没有告知行政处罚相对人原告享有申辩、陈述的权利，被告汕头海关作出行政处罚前没有告知当事人拟处罚事实和证据，也没有告知当事人有陈述申辩的权利，被告作出的行政行为存在程序违法，遂作出（2014）汕中法行初字第6号行政判决：撤销汕头海关作出的汕关缉查退字〔2014〕1号责令退运决定。宣判后，汕头海关不服，提起上诉。二审审理过程中，审理法院广东省高级人民法院作出（2015）粤高法行终字第440号行政判决：撤销广东省汕头市中级人民法院（2014）汕中法行初字第6号行政判决；驳回茂某公司的诉讼请求。在本案中，二审法院的判决理由在于，我国相关法律法规和规章并未对责令退运行为的程序作出明确规定，本案中的汕头海关作出涉案责令退运决定过程中，针对涉案货物是否属于禁止进口的货物，先后委托了深圳出入境检验检疫局和中国环境科学研究院固体废物污染控制技术研究所进行了鉴定，并且将鉴定机构的结论及时告知茂某公司，听取了茂某公司的意见，应视为汕头海关已按照正当程序的要求基本上履行了行政职责。

第四节　海关行政相对人的义务

在海关行政法律关系中，海关行政相对人依法享有一定的权利，同时也必须履行海关行

① （2015）粤高法行终字第440号行政判决书。

政法律规定的义务。根据行政相对人义务所处的法律制度，可以将行政相对人的义务分为行政过程中的义务和行政诉讼中的义务，本节主要讲述行政相对人在行政过程中的义务。

一、行政相对人在行政过程中的义务

行政过程中的义务包括《行政程序法》中的一般义务和特别法上的特别义务。行政过程中的义务，具体包括相对人的诚信义务和参与人的配合义务两大类。

（一）相对人的诚信义务

相对人的诚信义务包括证明义务、宣誓义务、保证义务和不得反悔义务。违反这些义务，相对人将承担行政或者刑事法律责任或者其他不利后果。

（二）参与人的配合义务

参与人在行政程序中负有配合行政机关使行政程序得以继续的义务，即配合义务。参与人的配合义务的内容较为广泛，主要包括：（1）容忍义务，不得妨碍公务、不得抵抗的义务，不得故意拖延程序的义务；（2）配合查清事实、说明情况的义务，作证的义务，亲自到场、参与的义务，承担有关费用的义务等。

二、海关行政相对人在行政过程中的义务

海关行政相对人作为行政相对人的一种，在海关行政过程中负有诸多义务，概括而言，海关行政相对人在行政过程中的义务包括以下几个方面。

（一）协助公务执行的义务

海关行政相对人有义务协助海关行政主体及公务人员执行公务。比如配合海关行政主体的调查，为执行公务提供便利条件和设施。海关在针对走私案件进行调查取证时，走私嫌疑人应当予以配合、接受调查，不得阻挠。

（二）提供真实信息的义务

在海关行政行为中，申请人有义务提供真实的信息。由于许多海关行政许可或行政登记只进行形式审查，海关行政主体不可能对申请人提交的材料的真实性进行实质审查，因此如果申请人提交材料虚假，则海关行政许可或登记必须予以撤销，且申请人不得主张行政赔偿。①

（三）遵守行政程序的义务

法定的行政程序，不仅海关行政主体应当遵守，海关行政相对人也应遵守。此处法定的行政程序包括法律法规规定的程序、手续、期限等内容。海关行政相对人如果未遵守法

---

① 根据我国《行政许可法》的相关规定，申请人申请行政许可时应当如实向行政机关提交有关材料和反映真实情况，并对其申请材料实质内容的真实性负责。

定的行政程序，比如不按时纳税，不在法定期限内申请商标权的续展，不提供法定的申请材料等，可能因此承担一定的法律责任。

（四）接受监督和调查的义务

海关行政主体为了对案件进行调查，可能会进行询问、讯问、勘验、鉴定以及抽样调查等，海关行政相对人对合法的调查行为应当予以配合。

（五）遵守海关行政法律程序的义务

海关行政相对人在海关行政程序乃至行政救济领域进行任何行为，都应当在遵守海关行政法律规范的前提下完成。换而言之，行政相对人如果违反上述海关行政法律规范，则不仅其行为目的无法实现，而且可能承担因此而产生的相应法律责任。

应当予以说明的是，以上这些义务并不是行政法律关系中海关行政相对人所要承担的全部义务。实际上，海关行政相对人在具体海关行政执法实践中所承担的义务是非常多样化的，海关行政主体也可以在法律的框架内为海关行政相对人设定一定的义务。

三、海关行政相对人未履行义务的法律后果

在我国海关行政执法实践中，海关行政相对人未履行其义务一般而言会产生以下法律后果：其一是导致海关行政主体作出对其不利的行政决定；其二是由海关行政主体直接课以行政处罚；其三是导致海关行政主体采取行政强制措施。而在海关行政复议、行政申诉等救济程序中，一般也认为海关行政相对人应当明确申请请求、积极配合和促进程序进行。理论上，在海关行政诉讼领域，尽管当事人与海关的法律地位处于对抗状态，但基于程序合作主义理念的要求，包括海关在内的所有参与海关行政诉讼程序的当事人，都应当秉持分工合作、彼此协助的理念。如此可以实现消耗最小的人力和物力，却可能作出最正确的行政诉讼裁判。由此出发，当事人也应当按照《行政诉讼法》的要求，履行相关义务，如保证起诉事项的明确性和完整性，在诉讼过程中做到积极参与相关诉讼程序、及时主张权利、及时参加诉讼活动、提供真实证据等。

某品牌D公司擅自将减免税设备移作他用案

（一）案情简介

经H海关调查，2011年3月4日，D发动机（集团）有限公司、某直升机有限责任公司和意大利某品牌公司共同出资成立某品牌D公司。2013年至2014年，某品牌D公司免税进口14台设备，用于航空发动机及传动系统研制。2015年，意大利某品牌公司撤资，其股权被H市D集团公司收购。2015年年底，H市D集团公司又将某直升机有限责任公司所持股份予以收购。2015年11月6日，某品牌D公司更名为某航发公司H市D航空传动有限公司。2017年3月2日，H市D集团公司更名为H市D发动机有限公司。H市D航空传动有限公司属于某航发公司的全资子

公司。2018 年 5 月 24 日，H 市 D 航空传动有限公司注销。某航发公司继承 H 市 D 航空传动有限公司的全部资产和债务。2015 年 11 月 6 日，某品牌 D 公司由合资企业转为内资企业，并更名为 H 市 D 航空传动有限公司后，未按照海关监管规定在 30 日内报告主体变更情况及 14 台免税进口设备使用情况，且未经海关许可，擅自使用上述设备进行航空发动机及传动系统研制。经 H 海关关税处计核，本案货物价值为 15696168.6 元，应缴税款 3955122.98 元，漏缴税款 1550330.51 元，应缴滞纳金 44184.42 元。以上行为有税款计核证明书、报关单基本信息、国家鼓励发展的内资项目确认书及免税进口设备备案随附材料、股权转让协议及公司章程、企业法人营业执照、授权委托书、相关人员笔录等证据为证。根据《海关行政处罚实施条例》第十八条第一款第（一）项的规定，H 海关决定对某品牌 D 公司罚款 1560000 元。

（二）法律分析

根据《进出口货物减免税管理办法》第二十二条的规定，在减免税货物的海关监管年限内，经主管海关审核同意，并办理有关手续，减免税申请人可以将减免税货物抵押、转让、移作他用或者进行其他处置。未经海关审核同意并办理有关手续，擅自将减免税货物转让、抵押、质押、移作他用或者进行其他处置的，构成违规。根据《海关行政处罚实施条例》第十八条第一款第（一）项的规定，未经海关许可，擅自将海关监管货物开拆、提取、交付、发运、调换、改装、抵押、质押、留置、转让、更换标记、移作他用或者进行其他处置的，处货物价值 5%以上 30%以下罚款，有违法所得的，没收违法所得。前引案例中，H 市 D 航空传动有限公司为某品牌 D 公司历经若干分立、改制后的公司，继承前述相关公司的权利和义务，其在法律上有义务向海关申请办理相应的变更手续。在实际案例中，当事人未经海关变更手续办理使用涉案减免税设备，构成违法，应当承担相应的法律后果。

第七章 海关行政法制监督

第一节 海关行政法制监督的含义

一、海关行政法制监督的概念及特征

海关行政法制监督是指国家权力机关、国家司法机关、国家监察机关及国家机关系统外部的个人、组织依法对行政主体及国家公务员、其他行政执法组织和执法人员行使行政职权行为和遵纪守法行为的监督。具有以下特征：

首先，海关行政法制监督的主体是国家权力机关、国家司法机关、国家监察机关及国家机关系统外的个人、组织（即行政管理法律关系中的行政相对人）。国家权力机关、国家司法机关、国家监察机关作为海关行政法制监督主体，能对监督对象采取直接产生法律效力的监督措施，比如撤销相关海关行政行为、处罚违法违纪的海关关员等。国家机关系统外部的个人、组织作为海关行政法制监督主体，尽管不能对监督对象作出直接产生法律效力的监督行为，但可以通过批评、建议或申诉、控告、检举等方式向有权国家机关反映，抑或通过新闻舆论机构等揭露、曝光，引起有权国家机关关注，以便采取能产生法律效力的措施，从而达致对监督对象的监督。

其次，海关行政法制监督的对象是海关行政主体及海关关员。在海关行政法制监督关系中，一方是监督主体，另一方是监督对象。在实践层面，监督对象首先是海关行政主体，其次是海关关员。海关关员在海关行政管理法律关系中只是海关行政主体的代表，在海关行政管理工作中代表海关行政主体行使行政职权，但在海关行政法制监督法律关系中，却可以与海关行政主体并列，成为单独的监督对象。尤其是在行政监察中，海关关员通常是最主要的监督对象。

再次，海关行政法制监督的主要内容是海关行政主体行使行政职权的行政行为和海关关员是否遵纪守法的行为。对海关行政主体依法行使行政职权行为的监督主要是对其行政行为合法性的监督，合理性监督和效率监督通常不是海关行政法制监督的主要任务。对海关关员的监督包括“法”和“纪”两个方面，在现代社会，公务员的“纪”通常由《公务员法》等法律规范予以明确规定。

二、海关行政法制监督与海关行政监督

海关行政法制监督与海关行政监督既存在一定的联系，又存在一定的区别，有必要予以厘清。

在联系方面，两种监督的总体目标是相同的。不论是海关行政法制监督还是海关行政

监督，出发点都是为了维护和保障海关行政法治，维护和保障人权，维护和保障海关行政管理秩序，在海关行政领域实现公平正义以及提高效率的总目标。此外，两种监督的主体存在部分交叉。海关行政法制监督的主体包括专门行政监督机关，如监察机关、审计机关，实际上还包括一般行政机关。尤其是审计机关，它同时对国务院各部门以及地方各级政府的财政收支、国有金融机构和企事业组织的财政收支进行监督。在此，审计机关对海关总署的监督属于海关行政法制监督的范畴，而海关行政监督则属于一般的行政监督的范畴。

在区别方面，首先，两者的监督对象是不同的。海关行政法制监督与海关行政监督最重要的区别是两者的监督对象不同。前者监督的对象是海关行政主体、海关关员，而后者监督的对象则是海关行政相对人。其次，两者的监督主体不同。海关行政法制监督的主体是国家权力机关、国家司法机关、国家监察机关以及国家机关系统外部的个人、组织；而海关行政监督的主体正是作为海关行政法制监督对象的海关行政主体。再次，监督内容不同。海关行政法制监督主要是对海关行政主体行为合法性的监督和对海关关员是否遵纪守法的监督；而海关行政监督主要是对海关行政相对人遵守海关法律规范和履行海关行政法义务的监督。最后，监督方式不同。海关行政法制监督主要采取国家权力机关审查、调查、质询、司法审查、国家监察、审计、舆论监督等方式，而海关行政监督则主要采取检查、检验、登记、鉴定等方式。

第二节　海关行政执法外部监督

一、海关行政执法外部监督概述

海关行政执法外部监督主体主要包括国家权力机关、国家司法机关及国家监察机关，在国家司法机关方面，又存在人民法院和人民检察院两种主体①，具体情况如图 7.1 所示。

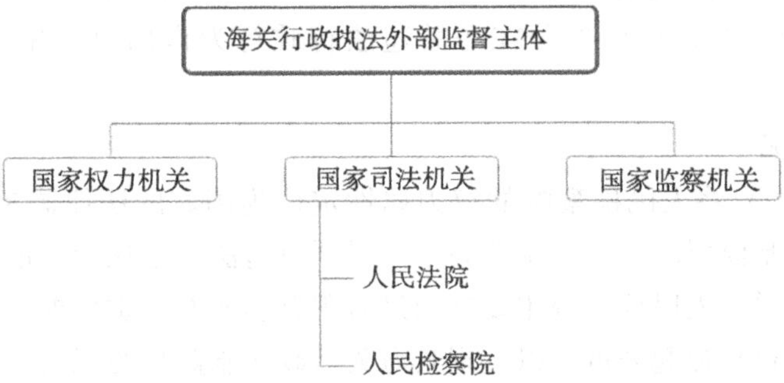

图 7.1　海关行政执法外部监督主体结构

---

① 人民法院和人民检察院同属我国的国家司法机关。但是，两者行使的司法权力内容是不同的：人民法院行使的权力是审判权，人民检察院所行使的权力是法律监督权。此外，相对于人民法院所行使的审判权而言，人民检察院行使的法律监督权所涵盖的职权范围更为广泛。

(一) 国家权力机关

在海关行政执法的外部监督方面，由于海关职权的特殊性，各级国家权力机关之中全国人民代表大会和全国人民代表大会常务委员会是海关行政法制监督的最重要主体。全国人民代表大会和全国人民代表大会常务委员会进行海关行政法制监督的主要途径是采取多种方式和制度对海关行政立法进行监督。例如，全国人民代表大会常务委员会可以通过以下方式对海关行政立法进行监督。

1. 备案

海关行政法规发布后，应当在30日内向全国人民代表大会常务委员会备案。

2. 裁决

地方性法规与部门规章之间对同一事项的规定不一致，执法或司法机关不能确定如何适用时，报国务院提出意见。国务院认为应当适用地方性法规的，即适用地方性法规；[①] 国务院认为应当适用部门规章的，应当提请全国人民代表大会常务委员会裁决。

3. 审查和撤销

中央军委、最高人民法院、最高人民检察院及省、自治区、直辖市人民代表大会常务委员会认为海关行政法规同《宪法》和法律相抵触的，可以要求全国人民代表大会常务委员会进行审查。全国人民代表大会常务委员会经过审查，如果认为海关行政法规同《宪法》和法律确实相抵触，有权予以撤销。

(二) 国家司法机关

1. 人民法院

实践中，作为海关行政法制监督主体的人民法院主要通过行政诉讼对海关行政主体作出的具体行政行为进行合法性审查，以撤销违法的海关具体行政行为，变更海关作出的显失公正的海关行政处罚行为，以实现其监督职能。此外，在具体的海关行政法制监督方面，人民法院还可以通过司法建议的方式，建议海关行政主体纠正不属于人民法院撤销范围的海关违法行政行为，建议处分在海关违法行政行为作出过程中存在过错的海关关员等。

2. 人民检察院

在我国，《宪法》将人民检察院的权力属性定位为国家的法律监督机关。[②] 人民检察院作为海关行政法制监督的主体，主要集中于对严重违法乱纪从而可能构成犯罪的海关关员的监督。具体来说，人民检察院主要是通过对犯有渎职罪、贪污罪、贿赂罪、玩忽职守罪的公务员进行侦查和提起公诉，以实现其海关行政法制监督的职能。

---

① 在实践中，地方性法规、地方行政规章中规定海关事务的现象逐渐出现。有关做法由于违背《立法法》的规定，应当予以纠正。

② 《宪法》第一百三十四条规定："中华人民共和国人民检察院是国家的法律监督机关。"

（三）国家监察机关

根据现行《宪法》第一百二十三条和《监察法》第三条的规定，中华人民共和国各级监察委员会是行使国家监察职能的专责机关，依法对所有行使公权力的公职人员进行监察，调查职务违法和职务犯罪，开展廉政建设和反腐败工作，维护《宪法》和法律的尊严。作为行政执法外部监督主体的国家监察机关，主要是对国家公务员遵纪守法情况实施监督。在海关行政执法领域，国家监察机关通过主动调查和接受海关行政相对人的申诉、控告、检举，发现相应海关关员的违法违纪行为。此外，国家监察机关还通过直接处分或建议相应主管行政机关处分违法、违纪的海关关员，以纠正海关关员队伍的违法、腐败现象，保障整个海关行政系统的廉政、勤政。

薛某与某海关食品安全举报答复争议案①

（一）案情简介

2017年5月6日，原告薛某向北京市原出入境检验检疫局提交举报材料，举报称其在天猫商城购买了“美某宝贝原装进口辅食婴幼儿水解米精”（适用人群为6个月以上婴幼儿），收货后发现美某宝贝水解米精婴幼儿谷类辅助食品添加了食用香料（布丁味），另一款产品“美某宝贝水解米精婴幼儿谷类辅助食品”添加了食用香料（优格味），上述香料均为复合香料，产品存在超范围非法添加，其举报诉求为：“进口商不能证明多种水果水解米精中仅含有香兰素，不含有其他任何香精香料，要求撤销涉案商品的检验检疫证书；责令监督被举报人对涉及购买的产品退货、赔偿；责令监督被举报人召回违法婴幼儿食品并立案查处。”原告在举报信中随附了11030011502××××号入境货物检验检疫证明。2017年5月11日，北京市原出入境检验检疫局作出“举报案件登记表”，并进行审查后出具意见：“由于11030011502××××号入境货物检验检疫证明由北京A区原出入境检验检疫局签发，建议将该举报转交A局处理。”2017年5月24日，北京A区原出入境检验检疫局作出举报案件登记表，其审查意见为：“经核实，被举报产品为11030011502××××号入境货物检验检疫证明项下产品，该证明由我局出具，属于我局管辖范围，建议由我局受理，调查并答复举报人。”北京某区原出入境检验检疫局受理后，在调查过程中，北京市原出入境检验检疫局调取了11030011502××××号报检单据，发现货物名称为“美某宝贝黑枣米麦精（婴幼儿谷类辅助食品）”及“美某宝贝水解米精（婴幼儿谷类辅助食品）”。于2017年6月16日约谈某国际贸易（上海）有限公司工作人员，并制作笔录，在调查中，某国际贸易（上海）有限公司工作人员认为根据GB 2760—2014表B.1婴幼儿谷类辅助食品中可以使用香兰素，所以涉案产品不存在超范围非法添加的问题，关于香料的味道，只是一种主观性描述，不同的人有

① （2019）京03行初82号。

不同的理解，且该产品产自台湾地区，台湾地区和大陆对布丁味、优格味与奶香味在理解、认识上存在一定的差异，其实并没有本质区别，都指香兰素具有奶香和甜香。此后，某国际贸易（上海）有限公司提供了由生产厂商出具的涉案产品仅使用香兰素的声明书及涉案产品的检测报告和情况说明。在中国检验检疫科学研究院综合检测中心出具的检测报告中，显示样品名称为涉案产品的被检测样本中检测出香兰素，检测值分别为5.6mg/kg及17.2mg/kg，均未检出苯甲酸或牛磺酸。2017年7月21日，北京A区原出入境检验检疫局作出被诉举报答复，认为涉案产品配料表中的食用香料均为香兰素，其使用量符合《食品安全国家标准　食品添加剂使用标准》（GB 2760—2014）表B.1的要求，不存在被举报的违法情形。另外，原告责令监督被举报人对涉及购买的产品退货、赔偿的诉求，不属于检验检疫的职责范围，建议原告通过其他途径解决。原告不服，向北京市原出入境检验检疫局申请行政复议，2017年9月20日，北京市原出入境检验检疫局申请作出被诉复议决定，维持被诉答复。之后，薛某向人民法院提起行政诉讼。

（二）法律分析

人民法院作为国家司法机关，是海关行政行为的外部执法监督主体之一。本案审理法院某中级人民法院经法庭调查等审判工作，认为北京A区原出入境检验检疫局在调查过程中，根据涉案产品生产商提交的材料及相关检测报告可知，被举报产品中食用香料（布丁味）、食用香料（优格味）均为香兰素，且使用量并未超过《食品安全国家标准　食品添加剂使用标准》（GB 2760—2014）规定的最大使用量，因此，在没有充足证据认定涉案产品存在质量问题的前提下，A区原出入境检验检疫局认定涉案产品不存在被举报的违法情形并无不当。A区原出入境检验检疫局接到原告举报后，履行了受理、收集材料、调查、审批、作出举报答复并送达等步骤，其执法程序并无不当。因此，A区原出入境检验检疫局作出的被诉答复并无不当，其执法程序并无不当。北京市原出入境检验检疫局在受理原告的复议申请后，履行了通知、审查、送达等义务，其作出被诉复议决定的程序符合法律规定。此外，另查，因机构改革职权变更，北京A区原出入境检验检疫局相应职权由A区海关继续行使，北京市原出入境检验检疫局相应职权由北京海关继续行使。鉴于以上查明事实，法院不予支持原告薛某的诉讼请求，判决驳回起诉。

第三节　海关行政执法内部监督

海关行政执法内部监督是指行政系统内部的监督。根据主体的不同，可分为国家审计机关的监督以及海关系统内部的海关督察审计的监督等。

一、国家审计机关的监督

作为行政法制监督主体的国家审计机关，主要是对国务院各部门和地方各级政府及其工作部门的财政收支行为进行监督。海关总署作为国务院下辖的直属机构，是国家审计部门的审计对象之一。审计机关通过审计监督，发现监督对象违法或违反国家有关规定的财政收支行为，依法予以处理、处罚，或提请有权处理的机关依法予以处理、处罚，以便保障财政领域的行政法治。

二、海关督察审计的监督

海关督察审计的监督是指海关内部督察审计机构与督察审计人员，运用数据分析、风险管理、现场核查、问卷调查等方法对海关业务管理、执法活动、财政财务收支及其相关事项的真实性、合法性、效益性进行独立监督、评价的行为。海关督察审计属于内部审计范畴，是海关内部监督体系的重要组成部分。在其运行层面，海关督察审计就是通过对海关行使执法权力的过程和结果进行不间断的监督检查，以便更好地为决策管理和执行管理服务。

海关督察审计工作在海关改革和建设过程中发挥了重要作用。通过海关督察审计工作，坚持开展关长任期经济责任审计，强化对各级领导班子特别是“一把手”的监督，形成了一整套制度和工作规范，促进了各级领导班子建设；通过开展常规、专项督察审计，规范了海关执法行为和财务管理活动，促进了海关依法行政、依法理财；探索海关管理审计，突出了对海关决策管理、职能管理、执行管理的效果、效率和效益的审计，强化了内部控制，提高了整体管理效能。

第二编　海关行政行为论

第八章　海关行政行为概论

第一节　海关行政行为的概念、特征和分类

一、海关行政行为的概念

行政行为是行政法学体系中的一个核心概念，它连接行政主体与行政管理相对人，以权利和义务为内容形成了行政法律关系。同时，行政行为的合法性与自由裁量权运用的合理性也是一个标尺，它直接反映和衡量行政主体依法行政的水平。我国行政法学界对于行政行为的概念有多种解释，目前多数学者认为行政行为是指行政主体运用行政职权所作出的具有法律意义、产生法律效果的行为。

对于什么是海关行政行为，有学者认为，海关行政行为是指海关行政主体在进出关境监管过程中，依法行使海关行政权，对海关管理相对人实施的能够产生相应的法律效果的行为。本书基本认同这种观点。本书认为，海关行政行为是指海关依据《海关法》及有关法律、行政法规和部门规章，在进出关境监督管理过程中，依法行使海关行政权，对海关管理相对人实施的能够产生相应法律效果的行为。

为正确理解海关行政行为，需要把握以下三个方面。

（1）海关行政行为的主体是海关。根据《海关法》的规定，海关是国家进出境监督管理机关，履行海关监管、海关征税、海关统计、海关缉私、进出境检验检疫、口岸卫生防疫等海关职权。除海关之外，其他国家机关不得行使海关权力。《海关法》规定，各地方、各部门应当支持海关依法行使职权，不得非法干预海关的执法活动。海关依法执行职务，有关单位和个人应当如实回答询问，并予以配合，任何单位和个人不得阻挠。

（2）海关行政行为发生在进出境的监督管理过程中。此处所说的境是关境，不同于国境。对海关行政行为是发生在进出关境的监督管理过程中的海关行政行为不能理解为仅发生在进出境环节的行为，还应包括进出境行为的前伸和后移的行为，如海关对保税货物、暂准进出境货物的监管，动植物产品在进出境之前的检验检疫工作等。以海关对保税加工的监督管理执法为例，在保税料件进口之前，海关要根据企业的申报，为其办理备案手续并予以监管，在料件复出口或经批准内销后还要根据企业申请为其办理核销手续。

（3）海关行政行为的管理相对人是与进出境的运输工具、货物、行李物品、邮递物品和其他物品有关的自然人、法人或其他组织，即海关对管理相对人实施行政行为遵循由物及人的原则。

根据《海关法》第二条“中华人民共和国海关是国家的进出关境（以下简称进出境）监督管理机关。海关依照本法和其他有关法律、行政法规，监管进出境的运输工具、货

物、行李物品、邮递物品和其他物品（以下简称进出境运输工具、货物、物品），征收关税和其他税、费，查缉走私，并编制海关统计和办理其他海关业务”，具体来说，海关的基本职权和职责是出入境监管、征税、打私、统计、商品检验、动植物检疫、国境卫生检疫、进出口食品卫生监督等。海关实行垂直领导体制，不受地方政府的行政领导。海关总署是国务院下属的正部级直属机构，统一管理全国海关。

二、海关行政行为的特征

（一）海关行政行为的执行性

1. 海关的行政职权来自国家立法机关的法律授权或国家最高行政机关的授权，其本质是执行法律或行政法规

根据《海关法》的授权，海关行使海关监管、海关征税、海关统计、海关缉私的职权；根据《中华人民共和国进出口商品检验法》《中华人民共和国进出境动植物检疫法》《中华人民共和国国境卫生检疫法》《中华人民共和国食品安全法》而开展的商品检验、动植物检疫、国境卫生防疫、进出口食品卫生监督等；根据《中华人民共和国知识产权海关保护条例》的规定，海关对与进出口货物有关并受中华人民共和国法律、行政法规保护的商标专用权、著作权和与著作权有关的权利、专利权实施保护；根据《国务院办公厅关于加强进口汽车牌证管理的通知》的规定，海关可以与公安、工商行政管理部门一道，对查获的走私汽车和无进口证明的汽车案件实施管理。

2. 海关行政职权的实行主要有两种方式

（1）通过海关行政决策的方式，包括制定海关规章或与国务院其他部门联合制定部门规章、制定海关总署规范性文件，以及其他的海关行政决策。

（2）实施具体行政行为，这是海关行政职权实行最主要的方式。海关具体行政行为种类较多，常见的种类包括海关监管、海关征税、海关强制、海关行政许可、海关稽查、海关事务担保、海关行政处罚等。

（二）海关行政行为的公共性

公共性是行政行为共同的特性，其行为的目的在于维护国家利益和社会公共利益。海关是实行垂直领导体制的国家机关，其维护的是国家和社会的整体利益，因此其公共性尤为明显。以国境卫生检疫为例，2019 年年底，新型冠状病毒肺炎疫情暴发以后，海关全面启动健康申报制度，对所有出入境人员实行严格检疫措施，密切跟踪研判境外疫情的发展，及时调整检疫查验的重点国家和地区，对来自疫情严重国家或地区的交通工具全部实施登临检疫，严格实施入境交通工具的消毒，切断传播途径，有效地做到了外防输入。再以查缉走私为例，2019 年 1 月至 10 月，根据中国海关提供的情报，新加坡海关和公园局、越南海关和马来西亚海关等执法机构共查获象牙 11 吨、穿山甲鳞片 59.4 吨、犀牛角 106.5 公斤、檀香紫檀 14.6 吨，有效保护了濒危物种。

（三）海关行政行为的单方性

海关行政行为的单方性，主要表现为海关按照自己单方面的意志作出行政决定，不需要征得海关管理相对人的同意。如根据《中华人民共和国海关稽查条例》的规定，通常情况下，海关进行稽查时，应当在实施稽查的 3 日前，书面通知被稽查企业。但是，在特殊情况下，经直属海关关长批准，海关可以不经事先通知进行稽查，即径行稽查。再如，在海关查验中，进出口货物有违法嫌疑的或经海关通知查验，进出口货物收发货人或其代理人届时未到场的，海关可以对进出口货物进行径行开验。

理解海关行政行为的单方性需要注意，海关行政行为的单方性并不意味着排斥管理相对人的合法权利。如海关行使径行开验的权力时，应当通知货物存放场所的管理人员或其他的见证人到场，并要求其在海关的查验记录上签字。海关径行开验时，存放货物的海关监管场所经营人、运输工具负责人应当到场协助，并在查验记录上签名确认。

（四）海关行政行为的强制性

强制性是海关行政行为一个非常重要的特征，也是海关行政职权得以实施的保证。海关行政行为强制性的依据在于海关权力是一种国家权力，应以国家强制力为后盾。如根据《中华人民共和国进出口商品检验法》的规定，国家商检部门制定、调整必须实施检验的进出口商品目录，列入目录的进出口商品，由商检机构实施检验。列入目录的进口商品未经检验的，不准销售、使用；列入目录的出口商品未经检验合格的，不准出口。再如，根据《中华人民共和国进出口关税条例》的规定，进口货物应在载运进口货物的运输工具申报进境之日起 14 日内向海关申报。超过规定期限向海关申报为滞报，海关将依法征收滞报金，滞报金应当由进口货物收货人于当次申报时缴清。自运输工具申报进境之日起，超过 3 个月未向海关申报的，为超期未报关，由海关依法提取超期未报关货物作变卖处理。

（五）海关行政行为的处分性

海关行政行为的处分性是指海关行政行为产生处分效力。海关行政行为要产生处分性，一是要基于海关正确的意思表示，二是要在行为实施之后引起海关行政法律关系的产生、变化或消灭。如在进出境旅检环节，海关工作人员依据《海关法》所赋予的检查权，以确认旅客进出境行为的合法性为目的，运用风险分析的原理，对某一进境旅客携带的物品进行检查。

（六）海关行政行为的涉外性

涉外性是海关行政行为重要的特点，表现为三个方面：第一，主体涉外，即海关管理相对人涉外，如外国人、无国籍人或者外国企业或组织；第二，海关行政管理中涉及的货物、物品、运输工具涉外，如通过过境、转运、通运方式经过我国关境的货物，以暂准进境方式进入我国关境拟在法定期限复运出境的货物等；第三，行为涉外，即围绕货物、物品、运输工具进出境的行为跨越关境。

对于海关行政行为涉外性的特点，海关在依法行政时需把握几点原则：第一，坚持国家主权原则；第二，适用我国缔结或者参加的国际条约原则；第三，对等原则。

三、海关行政行为的分类

按照不同的标准，海关行政行为可以有不同的分类。主要介绍以下几种分类。

（一）抽象海关行政行为和具体海关行政行为

按照行政相对人是否特定，海关行政行为可以分为抽象海关行政行为和具体海关行政行为。抽象海关行政行为如制定海关规章的行为、制定海关规范性文件的行为。具体海关行政行为是针对特定对象的行为，占海关行政行为的多数，其行为形式多样，如海关行政指导、海关行政许可、海关行政处罚、海关行政强制、海关行政复议等。

（二）依职权海关行政行为和依申请海关行政行为

以行为的启动是否需要行政相对人先行申请为标准，海关行政行为可以分为依职权海关行政行为和依申请海关行政行为。依职权海关行政行为如海关检查查验、海关强制、海关行政处罚等。依申请海关行政行为既包括一些授益性的行政行为如企业获得从事特定海关业务的资格；也包括一些非授益性的行政行为，如知识产权海关保护中，知识产权权利人申请海关对涉嫌侵犯其知识产权的货物采取扣留的强制措施。

（三）羁束海关行政行为和自由裁量海关行政行为

按照法律对行政行为是否严格拘束，是否给海关留有选择、裁量的余地，海关行政行为可以分为羁束海关行政行为和自由裁量海关行政行为。海关行政自由裁量权同所有的行政自由裁量权一样，是一把“双刃剑”。基于当前我国的国情和海关行政现实，对海关行政自由裁量权进行合理有效的控制，是一个综合的、复杂的系统工程，不仅要在立法控制和司法控制方面下功夫，更要建立一套内部控制机制。

（四）要式海关行政行为和非要式海关行政行为

按照行政行为是否需要具备法定的形式，海关行政行为可以分为要式海关行政行为和非要式海关行政行为。要式行政行为中的“要式”，是指特定形式——某种书面文字或具有特定意义符号，要式行政行为是对行政权进行特别控制的体现，是海关依法行政的组成部分。

（五）海关行政决策行为、海关行政执法行为与海关行政救济行为

以海关行政权作用的方式和实施海关行政行为所形成的法律关系为标准，海关行政行为可以分为海关行政决策行为、海关行政执法行为与海关行政救济行为。海关行政决策行为包括海关制定规章的行政行为、海关制定规范性文件的行政行为等。海关行政救济行为包括海关行政复议、海关申诉。

第二节　海关行政行为的成立条件和合法要件

一、海关行政行为的成立条件

行政行为的成立条件，也称行政行为的构成要素或行政行为的成立要件，是指构成一个行政行为所必须具备的条件。

根据行政法学界的普遍观点，结合海关行政实际，海关行政行为的成立条件有四个：行为主体条件、行政权力条件、法律效果条件和形式条件。

（一）行为主体条件

海关行政行为的行为主体条件要求实施行政行为的海关必须具备海关行政权能，即具备实施海关行政行为的资格，能够以自己的名义实施行为，并承担由此产生的后果与责任。根据《海关法》，海关行政主体分为海关总署、直属海关、隶属海关三级，分别在各自的范围内行使职权。

（二）行政权力条件

海关行政行为的行政权力条件要求海关行政行为必须是运用海关行政权力所作出的行为。换而言之，海关行政行为必须是海关基于法律、行政法规、部门规章而为的职权行为。没有行政权力的存在和运用就没有海关行政行为。行政权力条件是将海关行政行为与海关其他法律行为如海关民事法律行为相区别的标准。

（三）法律效果条件

海关行政行为的法律效果条件要求海关基于行政职权作出的行为能够为海关管理相对人设定、变更或消灭某种权利和义务。如果一个行为没有针对海关管理相对人，或者没有为海关管理相对人设定、变更或消灭某种权利和义务，就不能成为海关行政行为。

（四）形式条件

海关行政行为的形式条件是指海关依据行政职权将自己的意志通过一定的语言、文字、符号或行动等行为形式变现出来，告知海关管理相对人，并作用于海关管理相对人。在海关行政行为中，形式条件非常丰富，并形成了较为固定的行为形式，如工作规程、格式文书、格式语言等。以海关查验为例，海关决定对某一进出口货物进行查验时即会通知进出口货物收发货人或其代理人。查验一般安排在海关的工作时间内进行，在特定情况下，可以应进出口货物收发货人或其代理人申请，在工作时间之外进行查验。查验当日当时，海关查验人员首先会出示执法证件，然后实施查验。查验结束后，制作查验记录。进出口货物收发货人或其代理人应当认真阅读查验人员填写的查验记录，查验记录准确属实的依法予以签名确认。

二、海关行政行为的合法要件

海关行政行为的合法要件是指海关行政行为合法所必须具备的法定条件。海关行政行为的合法要件包括以下几个方面。

（一）行为主体合法

海关行政行为的主体必须而且只能是海关。具体到某一海关行政行为，因海关总署、直属海关、隶属海关的级别管辖和关区的管辖而最终落实到某一海关，即主体适格。在实施某一行政行为的海关明确之后，还需明确符合法律规定的人员实施行为，由其代表海关实施海关行政行为，即人员适格。

（二）行为权限合法

如第一点所述，基于级别管辖和关区管辖，形成了海关总署及各直属海关、隶属海关的管辖，与管辖相对应的是其单位权限。以职位、岗位等为基础，形成了海关工作人员的岗位权限。海关行政行为的行为权限合法包括组织权限合法与个人权限合法两个方面。如根据《海关法》，在海关监管区和海关附近沿海沿边规定地区以外，海关在调查走私案件时，对有走私嫌疑的运输工具和除公民住处以外的有藏匿走私货物、物品嫌疑的场所，应经直属海关关长或者其授权的隶属海关关长批准，方可以进行检查。

（三）意思表示真实

海关行政行为意思表示往往经过两个阶段。第一阶段，海关向其具体工作人员表达行为的意思；第二阶段，海关具体工作人员向行政管理相对人表达海关行政行为的真实意思。

（四）事实清楚，证据符合证明要求

事实清楚、证据符合证明要求是海关行政行为合法的核心要件。事实清楚是指某一海关行政行为在作出决定时其所涉及事实以及事实所包含的要素都必须真实、具体、准确。

（五）适用法律正确

以《海关法》《中华人民共和国进出口商品检验法》《中华人民共和国进出境动植物检疫法》《中华人民共和国国境卫生检疫法》《中华人民共和国食品安全法》等法律为核心，包含行政法规和部门规章的三级法律体系是海关行政行为适用的法律依据。海关在作出海关行政行为时应在正确认定事实的基础上，准确适用法律。

（六）行为程序合法

海关行政行为的合法不仅包括实体合法，还包括程序合法。我国目前虽然没有关于海关行政程序的统一立法，但有关的法律、行政法规、部门规章中包含有关行政行为程序的规定。

第三节 海关行政行为效力

一、海关行政行为效力的内容

（一）海关行政行为的公定力

公定力又被称为效力先定或推定有效。海关行政行为的公定力是指除非自始无效，海关行政行为一经成立，不论是否合法，即具有被推定为合法而要求海关行政相对人予以尊重的法律效力。在行政复议和行政诉讼期间，没有法律特别规定，原则上不停止执行。如根据《中华人民共和国海关事务担保条例》，正在通关过程中的货物、物品、运输工具因有违法嫌疑被海关依法扣留、封存后，其通关流程中止。除当事人向海关提供担保，申请免予或者解除扣留、封存并获得批准，否则其通关流程不得恢复，直至案件调查终结。

（二）海关行政行为的确定力

行政行为的确定力作为政府诚信的制度保障，是行政行为公信度保障的支撑点与行政秩序得以维系的基础，其内涵主要体现为对起诉期间和行政撤销权的限制。海关行政行为的确定力是指海关行政行为决定一经作出，即具有不得任意改变的法律效力。如在进出口货物的申报中，海关接受进出口货物的申报之后，申报内容不得修改，报关单证不可变更或撤销，确有正当事由的除外。

（三）海关行政行为的拘束力

海关行政行为的拘束力是指海关行政行为成立后，其内容对海关及海关管理相对人所产生的法律上的约束效力。海关及海关管理相对人必须遵守、服从。海关管理相对人要自觉履行自己的义务，正确行使自己的权利。海关要正确行使行政职权，保护行政管理相对人的合法权利。如根据《中华人民共和国海关行政裁定管理暂行办法》，海关如受理申请人的行政裁定申请，则应当自受理申请之日起 60 日内作出行政裁定，书面通知申请人，并对外公布。

（四）海关行政行为的执行力

海关行政行为的执行力是指已生效的海关行政行为具有的要求相对人自行履行或者强制相对人履行其所设定义务的作用力。海关行政行为执行力一个非常重要的表现是在行政复议和行政诉讼期间，没有法律特别规定，海关行政决定原则上不停止执行。

二、海关行政行为效力的开始与终止

（一）海关行政行为效力的开始

海关行政行为效力的开始是指海关行政行为从什么时间开始产生法律效力。海关行政行为的形式不同，其效力开始的时间确定方式也不同，主要有以下三种。

1. 公告生效

公告生效的一般是抽象行政行为。鉴于抽象行政行为的内容为社会所熟悉和掌握需要一定的时间，故在公布期日之后确定一生效期日。如《中华人民共和国海关事务担保条例》2010年9月1日国务院第124次常务会议通过，9月14日公布，但其施行期日为2011年1月1日（2018年进行了修订）。

2. 即时生效

即时生效的海关行政行为一般是紧急情况下作出的必须即刻执行的海关行政行为或者简单情况下当场作出的海关行政行为。前者主要指行政强制措施，后者如海关行政处罚中适应简易程序作出的某些海关行政处罚决定。

3. 送达生效

送达生效是指海关行政行为决定送达行政相对人后生效。

（二）海关行政行为效力的终止

海关行政行为效力的终止是指由于某一法律行为或法律事件的出现而使海关行政行为的效力归于消灭。

海关行政行为效力的终止情形通常包括：海关行政行为的有效期限届满、行政行为所确定的行政内容已经完成、行政行为的对象消失且无权利和义务的继承者、行政行为决定被司法机关或有关行政机关依法废止或撤销的。

一、深圳某公司、扬州某公司违规出口医疗物资案

（一）案情简介

2020年4月13日，扬州某公司向海关申报出口非医用挂耳式口罩20万个。经查验发现，实际出口的货物为医用挂耳式口罩。当事人申报时未提交医疗器械产品注册证书和出口医疗物资声明，涉嫌逃避商品检验。上海海关经立案调查，根据《中华人民共和国进出口商品检验法》等相关规定，对当事人依法作出科处罚款的行政处罚。

2020年4月16日，深圳某公司向海关申报出口手机玻璃片一批。经查验发现，实际出口的货物为一次性医用口罩1.19万个、一次性使用医用隔离服6680件、额温枪4837个等。当事人申报时未提交医疗器械产品注册证书和出口医疗物资声明，

涉嫌逃避商品检验。深圳海关经立案调查，根据《中华人民共和国进出口商品检验法》等相关规定，对当事人依法作出科处罚款的行政处罚。

（二）法律分析

本案涉及的法律问题是涉案企业通过瞒骗的方式，逃避我国的进出口商品检验制度。进出口商品检验制度是海关根据《中华人民共和国进出口商品检验法》及其实施条例的规定，对进出口商品的品质、质量等进行检验和实施监督管理的程序、手续及其相关规定的总称。实行进出口商品检验的主要目的是维护国家利益、保障人民健康等。根据《中华人民共和国进出口商品检验法》及条例的规定，海关对进出口商品实施检验的内容主要包括是否符合安全、卫生、健康、环境保护、防止欺诈等要求以及相关的品质、数量、重量等项目是否属实。

2020 年 3 月 31 日，商务部、海关总署、国家药品监督管理局发布关于有序开展医疗物资出口的公告，要求出口的相关医疗物资必须取得国家药品监管部门的相关资质，符合进口国（地区）质量标准要求。自 2020 年 4 月 1 日起，出口新型冠状病毒检测试剂、医用口罩、医用防护服、呼吸机、红外体温计的企业向海关报关时，须提供书面或电子声明，承诺出口产品已取得我国医疗器械产品注册证书，符合进口国（地区）的质量标准要求。本案中，无论是一次性医用口罩、一次性使用医用隔离服、额温枪，还是医用挂耳式口罩，均需遵守前述规定。而相关企业在出口医疗物资时不履行如实申报的义务，通过伪瞒报等方式逃避法定检验。为此，海关将根据案件调查情况，分别予以行政处罚，符合刑事立案标准的，将移送司法机关追究刑事责任。

二、恒某工业有限公司与中华人民共和国深圳海关不履行信息公开法定职责行政纠纷上诉案

（一）案情简介

自 2012 年 5 月 2 日起，贺某奎律师代表恒某工业有限公司（以下简称恒某公司）以其为深圳兴某注塑有限公司（以下称兴某公司）股东，以所需信息用于该公司清算为由，多次以电邮方式，向深圳海关申请公开“兴某公司进出口货物的有关备案、报关、核销等文件资料”的海关信息，深圳海关分别进行了电邮回复。2012 年 5 月 16 日，深圳海关回复，表示如以恒某公司申请，应取得兴某公司的书面同意证明；或直接由兴某公司或清算公司申请。此后，恒某公司仍继续向深圳海关提出公开信息申请。2012 年 7 月 5 日，深圳海关书面向兴某公司清算组征询是否同意向恒某公司公开兴某公司的有关海关信息，并要求限期答复，否则视为不同意。兴某公司清算组未答复深圳海关。2012 年 10 月 11 日，深圳海关电邮回复恒某公司，表示仍未收到兴某公司清算组的任何答复，通过联系清算组负责人也表示无法答复。恒某公司认为深圳海关不向其公开兴某公司进出口货物的有关备案、报关、核销等文件资料的行为构成行政不作为，侵犯了自己的合法权益。因此，恒某公司向深圳

市中级人民法院提起行政诉讼，请求判令深圳海关向恒某公司公开兴某公司进出口货物的有关备案、报关、核销等文件资料。①

（二）法律分析

行政不作为是指行政主体及其工作人员有积极实施行政行为的职责和义务，应当履行而未履行或拖延履行其法定职责的状态。本案中，深圳海关的行为是否构成行政不作为是本案的核心问题。恒某公司以其为兴某公司股东，所需信息用于该公司清算为由，向深圳海关申请公开“兴某公司进出口货物的有关备案、报关、核销等文件资料”的海关信息。但根据《中华人民共和国政府信息公开条例》的规定，涉及商业秘密、个人隐私等公开会对第三方合法权益造成损害的信息，行政机关不得公开。因此，恒某公司如欲从深圳海关获得兴某公司进出口货物的有关备案、报关、核销等文件资料，就应取得兴某公司的书面同意证明或直接由兴某公司或清算公司申请。深圳海关在告知恒某公司的信息查询要求与路径，且在法定期限届满兴某公司或清算公司对深圳海关的通知不予回复的前提下，不向恒某公司公开兴某公司进出口货物的有关备案、报关、核销等文件资料，不构成行政不作为。

① 案件来源：北大法宝。案件字号：（2013）粤高法行终字第231号。

第九章　海关行政立法行为

第一节　海关立法的概念与分类

一、海关立法的概念

海关作为进出境监管机关，其所行使的职能在历史上一直处于不断变化之中，这种变化总体上对国与国之间的经济、政治、文化交流发挥着积极或消极的作用。对于国家而言，海关法律作为海关运行的规则体系，所调整的对象主要是国家对国民经济管理中形成的涉外经济关系，这就是说，货物、物品、运输工具在进出境时，海关与当事人之间形成的是一种涉外经济关系，海关立法从其功能而言，是提供上述海关运行规则体系的主要渠道。

考虑到海关法律的涉外性、专业性和综合性，海关立法可以从广义和狭义两个角度来解读。从广义上来说，作为海关法法律渊源的规范的任何改变都可视为海关立法。鉴于WTO法等国际海关法国内适用方面的转化、纳入等方式，世界各国和地区大多不承认WTO法等国际海关法的直接法律渊源地位，而是把它们当作国内海关法制定时的基础。因此，海关立法主要是在一国国内法律体系的层面探讨。从这个角度来说，一国特定国家机关通过行使立法权对国内海关法律渊源意义上的法律规范和法律规则的变动，都属于广义海关立法的范畴。狭义的海关立法则主要从海关作为行政机关的角度予以界定，认为海关领导机关及其直属机构制定涉及海关业务或海关事项的行政法规、行政规章才属于海关立法。在我国，广义海关立法包括全国人民代表大会及其常务委员会、国务院、海关总署在内的有权国家机关制定、认可、修改、废止有关海关事项或海关业务的规范的所有立法活动。鉴于海关行使的职能处于不断拓展之中，海关业务运行的国内、国际规则具有频繁变动的特性，本章所采用的海关立法定义是广义海关立法，该种定义的海关立法具有以下特征。

（一）海关立法是由特定国家机关进行的

海关作为国家主权的象征，是历史发展的产物，针对海关组织机构及运作行为的立法历来由国家专门机关进行，反之，若相关立法受到国家之外力量的控制，则可能会丧失海关乃至国家关税的自主性，减损国家主权。根据我国《宪法》《组织法》《立法法》及其他相关立法法律规范的规定，我国有权进行海关立法的国家机关包括以下几类：一是全国人民代表大会及其常务委员会，拥有制定海关法律的权力；二是国务院，拥有制定海关行政法规、缔结海关国际条约与协定的权力；三是海关总署及国务院其他部、委员会，拥有海关行政规章的制定权。实践中，由于海关立法的综合性，海关总署也会联合国务院其他部、委员会，如商务部、财政部等，制定涉及海关事务的海关行政规章、发布有关行政命令，因此国务院其他部、委员会也分享一定的海关立法权。

（二）海关立法是依据特定立法职权进行的

职权明晰是科学立法的前提，我国海关立法在《宪法》《立法法》等立法法律、法规有关规定的基础上，形成了各层级立法职权统一协调、科学清晰的立法权体系。各种海关立法活动遵循上述规则体系所设定的立法职权，进行具体的海关法律、海关行政法规、海关行政规章的立法工作。

（三）海关立法是依照一定立法程序进行的

拥有海关立法权的有关国家机关，在进行各种海关立法活动中应当遵循特定的步骤和方法。这些步骤和方法分别由我国《宪法》《立法法》《行政法规制定程序条例》《规章制定程序条例》等法律、法规加以规定。有关立法程序的设置能够保障各种立法活动的民主性、科学性，协调各种利益诉求，合理配置社会资源，最大程度地维护国家海关法律关系的正常秩序，从而保障国家对外贸易的正当发展。

（四）海关立法是制定、认可、修改、废止法的综合性活动

海关立法作为一种综合性立法活动，涉及制定、认可、修改、废止法等各种立法方式。由于国际贸易及各国（地区）海关事务的发展，某种方式的海关立法可能频繁应用。如韩国在1967年至1995年之间，就对《韩国海关法》进行了总共24次修改，但从海关立法的整体运作来看，各种方式的海关立法都广泛存在。

二、海关立法的分类

从海关立法的实践来看，享有海关立法权的主体众多，相关立法程序繁杂，这里就涉及如何辨识不同海关立法活动的问题。根据不同的标准，可以对海关立法作不同的分类，不同类别的海关立法具有各自鲜明的特征。当然，由于立法理论与实践领域分类标准的重合与模糊，海关立法的分类也存在相互交叉之处，如图9.1所示。

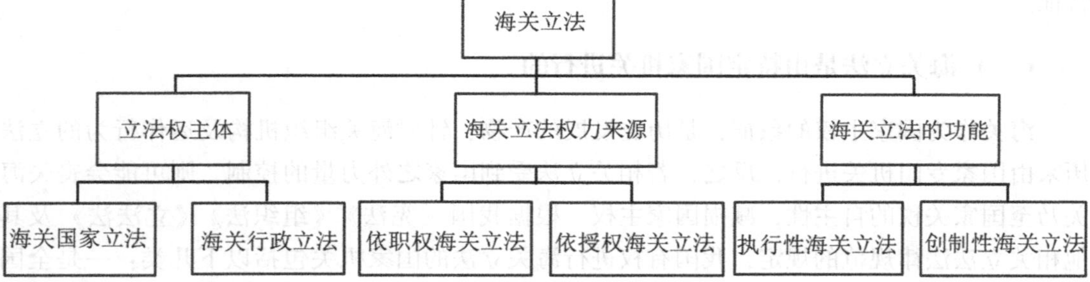

图9.1 海关立法的分类

（一）海关国家立法与海关行政立法

根据行使立法权主体的不同，可以将海关立法划分为海关国家立法和海关行政立法。由国家立法机关所进行的海关立法，如我国全国人民代表大会及其常务委员会制定海关法律的立法活动，为海关国家立法。根据我国《立法法》的规定，基本经济制度以及财政、税收、海关、金融和外贸基本制度由全国人民代表大会及其常务委员会制定法律，制定海关基本法律的权力由全国人民代表大会及其常务委员会专属行使。之所以进行这种立法安排，在于海关基本制度属于一国重要的宏观调控事项，必须在国家全部关境内统一适用，将上述立法权力交由全国人民代表大会及其常务委员会以国家立法的方式行使，任何地方权力机关和行政机关都不得针对海关基本制度制定地方性法规或地方行政规章。我国现行《海关法》是1987年1月22日由第六届全国人民代表大会常务委员会第十九次会议通过，1987年7月1日起施行的。1987年之前，海关执行的是1951年4月18日中央人民政府政务院制定发布的《中华人民共和国暂行海关法》。2000年7月8日第九届全国人民代表大会常务委员会第十六次会议审议并通过了《关于修改〈中华人民共和国海关法〉的决定》，同日以中华人民共和国主席令第35号公布，自2001年1月1日起施行，后来又通过全国人民代表大会常务委员会进行了多处修改。与海关国家立法不同，由国家行政机关，如我国国务院、海关总署、国务院其他部及委员会制定海关行政法规、海关行政规章的立法活动为海关行政立法。国务院在其职权范围内，为了执行《海关法》或其他法律可以制定配套行政法规，如《外国在华常驻人员携带进境物品进口税收暂行规定》《海关行政处罚实施条例》《中华人民共和国进出口关税条例》《中华人民共和国知识产权海关保护条例》即属此列。对于全国人民代表大会及其常务委员会享有的海关基本法律立法事项，尚未制定法律的，全国人民代表大会及其常务委员会可以作出决定，授权国务院先行制定行政法规，待条件成熟时再制定法律，如《中华人民共和国海关对出口加工区监管的暂行办法》即属此列。海关总署作为国务院具有行政管理职能的直属机构，为了执行《海关法》及海关行政法规，制定了大量的海关行政规章。海关行政规章是海关总署在海关管理权限内制定发布的行政规章，其所规定的内容属于执行《海关法》、海关行政法规以及国家涉及海关管理的相关法律、行政法规、决定、命令的事项，海关行政规章的主要发布形式是中华人民共和国海关总署令。

（二）依职权海关立法与依授权海关立法

根据海关立法权力来源的不同，可以将海关立法划分为依职权海关立法与依授权海关立法。依职权海关立法是指海关立法主体根据《宪法》《组织法》《立法法》所赋予的海关立法权所进行的海关立法活动。根据我国《宪法》《组织法》《立法法》的规定，全国人民代表大会及其常务委员会、国务院、省级地方国家权力机关、自治地方权力机关以及海关总署、国务院部、委员会都可以进行职权立法，上述机关中享有海关立法权的主体可以进行海关立法。当然，对于不同层级的依职权海关立法来说，应当恪守立法法律规范的要求，在自身权限范围内立法，下位立法不得变通甚至违反上位立法作出的原则规定。依授权海关立法指海关立法主体根据单行法律和法规或全国人民代表大会及其常务委员会的授权决议所授予的立法权而进行的立法。根据不同的授权来源，授权立法可以分为专门授权立法和一般授权立法。根据最高国家权力机关专门的授权决议所进行的立法，为专门授权立法。根据单行法律和法规的授权所进行的立法，为一般授权立法。依授权海关立法可以变通、补充法律或法规的规定。

（三）执行性海关立法和创制性海关立法

根据海关立法的功能，可以将海关立法分为执行性立法和创制性立法。从我国全国人民代表大会和国务院的关系来看，全国人民代表大会是最高国家权力机关，国务院是最高国家行政机关，也是全国人民代表大会的执行机关，国务院所进行的所有行为都可归于执行全国人民代表大会法律或决议的范畴。但就国务院乃至国家行政机关体系而言，其在执行全国人民代表大会及其常务委员会的法律和决议的过程中，也存在不同的执行方式，海关立法也是如此。执行性海关立法是指为了执行或实现特定的海关法律、法规或上级行政机关制定的其他海关行政规范性文件的规定而进行的立法。在具体的执行过程中，海关法律有的内容需要具体化，有的需要作出专门的规定，这就需要国务院制定配套行政法规，这也是由《宪法》确定的国务院在国家权力体系中的性质和地位决定的。实践中，国务院制定的海关行政法规如《海关行政处罚实施条例》《中华人民共和国进出口关税条例》《保税区海关监管办法》《中华人民共和国海关对出口加工区监管的暂行办法》《中华人民共和国知识产权海关保护条例》便属于执行性海关立法。在实践中，执行性海关立法可以是依职权的立法，也可以是依授权的立法。例如，以上所列海关行政法规中，《海关行政处罚实施条例》《中华人民共和国进出口关税条例》《中华人民共和国知识产权海关保护条例》分别为执行《海关法》或应对《海关法》修改的实际需要，而由国务院依据自身的行政管理职权制定的海关行政法规，故为依职权海关立法；《保税区海关监管办法》《中华人民共和国海关对出口加工区海关监管的暂行办法》属于依据全国人民代表大会及其常务委员会的专门授权所进行的海关立法，便属于依授权海关立法。执行性立法的立法用意在于执行，故而应当以其所要执行的法律、法规或上级其他行政规范性文件的存在为前提，要按照被执行的法律规范的规定加以执行，不得任意增加或减少所要执行的法律、法规或上级其他行政规范性文件的内容。在立法实践中，如果执行性立法所产生的是海关行政法规和海关行政规章，则一般以“实施条例”“实施办法”“实施细则”的名称出现。创制性立法是指海关立法主体为了在海关监管实践中充分有效行使其职能而进行的填补法律空白或变通法律规定的立法活动。比如，为了贯彻对外开放政策、加强对外交流、促进对外经济贸易的发展，经国务院批准发布的《外国在华常住人员携带进境物品进口税收暂行规定》即属于创制性立法。依据立法是否需要授权，创制性立法又可以分为自主性立法和补充性立法。自主性立法是指海关行政法律、法规在相关领域中还没有作出规定，有关海关立法主体为了适应现实中出现的新情况而填补此领域空白的立法活动。补充性立法是指海关法律、法规已有相关规定，但因为海关业务活动的实际发展，已有规定已经无法满足这种发展需要时，有关海关立法主体进行的立法活动。自主性立法与补充性立法在立法前提和对授权法律、法规的依赖程度上有所区别。创制性立法可以不经授权，而补充性立法应以法律、法规的授权为依据，所补充的海关行政法规和规章并不因为授权法律、法规的消灭而当然消灭，只要不与新的法律、法规产生冲突就仍具有法律效力。

第二节 海关行政立法的基本原则

海关行政立法作为我国众多立法活动的重要部分之一，在具体立法实践当中自然也需要遵循我国的立法基本原则。从表现为观念形态和法律制度化形态的立法基本原则看，海关行政立法的基本原则包括合宪性原则、法制统一原则、民主原则、科学原则。

一、合宪性原则

宪法是国家的根本法，其在内容上规定国家最根本、最重要的问题，在法律效力上具有最高的法律效力。根据我国《宪法》的规定，一切法律、行政性法规和地方性法规都不得同《宪法》相抵触，全国各族人民、一切国家机关和武装力量、各政党和各社会团体、各企业事业组织，都必须以《宪法》为根本的活动准则，并且负有维护《宪法》尊严、保证《宪法》实施的职责。在此意义上，《宪法》之外的其他法律、法规，都以《宪法》作为立法的依据或基础，不得违反《宪法》的基本原则、基本制度。换而言之，一国国内任何立法活动都是或直接或间接根据宪法进行的，即使是宪法确定的最高国家权力机关，如我国的全国人民代表大会及其常务委员会的立法，也不能够不依据宪法。

合宪性原则作为一种立法基本原则，要求立法应当以宪法为根据或不得违反宪法的基本原则、基本制度。宪法基本原则是人们立宪、行宪的基本准则。任何立宪国家，如果在立宪、行宪过程中不遵循和贯彻这些原则，就有悖民主、宪政的基本价值。就世界各国而言，立法应当遵循宪法原则，是最基本的准则之一。由于宪法主要是近代以来所发展起来的一种法律形式，而近代以来各国国家制度和社会制度尽管存在差异，却都是近代以来的主流文明所产生和发展起来的国家制度和社会制度，因而它们是有文明的相通性的。这种文明的相通性或普适性体现到宪法中，就使各国宪法尽管呈现种种特色，却同时也使各国宪法在基本原则方面具有共通语言。考察各国宪政实践，可以发现人民主权原则、基本人权原则、权力制约原则、法治原则是人们公认的宪法基本原则。

当然，除了宪法基本原则之外，宪法作为一国的根本法，还对一国最根本、最重要的问题作出宪法规定。比如国家的性质、国家的政权组织形式和国家的结构形式、国家的基本国策、公民的基本权利和义务、国家机构的组织及其职权等重要问题，大多由宪法作出明确规定。这些规定不仅反映一个国家政治、经济、文化和社会生活等各个方面的主要内容及其发展方向，而且从社会制度和国家制度的根本原则上规范着整个国家的活动，因而与其他法律所规定的内容通常只是国家生活中的一般性问题，而且只涉及国家生活和社会生活中某些方面或某一方面相比，宪法具有国家总章程的意义。作为国家总章程的宪法，对包括立法在内的各种国家活动具有根本性的指导意义，海关行政立法必须遵循各项宪法基本原则、基本制度。

二、法制统一原则

作为现代法治国家所共同倡导和遵循的一个重要原则，法制统一原则是指一个国家的全部法律之间的相互一致和相互协调。法制统一的前提和基础是宪法。一个国家的立法只有建立在严格遵守和坚决维护宪法的基础上和前提下，才能形成各个法律部门和法律文件之间和谐有序、相互协调的有机联系的法律体系。法制统一作为一项立法基本原则，首先要求一个国家法律制度、法律规范的统一，以宪法制度和规范为核心，所有法律制度和法律规范都应以此为基准。各种部门法律和地方法律都要服从于宪法，统一于宪法，不得与宪法相冲突、相抵触。其次，法律制度和法律规范之间也应相互统一、相互照应，不能前后矛盾、相互冲突。再次，法制统一还意味着法律制度、规范体系与法律观念体系的统一。

我国《立法法》规定，立法应当按照法定的权限和程序，从国家整体利益出发，维护社会主义法制的统一和尊严。坚持法制统一原则，是单一制国家的立法区别于联邦制国家的立法的一个重要特征。我国是统一的单一制大国，法制统一是我国重要的宪法原则。就政治体制而言，执政党的统一领导，也需要立法坚持法制统一原则，只有坚持这一原则，执政党及其领导下的国家政权的方针政策，才能通过统一的法律制度渠道得以实现。经济方面，由计划经济向市场经济的转换，建立统一的市场经济体制，形成全国统一的、开放的、有序的市场环境，需要坚持国家法制统一原则。

在我国，海关行政立法坚持法制统一原则，就要从国家的整体利益出发，充分考虑和维护人民的根本利益和长远利益，拒绝只强调本部门、本地方利益的狭隘部门保护主义。此外，海关行政立法坚持法制统一原则，就要保持海关法律体系内部的和谐一致，不同层次或不同层级的海关法律规范之间应当保持在遵循宪法原则和精神前提下的和谐一致，下位法不得同上位法相抵触，避免立法冲突。在海关行政立法领域，由于海关行政立法中往往会出现不同部门的海关行政立法冲突、违背法制统一原则的现象，比如对加工贸易项下进口受控消耗臭氧层物质的管理，国家环境保护总局、对外贸易经济合作部、海关总署联合发布的《关于加强对消耗臭氧层物质进出口管理的规定的通知》（环发〔2000〕85 号）第五条规定，受控消耗臭氧层物质进出口是指《中国进出口受控消耗臭氧层物质名录》所列物质以任何贸易方式（包括无偿提供、捐赠等方式）进出境的经营活动，对外贸易经济合作部发布的《货物进口许可证管理办法》（对外贸易经济合作部 2001 年第 22 号令）第十七条却规定，对加工贸易进口属于许可证管理的商品，除成品油、监控化学品、易制毒化学品、光盘生产设备外一律免领进口许可证。此外，在海关行政规章领域，由于国务院各部门之间都向国务院负责，各自拥有制定部门规章的权力，且有些部门之间还存在联系比较密切的业务关系，这些业务关系比较密切的国务院部、委员会，如海关、外贸、商检、工商、税务、银行、铁路、交通、邮政等管理部门在制定相关部门规章时为了避免立法冲突，确保法制统一，就要求：部门之间制定配合、联系办法等规章制度；部门之间工作有可能发生交叉关联的，联合制定行政管理规章；本部门独立完成的工作但有必要让相关部门了解的，主动抄送对方；以本部门为主的工作，但仍需有关部门配合的，立法草案会签对方；本部门立法，尽可能参阅相关部门的相关规章，在不与本部门规章相冲突，不与本部门职能、任务、工作原则和工作制度有矛盾的情况下，尽可能与之协调、配合、呼应，以便为部门间更好地合作、配合打下坚实基础。总体而言，在整个海关法律体系中，贯彻法制统一原则，就要严格根据《宪法》，依照相关立法法律、法规立法，防止因违反有关立法规范而产生有悖法制统一的立法冲突。

三、民主原则

在民主国家，人民的利益诉求及其意志通过立法过程得以表达，以国家名义进行活动的立法，必须遵循民主原则。从立法的过程本身来看，它必须是一个民主的过程，立法的内容必须反映民主的内涵，这是民主政治的基本要求和具体体现。从其本质来说，立法的过程就是集中人民意志、反映人民利益的过程，立法的目的就是要保障和实现人民的权利。民主是立法的内在诉求，立法是民主的外在表达。在现代国家和现代社会，立法应当坚持民主原则，是各国立法的共同点或者说普适性。但不同的是，各国对民主的认识存在某种程度的差异，“民主此类词语不仅没有公认的定义，甚至建立这种定义的努力也会遭到各方的抵抗”。① 因此，各国立法在遵循民主原则时，又自然而然地结合自身理解，把握符合本国国情的民主理念、含义、内容和方式，即民主的特殊性。从这个角度来说，理解我国海关立法所要遵循的民主原则，应当既从民主的普适性解读，也结合民主的本国特色进行综合把握。

在我国，立法应当遵循民主原则。我国是人民主权国家，人民是国家的主人，“全体人民享有全部权力”，人民是民主的主体。人民所建立的国家，其各种活动的主旨之一就在于确认和保障人民的民主权利特别是当家作主管理国家的权利。在立法中遵循民主原则，用立法的形式充分反映和保障人民的民主权利，让人民群众成为立法的真实的主人，正是实现人民当家作主管理国家的民主权利的重要体现。同时，从立法的过程来看，既要全面反映人民意志，也必须贯彻民主原则。要使立法是人民意志和利益的真实反映，就要使人民成为立法的真正主人，使得人民群众能够通过各种公共参与机制，充分表达自身的立法意志。反之，如果立法过程仅是由少数人完成的秘密立法，那么，这些立法即使从其形式上看再完美，也难以称得上是人民民主立法的结果。

但是，在我国，在立法过程中贯彻遵循民主原则，也需要把民主原则的普遍性同我国国情结合起来。一方面，需要通过《宪法》《立法法》等确立较为健全的民主立法制度，使得立法权在权限配置和运行规则方面能够体现和保障民主原则的实现，同时也要基于我国国情考虑人民参与国家公共事务的综合能力，科学设定直接民主与间接民主等立法民主模式。另一方面，立法的整体过程应当注重保障公众对各个环节的广泛参与。立法所反映的意志和利益应当客观，多方征求意见，集思广益，在高度民主的基础上尽可能把正确的意见集中起来，使立法真正代表最广大人民的最大利益。

一定意义上，我国海关立法为适应此趋势，也需要进行立法方面的努力。实践中，我国海关立法贯彻立法的民主原则不仅有助于海关法律体系内有关海关法规范的立法行为实现良性运作，也将会对国家通过立法调适各方面利益的分配，从而避免和防止利益冲突及

---

① [美]乔·萨托利. 民主新论 [M]. 冯克利，阎克文，译. 北京：东方出版社，1993.

潜在的社会矛盾作出贡献。为此，海关各立法领域应当在立法的过程中充分关照国家海关行政管理与行政相对人应有利益，避免因忽视或无视行政相对人合法权益而在具体立法中确立过多不合理义务的现象。如在海关行政立法领域，海关行政规章的制定就应当杜绝部门利益化的偏颇倾向。同时，加强立法助理、立法听证等可以扩大公众参与的相关立法制度，以便在各层次海关立法过程中能够广泛调研，最大程度地体现各种利益诉求，科学立法。

四、科学原则

科学是人类认识世界所取得的成果，也是人类改造世界的思想武器。立法作为人类社会的发明，其根本目的在于将人们不断更新的交往规则加以形式化。在此意义上，人类社会的立法不仅必须是人们意志的充分体现，而且应当基于客观规律科学立法。

对于各种各样的立法活动来说，科学原则体现在立法观念、立法制度与立法技术等广泛领域。制定和实施法律不是真假判断，而是价值判断问题，是合理性、正当性的判断问题。但是立法活动是有规律可以探索的，科学立法要求各种立法主体在具体的立法实践中综合考虑人们的各种立法诉求，并从法律的本质角度出发合理地处置立法的及时性与适应性、前瞻性与现时性，并以专业性、技术性的手段确定科学、合理的法律规则。立法观念之外，适当的立法制度是立法能否科学进行的重要保障。作为国家政治制度的重要组成部分，立法制度的核心在于立法权限的划分和立法程序的设计。立法制度通过法律的形式将各种立法权配置到相应的立法主体，确立各层级立法权行使的法定程序。适当的立法制度如果合乎社会发展的实际情形，便能够对各种各样的立法活动的运行确定正确的轨道，从而保证各种立法运作的科学、高效。对于一项立法活动来说，立法观念作为立法社会价值的重要表现，会借助于立法制度的运行得以体现，但从一项立法活动的结果观察，上述社会价值必须借助于一定的立法技术，形成由一定法律语言和文字结构所组成的外在形式表现的法规则，才能够说立法的价值真正得到了实现。立法技术体现在各种立法活动中，可从不同方面进行观察，“纵向立法技术，即把立法看作一个活动过程，在这个过程的各个阶段上、在各个阶段的具体步骤上，立法所遵循的方法和技巧。内容主要包括：（1）立法准备阶段的立法技术，如立法预测技术、立法规划技术、立法创议技术、立法决策技术、组织法案起草技术等。（2）由法案到法的阶段的立法技术，如提案技术、审议技术、表决技术、公布技术等。（3）立法完善阶段的立法技术，如立法解释技术、法的修改补充和废止技术、法的整理技术、法的汇编技术、法典编纂技术、立法信息反馈技术等”。“横向立法技术，即从平面的角度观察立法，这种立法活动所遵循的方法和技术。内容主要包括：（1）立法的一般方法。（2）法的体系构造技术。（3）法的形式设定技术。（4）法的结构营造技术和法的语言表述技术。”① 立法技术随立法实践而产生，反过来又服务于立法实践。

尽管立法的科学原则具有重要的价值，但在我国《立法法》制定之前，这一原则并未被确立为法定的制度。2000 年制定的《立法法》确立了立法的科学原则，并使这一原则

① 周旺生. 立法论［M］. 北京：北京大学出版社，1994.

最终成为法律制度的组成部分，进而可以凭借法的国家强制力在立法实践中予以推行。不过，值得注意的是，在《立法法》所确定的我国现行立法的科学原则中，主要是确立了立法应当从实际出发和立法应当科学合理地配置权利和权力资源，而没有对立法的科学原则作出比较系统或比较完整的规定。随着我国立法实践的进一步发展，立法的科学原则必将随之系统化、丰富化。

我国海关立法由于海关业务全球化背景下的较强趋同性，以及其运行与国家经济主权安全的紧密关系，更应当遵循立法的科学原则。在进行具体的海关立法工作过程中，必须进行广泛的调查研究，了解世界海关业务发展的最新技术，在准确分析、全面权衡的基础上作出科学的立法。同时，鉴于海关业务的专业性，各项海关立法必须采用较高的立法技术，使得海关立法具备应有的可操作性，成为真正的海关法律规则，以此促进我国海关事业的发展。

第三节　海关行政立法的基本程序

在我国现行法律体系下，规制海关行政立法的法律规范主要包括《宪法》《立法法》《组织法》《国务院工作规则》《行政法规制定程序条例》《规章制定程序条例》等。上述法律规范对海关行政法规以及海关行政规章的立法程序作出了具体的规定。

一、海关行政法规立法程序

（一）法规立项

根据我国《立法法》《行政法规制定程序条例》的规定，海关总署认为需要制定行政法规的，应当于每年年初编制国务院年度立法工作计划前，向司法部报请立项。在具体内容方面，海关总署报送的行政法规立项申请，应当说明立法项目所要解决的主要问题、依据的方针政策和拟确立的主要制度。司法部（原国务院法制办公室）① 应当根据国家总体工作部署对部门报送的海关行政法规立项申请与其他立项申请汇总研究，突出重点、统筹兼顾，拟定国务院年度立法工作计划，报请国务院予以审批。列入国务院年度立法工作计划的海关行政法规项目应当符合下列要求：适应改革、发展、稳定的需要；有关的改革实践经验基本成熟；所要解决的问题属于国务院职权范围并需要国务院制定行政法规的事项。在实践中，除了列入国务院年度立法规划内的事项之外，由于客观情况的发展变化和社会生活的实际需要，对某一或某些事务需要作出规范调整，以利于改革、发展和稳定需要的，也可以由司法部根据客观形势和工作任务发展变化的实际需要，临时列入立法计划。

---

① 2018 年 3 月，根据第十三届全国人民代表大会第一次会议批准的国务院机构改革方案，将国务院法制办公室的职责整合，重新组建中华人民共和国司法部，不再保留国务院法制办公室。

（二）提起法案

海关行政法规的法案，是指有权的主体就有关事项依法提交有关主体审议的，关于制定、修改或废止海关行政法规的议事原型。在我国，根据立法法律规范的规定，国务院有权根据《宪法》和法律制定海关行政法规：一是国务院为执行《海关法》及其他有关法律而需要制定配套行政法规；二是根据全国人民代表大会或全国人民代表大会常务委员会的授权；三是宪法和法律授予的行政管理职权。海关行政法规的法案可以由司法部提出，也可以由国务院主管部门提出。

海关行政法规的草案是提交行政立法主体审议和通过的行政法规的原型，是海关行政法规的重要组成部分，主要以附案的形式存在。实践中，海关行政法规草案的起草，由国务院负责组织。国务院年度立法工作计划确定的海关行政法规由海关总署一个部门或者几个部门具体负责起草工作，也可以由国务院法制机构起草或者组织起草。具体起草者可以是海关行政立法机关的内部机构或职能部门，也可以是经委托的社会组织，或者二者的结合。起草组织的组成人员一般应包括海关行政立法机关工作人员及业务专家和法律专家。在实践中，由海关总署负责的，通常是根据立法的规格和重要程度以及立法难度、效力范围或根据既定职权，由海关总署决定由主管业务司及政策法规司径行决定，组成起草班子或起草人员。海关行政法规的起草，应当由制定主体组织广泛听取有关机关、组织和公民的意见。听取意见可以采取座谈会、论证会、听证会等多种形式。

（三）审查审议

海关行政法规起草完毕后，一般要交由司法部进行审查。审查的主要内容包括：该项海关行政法规草案是否符合宪法、法律的规定和国家的方针政策，该项海关行政法规的必要性和可行性，该项草案在内容上的合法性和该项立法在权限上的合法性，该草案的必要条款是否完备及在内容、结构和文字上是否具有科学性，所需的实施细则草案是否已经拟定及是否与本草案相一致。司法部对海关行政法规审查后，应提出审查报告，与海关行政法规草案一并提交国务院审议。重要的海关行政法规送审稿还应当向全社会或所在区域的公众公布，征求意见。经审查，海关行政法规有下列情形之一的，司法部可以缓办或者退回起草部门：制定海关行政法规的基本条件尚不成熟的，或者有关部门对送审稿规定的主要制度存在较大争议，起草部门未与有关部门协商的，或者上报送审稿不符合《行政法规制定程序条例》所要求的形式和程序条件的。通过审查的海关行政法规，应由国务院常务会议审议或者国务院审批通过。国务院常务委员会由总理、副总理、国务委员、秘书长组成。在国务院常务会议审议海关行政法规法案时，由国务院办公厅通知国务院有关部门的负责人列席会议，以便国务院常务会议组成人员及时听取各部门的意见。具体程序方面，一般先由提请审议海关行政法规法案的部门主要负责人作起草海关行政法规草案的说明，然后由司法部负责人作审查报告。在审议过程中，国务院常务会议组成人员随时会提出各种有关问题请有关方面的与会人员回答。列席会议的部门负责人可以在会议上对如何进一步修改和完善海关行政法规草案提出意见和建议。

（四）公布法规

经审议通过的海关行政法规，应由国务院总理签署命令发布，并刊载于国务院公报及全国范围发行的相应报纸。在国务院公报上刊登的海关行政法规文本为标准文本，司法部应当及时汇编出版海关行政法规的国家正式版本。该国务院令的内容一般应包括：制定或批准机关、发布机关、序号、名称、通过或批准日期、发布日期、施行日期、签署总理姓名等项。对于一些专业性较强或者主要由海关总署起草的海关行政法规，可经国务院批复同意由海关总署发布施行，如《保税区海关监管办法》《外国在华常住人员携带进境物品进口税收暂行规定》《中华人民共和国海关总署关于外国驻中国使馆和使馆人员进出境物品的规定》便是如此。一般而言，除涉及国家安全、外汇汇率、货币政策的确定以及公布后不立即实行将有碍海关行政法规施行，可以自公布之日起施行外，海关行政法规应当自公布之日起 30 日后施行，并在公布后的 30 日内由国务院办公厅报全国人民代表大会常务委员会备案。

二、海关行政规章立法程序

（一）规章立项

海关总署各业务部门认为需要制定、修订规章的，应当在新的立法年度开始前提出立项申请，报海关总署法制部门。报请制定海关行政规章的立项申请，应当对制定规章的必要性、所要解决的主要问题、拟确立的主要制度以及起草单位项目负责人、经办人、拟完成起草的时间等作出说明。有关项目涉及海关总署多个部门或者国务院其他部门业务的，立项申请部门在拟订立项申请时应当征求相关部门的意见。海关总署实行立法年度制度，每年的 3 月 1 日起至次年 2 月最后一日为一个立法年度，按照立法年度制定年度立法计划，确定需要制定、修订规章的项目。海关总署法制部门负责年度立法计划的拟定、报审、检查工作。海关总署政策法规司应当对制定海关行政规章的立项申请进行汇总研究，拟订本部门年度海关行政规章制定工作计划，经署务会议审议通过后印发全国海关。年度海关行政规章制定工作计划应当明确规章的名称、起草单位、完成时间等。海关总署应当加强对执行年度海关行政规章制定工作计划的领导。对列入年度规章制定工作计划的项目，承担起草工作的单位应当抓紧工作，按照要求上报海关总署决定。年度海关行政规章制定工作计划在执行中可以根据实际情况予以调整[①]，对拟增加的海关行政规章项目应当进行补充论证。

（二）提起草案

海关行政规章由海关总署负责制定，具体由海关总署政策法规司从海关业务部门或下级海关抽调专门人员组成起草班子，进行有关法案的草拟工作。拟以海关总署名义颁布的

---

① 立法项目的调整应基于特定情形并按相关程序进行。参见《中华人民共和国海关立法工作管理规定》第二十条。

海关行政规章，分别由业务司（负责主要涉及本司业务范围的规章）、政策法规司（负责综合性的、涉及几个业务部门的规章）组成起草班子或指定起草人员。拟以地方海关名义发布的规章，由海关总署委托发布海关起草，也可以由主管业务司或政策法规司负责起草。此外，对于虽然是拟以海关总署名义颁布，但主要业务量在某个海关或某些海关的，海关总署或者相应的主管业务司也可以委托地方海关代为起草。起草海关行政规章，应当深入调查研究，总结实践经验，广泛听取有关机关、组织和公民的意见。听取意见可以采取书面征求意见、座谈会、论证会、听证会等多种形式。起草的海关行政规章直接涉及公民、法人或者其他组织切身利益，有关机关、组织或者公民对其有重大意见分歧的，应当向社会公布，征求社会各界的意见；起草单位也可以举行听证会。听证会依照下列程序组织：听证会公开举行，起草单位应当在举行听证会的30日前公布听证会的时间、地点和内容；参加听证会的有关机关、组织和公民对起草的规章，有权提问和发表意见；听证会应当制作笔录，如实记录发言人的主要观点和理由；起草单位应当认真研究听证会反映的各种意见，起草的规章在报送审查时，应当说明对听证会意见的处理情况及其理由。如果所起草的海关行政规章涉及国务院其他部门的职责或者与国务院其他部门关系紧密，起草单位应当充分征求国务院其他部门的意见。起草单位应当将海关行政规章送审稿及其说明、对规章送审稿主要问题的不同意见和其他有关材料按规定报送审查。报送审查的规章送审稿，应当由起草单位主要负责人签署；几个起草单位共同起草的规章送审稿，应当由起草单位主要负责人共同签署。海关行政规章送审稿应当对制定规章的必要性、规定的主要措施、有关方面的意见等情况作出说明。有关材料主要包括汇总的意见、听证会笔录、调研报告、国内外有关立法资料等。

（三）审查核准

海关行政规章送审稿由海关总署政策法规司负责统一审查。政策法规司要从以下方面对送审稿进行审查：海关行政规章是否符合《立法法》确定的立法原则，是否符合《宪法》、法律、行政法规和其他上位法的规定；是否切实保障公民、法人和其他组织的合法权益，在规定其应当履行的义务的同时，应当规定其相应的权利和保障权利实现的途径；是否体现行政机关的职权与责任相统一的原则，在赋予有关行政机关必要的职权的同时，应当规定其行使职权的条件、程序和应承担的责任；是否体现改革精神，科学规范行政行为，促进政府职能向经济调节、社会管理和公共服务转变。同时要审查海关行政规章是否与现有的有关规章协调、衔接，所提草案是否正确处理有关机关、组织和公民对规章送审稿主要问题的意见；海关行政规章是否符合立法技术要求，以及其他需要审查的其他内容。如果海关行政规章送审稿出现制定规章的基本条件尚不成熟，或者有关机构或者部门对规章送审稿规定的主要制度存在较大争议，起草单位未与有关机构或者部门协商，或者不符合立法法律规范所规定的报送程序的，海关总署政策法规司可以缓办或者退回起草单位。

为确保海关行政规章的合法性、有效性、可行性，与海关立法的其他基本原则不冲突，与海关工作的实际相符合，与进出关境活动的实际相适应，切实可行，海关总署政策法规司还应当将规章送审稿或者规章送审稿涉及的主要问题发送有关机关、组织和专家征求意见。就海关行政规章送审稿所涉及的主要问题，海关总署政策法规司应当深入基层进行实地的调查研究，广泛听取基层有关机关、组织和公民的意见。送审稿涉及重大问题的，海关总署政策法规司应当召开由有关单位、专家参加的座谈会、论证会，听取相关意见并研究论证。如果海关总署政策法规司在审核的过程中，发现规章送审稿直接涉及公民、法人或者其他组织切身利益，有关机关、组织或者公民对其有重大意见分歧，但起草单位在起草过程中未向社会公布，也未举行听证会，此时政策法规司可报经海关总署批准，向社会公布，或者依照有关海关法律规范的规定举行听证会。海关总署政策法规司应当协调有关机构或者部门对规章送审稿涉及的主要措施、管理体制、权限分工等问题方面的不同意见，达成一致意见。经政策法规司协调仍然不能达成一致的，应当将主要问题、有关机构或者部门的意见和政策法规司自身的意见上报海关总署决定。在审核过程中，海关总署政策法规司应当认真研究各方面的意见，草案需要修改的，与起草单位协商后，对送审稿进行修改，形成海关行政规章草案以及对草案的说明。说明在内容上应当包括制定海关行政规章拟解决的主要问题、所确立的主要措施以及与有关部门的协调情况等。经审核通过的海关行政规章草案和说明由海关总署政策法规司主要负责人签署，提出报请海关总署相应会议审议的建议。由海关总署政策法规司自身起草或者组织起草的海关行政规章草案，由法制机构主要负责人签署，提出提请海关总署相应会议审议的建议。

（四）公布规章

我国行政机关实行首长负责制，海关行政规章的最终决定权，不像海关国家立法一样实行表决制，而是由行政首长最终决定。海关行政规章经海关总署政策法规司、海关总署办公厅审核后，区别不同情况进行签发。对于比较重要或者本来属于署务会议、办公会议议定提出草案后仍需召集会议审定的，一般需由海关总署领导主持会议讨论修改，由有关人员进行处理后，呈海关总署领导签发。一般海关行政规章草案根据海关总署领导分工，分别由署长或主管副署长签发。涉及相关部门的，要再送相关部、委领导会签；属于几部委联合下发的，由几部委领导共同签发。海关总署署务会议在审议海关行政规章草案时，由海关总署政策法规司或者具体起草单位作出说明。审议决定需要修改的，海关总署政策法规司应当根据有关会议审议意见对海关行政规章草案进行修改，形成草案修改稿，报请海关总署署长签署命令予以公布。公布海关行政规章的命令应当载明该规章的制定机关、序号、规章名称、通过日期、施行日期、署长署名以及公布日期。海关总署与国务院其他部、委联合制定的海关行政规章，由上述部门首长共同署名公布，公布令使用主办机关的命令序号。海关行政规章签署公布后，应当在海关总署公报或者国务院公报以及全国范围内发行的有关报纸及时予以刊登。在部门公报或者国务院公报上刊登的海关行政规章文本为标准文本。海关行政规章应当自公布之日起30日后施行，但是，涉及国家安全、外汇汇率、货币政策的确定以及公布后不立即施行将有碍规章施行的，可以自公布之日起施行。

某股份公司与某海关行政处罚争议案

（一）案情简介

1997年10月，某股份公司将其生产的30辆铭牌为三星SXZ6510型汽车运抵上海。某海关委托商检局对上述车辆进行检测，该局于1997年12月19日出具检测鉴定报告，认为上述30辆涉案车辆系整车拆卸成发动机、车架和轮胎后重新拼装并调换铭牌的美国产或加拿大产的克莱斯勒道奇CARAVAN 7座旅行车。某海关在某股份公司未提供其将整车拆卸成散件后重新拼（组）车辆系经过国家有关部门批准的证明材料的情况下，认定某股份公司未经国家有关部门批准，利用整车拆卸的美国或加拿大产克莱斯勒道奇CARAVAN 7座旅行车的发动机、车架、轮胎三大件，重新拼（组）装成30辆三星SXZ6510型7座旅行车，违反了国函〔1996〕69号《关于禁止非法拼（组）装汽车、摩托车的通告》（以下简称《通告》）的规定，决定没收上述30辆铭牌为三星SXZ6510型的汽车。在处罚作出前，某海关向某股份公司进行了事先告知，某股份公司亦提出了申辩，2003年7月22日，某海关以与事先告知相同的认定事实、理由及依据，作出没收涉案车辆的处罚决定。某股份公司不服，认为《通告》并非国家法律、法规，不能作为行政处罚的依据，被告适用法律错误，双方遂引发争议。

（二）法律分析

《通告》是原国家工商行政管理局、公安部、海关总署、原国家计划委员会、原机械工业部、原对外贸易经济合作部、原国家机电产品进出口办公室等七部委办为贯彻实施国家发布的汽车工业产业政策，打击非法拼（组）装汽车、摩托车活动，保证汽车、摩托车生产经营的正常秩序，起草制定并报经国务院审批，具有行政法规的效力。同时，《通告》内容中涉及海关的行政处罚等职权，相应内容具有海关行政立法的属性。当然，由于《通告》出台时《行政法规制定程序条例》尚不存在，以上行政法规的制定程序尚不严谨。在《行政法规制定程序条例》实施后，类似海关行政立法的制定过程更加科学、严谨。

第十章　海关行政许可

第一节　海关行政许可概述

一、海关行政许可的含义与特征

《行政许可法》将行政许可定义为：行政机关根据公民、法人或者其他组织的申请，经依法审查，准予其从事特定活动的行为。行政许可的本质是在法律一般禁止的情况下，行政主体根据行政相对方的申请，经依法审查，通过颁发许可证、执照等形式，赋予或确认行政相对方从事某种活动的法律资格或法律权利的一种具体行政行为。

海关行政许可，是指海关根据公民、法人或者其他组织（以下简称申请人）的申请，经依法审查，准予其从事与海关监督管理相关的特定活动的行为。作为国家进出境监督管理机关，行政许可法对海关管理理念的更新、管理职能的转变、管理方式的创新、海关关员的行为方式等方面也提出了新的要求。在海关管理理念上，一是要强调进一步树立以民为本的意识，二是要强调进一步树立依程序行政的管理理念。海关行政许可的特征主要体现为：

第一，海关行政许可是一种要式行政行为。根据《中华人民共和国海关行政许可管理办法》，申请海关行政许可应当以书面形式提出。申请书需要采用格式文本的，海关应当向申请人提供海关行政许可申请书格式文本，并将示范文本和填制说明在办公场所公示。

第二，海关行政许可是一种依申请的行政行为。公民、法人或者其他组织如果需要从事与海关进出境监督管理相关的特定活动，且该活动属于海关行政许可范围的，则应当向海关提出申请。

第三，海关行政许可是一种授益性的行政行为。如前所述，海关行政许可的本质是在法律一般禁止的情况下，局部放开的行政行为，属于典型的授益性的行政行为。

第四，海关行政许可是一种外部行政行为。上级海关对下级海关的人事、财务、外事等事项的审批，海关对其他机关或者对其直接管理的事业单位的人事、财务、外事等事项的审批，均不属于海关行政许可范围。

二、海关行政许可的意义

（一）海关行政许可可以有效推进海关依法行政工作，有利于建设现代海关制度，提高通关效率

海关行政许可通过严格遵守行政许可法的原则，严格遵守海关行政许可的事项范围，严格遵守海关实施行政许可的相关规定，对贯彻海关工作方针，建设现代海关制度，提高通关效率，具有重要作用。

（二）有利于监督海关行政，保护海关管理相对人的合法权益

《中华人民共和国海关行政许可管理办法》《中华人民共和国海关行政许可听证办法》对海关行政许可的范围、程序、法律责任等方面做了详细的规定，便于海关管理相对人办理与行政许可有关的事宜，维护自己的合法权益。

（三）海关行政许可是建设社会主义市场经济的需要

社会主义市场经济的本质是法制经济。具体到对外贸易领域，法律的透明、可预期是进出口商的要求，也是稳定健康的贸易秩序的需要。海关行政许可制度的建立有利于建设一个透明、可预期的海关执法环境。

三、海关行政许可的原则

（一）合法性原则

海关行政许可项目由法律、行政法规、国务院决定设定，海关规章、规范性文件一律不得设定海关行政许可。海关行政许可范围的实施、法律责任的追究均应当在法律、行政法规、国务院决定和海关总署规章规定的范围内进行。

（二）公开、公平、公正原则

有关海关行政许可的规定必须公布，未经公布的，不得作为实施行政许可的依据；行政许可的实施和结果，除涉及国家秘密、商业秘密或者个人隐私的外，应当公开。需要听证的海关行政许可，除涉及国家秘密、商业秘密或者海关工作秘密外，应当公开举行。

（三）便民原则

海关行政许可是一项依申请的行政行为，需要申请人的申请方可启动行政程序。但是，行政程序启动后，海关在实施行政许可过程中，应当优化程序、减少环节、缩短时间，以提高办事效率、提供优质服务。

（四）监督原则

上级海关应当加强对下级海关实施行政许可的监督检查，及时纠正行政许可实施中的违法行为。同时，海关也要对公民、法人或者其他组织从事行政许可事项的活动实施有效监督，发现违法行为应当依法查处。

四、海关行政许可的范围

海关行政许可的范围是由法律、行政法规、国务院决定设定的。海关的部门规章不得设立海关行政许可，仅可对法律、行政法规、国务院决定设定的行政许可项目进行细化及

制定实施的办法。海关行政许可的范围几经调整后，现行范围包括法律、行政法规设定的海关行政许可项目目录，以及以国务院决定方式公布的海关行政许可项目目录。海关系统行政许可事项公开目录（截至2022年1月）见表10.1。

表10.1　海关系统行政许可事项公开目录（截至2022年1月）

序号	事项名称	实施机关	设定和实施依据
1	保税仓库设立审批	直属海关（由所在地主管海关受理）	《海关法》、《中华人民共和国海关对保税仓库及所存货物的管理规定》（海关总署令第105号公布，海关总署令第240号修正）
2	出口监管仓库设立审批	直属海关（由所在地主管海关受理）	《海关法》、《中华人民共和国海关对出口监管仓库及所存货物的管理办法》（海关总署令第133号公布，海关总署令第243号修正）
3	免税商店经营许可	海关总署	《海关法》、《中华人民共和国海关对免税商店及免税品监管办法》（海关总署令第132号公布，海关总署令第240号修正）
4	保税物流中心设立审批	海关总署会同财政部、国家税务总局、国家外汇局（由直属海关受理）；直属海关（由所在地主管海关受理）	《海关法》、《中华人民共和国海关对保税物流中心（A型）的暂行管理办法》（海关总署令第129号公布，海关总署令第243号修正）、《中华人民共和国海关对保税物流中心（B型）的暂行管理办法》（海关总署令第130号公布，海关总署令第243号修正）
5	海关监管货物仓储企业注册	直属海关或者隶属海关	《海关法》、《中华人民共和国海关监管区管理暂行办法》（海关总署令第232号公布，海关总署令第240号修正）
6	过境动物、进境特定动植物及其产品检疫审批	海关总署或者其授权的直属海关	《中华人民共和国进出境动植物检疫法》《中华人民共和国进出境动植物检疫法实施条例》
7	出境特定动植物及其产品和其他检疫物的生产、加工、存放单位注册登记	直属海关	《中华人民共和国进出境动植物检疫法实施条例》
8	进出境动植物检疫除害处理单位核准	直属海关	《中华人民共和国进出境动植物检疫法实施条例》
9	特殊物品出入境卫生检疫审批	直属海关	《中华人民共和国国境卫生检疫法实施细则》
10	国境口岸卫生许可	直属海关或者隶属海关	《中华人民共和国国境卫生检疫法》《中华人民共和国食品安全法》《中华人民共和国国境卫生检疫法实施细则》《公共场所卫生管理条例》

五、适用听证程序的海关行政许可的范围

在海关行政许可实施过程中，由于部分行政许可涉及情况较为特殊，需要经过听证程序。这些情形包括：

（1）法律、行政法规、海关总署规章规定海关实施行政许可应当听证的，海关应当举行听证。

（2）对直接关系公共资源配置、提供公共服务等涉及公共利益的重大行政许可事项，海关认为需要举行听证的，可以举行听证。

（3）海关行政许可直接涉及行政许可申请人与他人之间重大利益关系，行政许可申请人、利害关系人依法提出听证申请的，海关应当举行听证。

六、海关许可法律关系的主体

海关许可法律关系的主体包括海关、海关许可申请人、利害关系人，以及其他参与人。

海关是海关许可法律关系的一方，海关法制部门是海关行政许可的归口管理部门。其中海关总署法制部门是海关总署关于海关行政许可的归口管理部门，各直属海关法制部门是各级海关关于海关行政许可的归口管理部门。海关应当在法定权限内，以本海关的名义统一实施海关行政许可。海关内设机构和海关派出机构不得以自己的名义实施海关行政许可。海关根据法律、行政法规和海关总署规章的规定，可以委托其他海关或者其他行政机关实施海关行政许可。

海关许可申请人是海关许可法律关系的另一方。公民、法人或者其他组织从事与海关进出境监督管理相关的特定活动，依法需要取得海关行政许可，从而向海关提出申请的，即为海关许可申请人。

第二节　海关行政许可程序

一、海关行政许可程序概述

海关行政许可程序分为申请、受理、审查、决定几个环节（海关行政许可流程参见图10.1）。此外，对于海关作出的行政许可决定，发现具备法定情形的或当事人申请的，海关行政许可可以变更、延续或撤回。

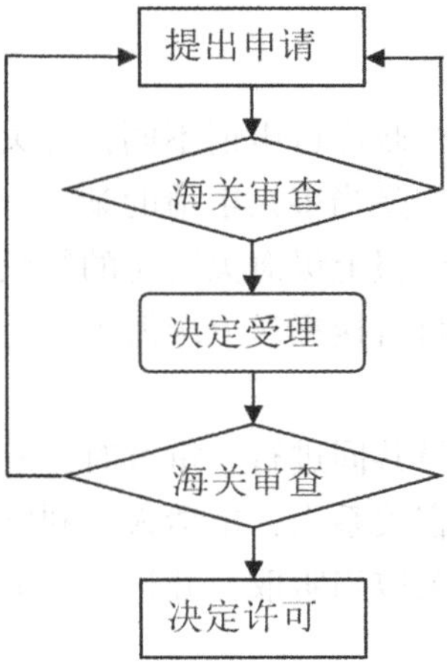

图 10.1 海关行政许可流程图

二、海关行政许可的一般程序

（一）申请

海关行政许可的申请采取书面形式，提交申请的地点可以到海关办公场所提出，也可以通过信函、电报、电传、传真、电子数据交换和电子邮件等方式提出书面申请。需要注意的是，以电报、电传、传真、电子数据交换和电子邮件等方式提出的，申请人应当提供能够证明其申请文件效力的材料。

（二）受理

海关在接到申请人的申请后进行审核，符合条件的应当受理。海关对于材料的审核是一种形式审核，主要是审查申请书及随附材料的规范性、齐全性。根据审查情况，分别作下列之一的处理：

（1）申请事项依法不属于本海关职权范围的，应当即时作出不予受理的决定，并告知申请人向其他海关或者有关行政机关申请。

（2）申请人不具备海关行政许可申请资格的，应当作出不予受理的决定。

（3）申请材料不齐全或者不符合法定形式的，应当当场或者在签收申请材料后 5 日内一次告知申请人需要补正的全部内容，逾期不告知的，自收到申请材料之日起即为受理。

（4）申请事项依法不需要取得海关行政许可的，应当即时告知申请人。

（5）申请事项属于本海关职权范围，申请材料齐全、符合法定形式或者申请人按照本海关的要求提交全部补正申请材料的，应当受理。申请材料仅存在文字性、技术性或者装订等可以当场更正的错误的，应当允许申请人当场更正，并由申请人对更正内容予以签章确认后受理。对有数量限制的海关行政许可事项，应当在“海关行政许可申请受理决定书”中注明受理的先后顺序。

（三）审查

与决定是否受理当事人海关行政许可申请不同，海关受理当事人申请之后的审查是一种实质审查。审查的内容或者标准是当事人申请的某一行政许可应该具备的条件。

依法应当先经下级海关审查后报上级海关决定的行政许可，下级海关应当在法定期限内将初步审查意见和全部申请材料直接报送上级海关。上级海关不得要求申请人重复提供申请材料。

审查工作由两名以上工作人员共同进行。审查时，发现行政许可事项直接关系他人重大利益的，应当告知申请人、利害关系人，申请人、利害关系人有权进行陈述和申辩。对申请人、利害关系人的意见，海关应当听取，并记录在案。

（四）决定

行政许可的申请符合法定条件、标准的，主管海关应当依法作出准予的决定。申请不符合法定条件、标准的，应当依法作出不予海关行政许可的决定。依法作出不予海关行政许可决定的，应当说明理由并且告知申请人享有申请行政复议或者提起行政诉讼的权利。

适用特殊程序的海关行政许可是指在进出境活动中提供公众服务并且直接关系公共利益的职业、行业，需要确定具备特殊信誉、特殊条件或者特殊技能等资格、资质事项的。

三、海关行政许可的变更与延续

（一）变更

海关行政许可的被许可人在取得海关行政许可后，因拟从事活动的部分内容超过准予海关行政许可决定或者海关行政许可证件规定的活动范围，或者是发生其他变化需要改变海关行政许可的有关内容的，可以申请变更。

海关行政许可变更的程序包括申请、审查和决定三个环节。

（1）海关行政许可的被许可人在行政许可的有效期内，书面向作出准予海关行政许可决定的海关提出申请，并按规定提交随附材料。

（2）作出准予海关行政许可决定的海关对变更的申请依法进行审查，审查内容包括申请是否符合取得海关行政许可的条件以及法律、行政法规、海关总署规章规定的变更海关行政许可应当具备的其他条件。

（3）作出是否予以变更的行政决定。对符合法定条件、标准的，应当准予变更，并依法办理变更手续。对不符合法律、行政法规、海关总署规章规定的变更海关行政许可应当具备的其他条件的，应当依法作出不予变更的决定。

（二）延续

（1）海关行政许可的被许可人要提出延续申请。不同类别的海关行政许可有不同的期限，被许可人需要延续依法取得的海关行政许可的有效期的，应当在该行政许可有效期届满30日前向作出海关行政许可决定的海关提出书面申请。

（2）海关对被许可人延续申请进行审查。审查由原作出准予海关行政许可决定的海关负责。审查内容包括申请是否符合取得海关行政许可的条件以及法律、行政法规、海关总署规章规定的延续海关行政许可应当具备的其他条件。

（3）海关作出是否准予延续的行政决定。对符合条件的，作出准予延续的决定；对不再具备取得海关行政许可的条件，或者不符合法律、行政法规、海关总署规章规定的延续海关行政许可应当具备的其他条件的，应当依法作出不予延续的决定。

四、海关行政许可的期限

（一）当场作出的海关行政许可

当场作出的海关行政许可的期限呈现为期日，即海关作出行政许可决定的当日。

（二）限期作出的海关行政许可

除当场作出海关行政许可决定的外，海关应当自受理海关行政许可申请之日起 20 日内作出决定。

20 日之内不能作出决定的，经审批，可以延长 10 日，但应制发“延长海关行政许可审查期限通知书”，将延长期限的理由告知申请人。

依法应当先经下级海关审查后报上级海关决定的海关行政许可，下级海关应当根据法定条件和程序进行全面审查，并于受理海关行政许可申请之日起 20 日内审查完毕，将审查意见和全部申请材料直接报送上级海关。上级海关应当自收到下级海关报送的审查意见之日起 20 日内作出决定。

一、B 物流有限公司与 A 海关注销行政许可案

（一）案情简介

A 海关对 B 物流有限公司（以下简称 B 公司）申请设立 C 物流海关监管场所事项，于 2014 年 12 月 26 日作出“中华人民共和国 A 海关监管场所注册登记证书”（以下简称“注册登记证书”），该“注册登记证书”载明了海关编码，有效期至 2017 年 12 月 26 日。2017 年 11 月 27 日，B 公司通过 EMS 国内标准快递向 A 海关邮寄了“经营海关监管作业场所延续申请书”，申请延续“注册登记证书”有效期，A 海关于 2017 年 11 月 29 日签收。2017 年 12 月 11 日，A 海关对 B 物流公司作出海关许可申请不予受理决定书，决定对 B 公司提出的经营海关监管作业场所企业延续的行政许可申请不予受理，A 海关于 2017 年 12 月 12 日向 B 公司邮寄送达该不予受理决定书。2017 年 12 月 27 日，A 海关对 B 物流公司作出 33002017×××014 号注销决定书，该注销决定书载明：“你企业于 2014 年 12 月 26 日办理了经营海关监管作业场所的注册手续，‘注册登记证书’的编号为×××，海关监管作业场所名称为 C 物流海关监管区。经审核，你企业出现中华人民共和国海关总署公告 2017 年第 37

号第十一条规定的情形，现根据该规定，对你企业的注册予以注销。”2017年12月29日，A海关将该注销决定书向B公司邮寄送达。B公司不服A海关作出的案涉海关许可（33002017×××013号）行政许可申请不予受理决定，于2018年2月2日向法院提起诉讼。①

（二）法律分析

本案的核心在于B公司是否构成行政许可有效期届满未延续。B公司持有的C物流海关监管场有效期至2017年12月26日，B公司如需要延续C物流海关监管场经营的行政许可，即应该在2017年11月26日前（该行政许可有效期届满30日前，且期限以工作日计算，不含法定节假日）依法提交延续申请并获准予后方可延续。但是，B公司的“经营海关监管作业场所延续申请书”迟至2017年11月27日才邮寄出去，主管海关A海关2017年11月29日方签收该申请。因此，B公司构成行政许可有效期届满未延续，故A海关于2017年12月12日向B公司邮寄送达不予受理决定书，2017年12月27日，对B物流公司作出33002017×××014号注销决定书。

二、天津A贸易有限公司与天津原出入境检验检疫局质量监督检验检疫行政管理案

（一）案情简介

2014年11月25日，天津原出入境检验检疫局（以下简称天津检验检疫局）向天津A贸易有限公司（以下简称A公司）作出“12×××4135646号卫生证书”，在附页中列明的到货清单中包含原告申请的“15爱司盟大豆复合胶囊”，共计6048瓶。此后，在该产品的销售过程中，天津检验检疫局多次接到关于该产品违法的投诉。2015年11月2日，天津检验检疫局约谈A公司，要求其对上述产品就地封存、停止销售、主动召回、统一销毁或退运处理。经调查取证，天津检验检疫局于2017年3月10日作出“12×××4135646卫生证书部分失效告知书”，告知A公司拟作出确认上述证书项下“爱司盟大豆复合胶囊”的检验合格证明无效的决定，并告知其有陈述申辩权利。2017年5月11日，天津检验检疫局作出“关于12×××4135646卫生证书部分结论失效的决定书”，决定确认上述证书项下“15爱司盟大豆复合胶囊”的产品合格评定结论失效。②

（二）法律分析

本案中，A公司进口的“爱司盟大豆复合胶囊”系普通食品，根据《中华人民共和国食品安全法》，其应符合我国食品安全标准，且须出入境检验检疫机构检验

① 案件来源：北大法宝。案件字号：（2018）皖行终977号。
② 案件来源：北大法宝。案件字号：（2017）津0116行初230号。

合格后，海关凭出入境检验检疫机构签发的通关证明放行。在该产品的销售过程中，天津检验检疫局在多次接到关于该产品违法的投诉后，首先采取约谈A公司并责令其采取就地封存等措施后，经过调查，确认上述证书项下“爱司盟大豆复合胶囊”的检验合格证明无效，并向A公司发出“关于12×××4135646卫生证书部分结论失效的决定书”。

第十一章　海关行政强制

第一节　行政强制概述

行政强制是指行政机关为了实现行政目的，对相对人的人身、财产和行为采取的强制性措施，包括行政强制措施和行政强制执行。

一、行政强制措施

行政强制措施，是指行政机关在行政管理过程中，为制止违法行为、防止证据损毁、避免危害发生、控制危险扩大等情形，依法对公民的人身自由实施暂时性限制，或者对公民、法人或者其他组织的财物实施暂时性控制的行为①。根据《中华人民共和国行政强制法》的规定，行政强制措施由法律设定，对尚未制定法律，且属于国务院行政管理职权事项的，行政法规可以设定除限制公民人身自由、冻结存款、汇款和应当由法律规定的行政强制措施以外的其他行政强制措施。尚未制定法律、行政法规，且属于地方性事务的，地方性法规可以设定查封场所、设施或者财物和扣押财物的行政强制措施。除此之外，法律、法规以外的其他规范性文件不得设定行政强制措施。目前，我国的行政强制措施有五项，包括：限制公民人身自由；查封场所、设施或者财物；扣押财物；冻结存款、汇款；其他行政强制措施。

行政强制措施由法律、法规规定的行政机关在法定职权范围内实施，行政强制措施权不得委托。行政强制措施的实施应有其必要性，行政机关应从行政行为的合法性与合理性角度进行综合考虑，对于违法行为情节显著轻微或者没有明显社会危害的，可以不采取行政强制措施。

二、行政强制执行

行政强制执行，是指行政机关或者行政机关申请人民法院，对不履行行政决定的公民、法人或者其他组织，依法强制履行义务的行为②。行政强制执行由法律设定；法律没有规定行政机关强制执行的，作出行政决定的行政机关应当申请人民法院强制执行。根据《中华人民共和国行政强制法》，行政强制执行种类有六种，包括：加处罚款或者滞纳金；划拨存款、汇款；拍卖或者依法处理查封、扣押的场所、设施或者财物；排除妨碍、恢复原状；代履行；其他强制执行方式。

---

① 《中华人民共和国行政强制法》第二条。

② 《中华人民共和国行政强制法》第二条。

【动态】

海关总署发布关于临时延长汇总征税缴款期限和有关滞纳金、滞报金事宜的公告

新型冠状病毒肺炎疫情发生以来，海关总署积极采取各种措施，以降低外贸企业进出口环节通关成本，以积极推动企业复工复产，促进外贸稳增长。

2020年2月3日，海关总署发布《海关总署关于临时延长汇总征税缴款期限和有关滞纳金、滞报金事宜的公告》（海关总署公告2020年第18号）。

根据公告，进口企业因疫情影响导致经营困难无法按期缴纳税款的，可向申报地海关书面申请延期缴税；企业在海关核准的缴税计划内缴税的，海关予以减免滞纳金；企业还可根据《中华人民共和国海关征收进口货物滞报金办法》向申报地海关申请减免滞报金等。

第二节　海关行政强制概述

海关行政强制，指海关在依法行政的过程中，为了制止走私犯罪、走私行为、违反海关监管规定的行为，以及其他法律行政法规授权海关查处的违法行为，防止证据损毁、避免危害发生、控制危险扩大等情形，需要依法对自然人的人身自由实施暂时性限制，或者对自然人、法人或者其他组织的财物实施暂时性控制。此外，当自然人、法人或者其他组织不履行已经生效的海关行政决定时，海关可以自己或申请人民法院，采取措施，依法强制当事人履行义务。

依据不同的标准，海关行政强制可以有不同的分类。依据采取的行政强制的程度，海关行政强制可以分为直接强制与间接强制；依据强制行为指向的对象，海关强制可以分为对人的强制与对物的强制；依据强制的法律后果，海关强制可以分为程序性强制与实体性强制。

海关行政强制包括海关强制措施和海关强制执行两种。

一、海关强制措施

（一）海关强制措施的概念与基本程序

海关行政强制措施，是指海关在行政管理过程中，为制止违法行为、防止证据损毁、避免危害发生、控制危险扩大等情形，依法对公民的人身自由实施暂时性限制，或者对公民、法人或者其他组织的财物实施暂时性控制的行为。

虽然海关行政强制措施表现为多种行为形式，但其基本程序相同。海关强制措施程序见图11.1。

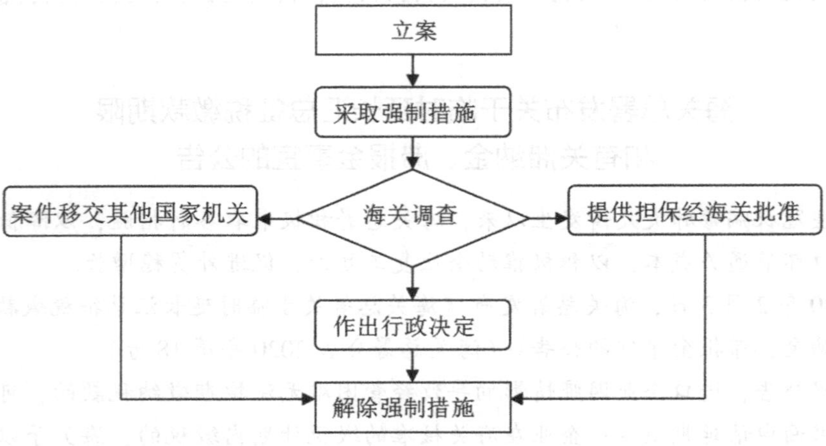

图 11.1 海关强制措施程序

(二) 海关强制措施的种类

1. 海关扣留人身

扣留人身是一种较为严厉的海关行政强制措施，为正确实施该项措施，《海关法》《海关行政处罚实施条例》对此均做了明确的规定。《海关法》第六条第四项规定：“对走私犯罪嫌疑人，扣留时间不超过二十四小时，在特殊情况下可以延长至四十八小时。”为正确实施海关扣留人身的行政强制措施，《海关行政处罚实施条例》第三十七条规定：“海关依法扣留走私犯罪嫌疑人，应当制发扣留走私犯罪嫌疑人决定书。对走私犯罪嫌疑人，扣留时间不超过24小时，在特殊情况下可以延长至48小时。海关应当在法定扣留期限内对被扣留人进行审查。排除犯罪嫌疑或者法定扣留期限届满的，应当立即解除扣留，并制发解除扣留决定书。”

2. 海关扣留（海关扣押）

海关扣留是海关在查缉违反《海关法》行为中较为常用的一种行政强制措施。海关扣留对象包括有走私嫌疑的货物、物品、运输工具，违反《海关法》或者其他有关法律、行政法规的货物、物品、运输工具，与违反《海关法》或者其他有关法律、行政法规的货物、物品、运输工具有牵连的账册、单据等资料，法律、行政法规规定可以扣留的其他货物、物品、运输工具及有关账册、单据等资料。

对于无法或者不便扣留的有违法嫌疑的货物、物品、运输工具，当事人或者运输工具负责人应当根据海关事务担保的相关规定向海关提供等值的担保，未提供等值担保的，海关可以扣留当事人等值的其他财产。

对于已扣留的货物、物品、运输工具，海关应妥善的保管，在人民法院判决或者海关行政处罚决定作出之前，不得处理。但是，危险品或者鲜活、易腐、易烂、易失效、易变质等不宜长期保存的货物、物品以及所有人申请先行变卖的货物、物品、运输工具，经直属海关关长或者其授权的隶属海关关长批准，可以先行依法变卖，变卖所得价款由海关保存，并通知其所有人。

海关扣留了涉案的货物、物品、运输工具之后，在案件调查期内，对于经过调查排除违法嫌疑的，扣留期限、延长期限届满的，已经履行海关行政处罚决定的及其他法定情形，海关应该解除扣留，涉案的货物、物品、运输工具应当发还当事人。

3. 海关封存（海关查封）

海关封存即海关查封，其主要的对象为账簿、单证和货物。海关封存作为一种海关强制措施，在海关稽查中运用较多。根据《中华人民共和国海关稽查条例》的规定，海关进行稽查时，发现被稽查人有可能转移、隐匿、篡改、毁弃账簿、单证等有关资料的，或发现被稽查人的进出口货物有违反《海关法》和其他有关法律、行政法规规定的嫌疑的，经海关关长批准，可以暂时封存其账簿、单证等有关资料。但采取该项措施时，不得妨碍被稽查人正常的生产经营活动。

海关实施封存的强制措施时，应依法进行。包括出具“封存通知书”和加贴海关专用封志；海关工作人员和被稽查人对封存物清点后应当在“封存通知书”所附清单上签字盖章。当经过稽查，排除了违法嫌疑的，应当立即解除封存，并制发“解除封存通知书”通知被稽查人，以维护被稽查人的合法权益。

4. 海关通知金融机构暂停支付

即海关冻结账户，主要发生在海关征税法律关系中。根据《中华人民共和国进出口关税条例》，对在规定的纳税期限内有明显的转移、藏匿其应税货物以及其他财产迹象的进出口货物的纳税义务人，海关可以责令纳税义务人提供担保；纳税义务人不能提供担保的，海关可以采取税收保全措施。纳税义务人、担保人自缴纳税款期限届满之日起超过3个月仍未缴纳税款的，海关可以依法采取强制措施，即通知金融机构暂停支付，暂停支付的金额应相当于其应该缴纳的未缴纳税款。

二、海关强制执行

（一）海关强制执行的概念

海关行政强制执行，是指海关或者海关申请人民法院，对不履行海关行政决定的公民、法人或者其他组织，依法强制履行义务的行为

海关的职权涵盖了监管、征税、统计和缉私等，其行为决定多样，直接或间接关系到海关的监管秩序和通关效率，关系到《海关法》的贯彻和实施。为此，对逾期拒不履行海关行政决定的案件当事人，海关应依法予以强制执行。

（二）海关行政强制执行的种类

1. 海关加收逾期缴纳税款滞纳金

此种行政强制执行措施主要适用于关税征收领域。根据《中华人民共和国进出口关税条例》的规定，纳税义务人应当自海关填发税款缴款书之日起15日内向指定银行缴纳税款。纳税义务人未按期缴纳税款的，从滞纳税款之日起，按日加收滞纳税款0.5‰的滞纳金。为督促纳税义务人依法纳税，海关还可以对纳税义务人欠缴税款的情况予以公告。

纳税义务人、担保人超过3个月仍未缴纳的，经直属海关关长或者其授权的隶属海关关长批准，海关可以书面通知其开户银行或者其他金融机构从其存款中扣缴税款，或将应税货物依法变卖，以变卖所得抵缴税款，还可以扣留并依法变卖其价值相当于应纳税款的货物或者其他财产，以变卖所得抵缴税款。海关采取强制措施时，对未缴纳的滞纳金同时强制执行。

需要注意的是，纳税义务人在规定的纳税期限内缴纳税款的，海关必须立即解除税收保全措施。如因采取税收保全措施不当，或者纳税义务人在规定期限内已缴纳税款，海关未立即解除税收保全措施，致使纳税义务人的合法权益受到损失的，海关应当依法承担赔偿责任。

2. 海关加收漏征或少征税款滞纳金

在海关征税领域，进出口货物放行后，海关发现少征或者漏征税款的，应当自缴纳税款或者货物放行之日起1年内，向纳税义务人补征税款。但因纳税义务人违反规定造成少征或者漏征税款的，海关可以自缴纳税款或者货物放行之日起3年内追征税款，并从缴纳税款或者货物放行之日起按日加收少征或者漏征税款0.5‰的滞纳金。海关发现海关监管货物因纳税义务人违反规定造成少征或者漏征税款的，应当自纳税义务人应缴纳税款之日起3年内追征税款，并从应缴纳税款之日起按日加收少征或者漏征税款0.5‰的滞纳金。

3. 海关加收吨税滞纳金

船舶吨税是海关代表国家交通管理部门在设关口岸对进出中国国境的船舶征收的用于航道设施建设的一种使用税。根据《中华人民共和国船舶吨税法》的规定，船舶吨税由海关代交通部征收，海关征收后就地上缴中央国库。船舶吨税的征收范围为在中华人民共和国港口行驶的外国船舶和外商租用的中国籍船舶以及中外合营企业使用的中国籍船舶。

纳税义务人应自海关签发吨税缴款书之次日起5日内缴清税款，由海关填发船舶吨税执照，逾期由自第6天起至缴清税款之日止按日征收应纳税额1‰的滞纳金，作为海关罚款入库。

4. 海关加处罚款

对于海关依法作出的海关行政处罚决定，案件当事人应限期履行，对行政处罚中的罚款，案件当事人应向海关指定的银行缴纳，特定情况下海关可以当场收缴。对于到期不缴纳罚款的，每日按罚款数额的3%加处罚款，此为行政强制执行中的间接执行。

5. 海关通知金融机构扣缴税款

进出口货物的纳税义务人，应当自海关填发税款缴款书之日起十五日内缴纳税款。对于逾期3个月仍未缴纳税款和滞纳金的纳税义务人或其担保人，海关可以依法书面通知其开户银行或者其他金融机构从其存款中扣缴税款。

6. 海关强制变卖应税货物

根据《海关法》的规定，进出口货物的纳税义务人、担保人超过3个月仍未缴纳税款的，经直属海关关长或者其授权的隶属海关关长批准，海关可以将应税货物依法变卖，以变卖所得抵缴税款；或扣留并依法变卖其价值相当于应纳税款的货物或者其他财产，以变卖所得抵缴税款。

7. 海关先行变卖

如上所述，对涉嫌违反海关法规的进出境货物、物品运输工具依法予以扣留是海关行政强制措施的一种。对于海关依法扣留的货物、物品、运输工具，在人民法院判决或者海关处罚决定作出之前，不得处理。但是，在执法中，对于危险品或者鲜活、易腐、易失效等不宜长期保存的货物、物品以及所有人申请先行变卖的货物、物品、运输工具，经直属海关关长或者其授权的隶属海关关长批准，可以先行依法变卖，变卖所得价款由海关保存，并通知其所有人。如果变卖前无法及时通知的，海关应当在货物、物品、运输工具变卖后，通知其所有人。

8. 海关抵缴或变价抵缴

对于逾期三个月仍未缴纳税款和滞纳金的纳税义务人或其担保人，海关除可以依法书面通知其开户银行或者其他金融机构从其存款中扣缴税款外，还可以将扣留的货物、物品、运输工具变价抵缴，或者以当事人提供的担保抵缴。但是目前《海关法》《海关行政处罚实施条例》对此规定有不一致处。《海关法》第九十三条规定："当事人逾期不履行海关的处罚决定又不申请复议或者向人民法院提起诉讼的，作出处罚决定的海关可以将其保证金抵缴或者将其被扣留的货物、物品、运输工具依法变价抵缴，也可以申请人民法院强制执行。"据此，仅有担保金或保证金才能被用于抵缴处罚内容。《海关行政处罚实施条例》第六十条规定："当事人逾期不履行行政处罚决定的，海关可以采取下列措施……（二）根据海关法规定，将扣留的货物、物品、运输工具变价抵缴，或者以当事人提供的担保抵缴……"其中"担保"既包括担保物，也包括担保金（或称保证金）。而《行政处罚法》第七十二条规定："当事人逾期不履行行政处罚决定的，作出行政处罚决定的行政机关可以采取下列措施……（二）根据法律规定，将查封、扣押的财物拍卖、依法处理或者将冻结的存款、汇款划拨抵缴罚款……"由此可知，《行政处罚法》亦没有规定可用担保物抵缴处罚内容。综上，将担保物变价抵缴处罚内容的强制执行措施既无《海关法》依据，也无《行政处罚法》依据。

【热点探索】

海关强制中阻止出境措施（边控）能否继续采用?

根据《海关行政处罚实施条例》第五十九条的规定，受海关处罚的当事人或其法定代表人、主要负责人在出境前未缴清罚款、违法所得或依法追缴的货物、物品、走私运输工具的等值价款，也未向海关提供相当于上述款项担保的，海关可制作"阻止出境协助函"，通知出境管理机关阻止其出境，即通常所说的"边控"。由于阻止出境的目的是保障处罚内容的实现，因此属于一种行政强制执行措施。《中华人民共和国行政强制法》第十三条明确"行政强制执行"只能由"法律设定"。因此有人认为，阻止出境措施由于在《海关行政处罚实施条例》的上位法即《海关法》等法律中并无依据，因此在《中华人民共和国行政强制法》生效以后，"边控"措施不宜继续采用。本书不认同这种观点。《海关行政处罚实施条例》的上位法包括但不局限于《海关法》，也包括《行政处罚法》《中华人民共和国出入境管理法》等法律。《中华人民共和国出入境管理法》规定，刑事案件的被告人和公安机关或者人民检察院或者人民法院认定的犯罪嫌疑人，以及国务院有关主管机关认为有关人员出境后将对国家安全造成危害或者对国家利益造成重大损失的人员不批准出境。因此，对于海关正在调查其违反《海关法》行为的走私犯罪嫌疑人以及逾期拒不履行海关行政处罚决定且会给国家利益造成重大损失的案件当事人，海关仍然可以采取边控措施。

潘某诉贵阳海关行政管理行政强制案

（一）案情简介

潘某于2019年1月12日乘坐NS3514次航班到贵阳机场时，海关工作人员在查验中发现原告携带4袋百香果，遂对查验到的4袋百香果（重量4.46kg）依法截留并作销毁处理，向潘某送达了"出入境检验检疫出入境人员携带物截留/处理凭证"，该凭证同时载明了处理原因为：国家禁止携带进境物品、无检疫审批或检疫证书，并告知了复议、诉讼权利及期限，该处理凭证加盖了贵阳海关检验检疫专用章。在对潘某行李继续查验的过程中，海关工作人员发现潘某行李箱中有疑似象牙制品的手串一串，遂拿出该疑似象牙制品的手串进行查验，在此过程中，潘某从海关工作人员手中抢回该手串后自行扯断，对此潘某书写了"情况说明"，并在海关"禁止进出境印刷品或其他介质查处情况登记本"中对其象牙手串、百香果登记表示自愿放弃①。

2019年1月23日，潘某以贵阳海关为被告，向贵阳市中级人民法院提起行政诉讼，诉讼请求包括：确认扣押百香果及手串的行为违法、归还被告扣押的4袋百香果及仿制象牙手串等。

（二）法律分析

根据《中华人民共和国进出境动植物检疫法》《中华人民共和国禁止携带、邮寄进境的动植物及其产品名录》等法律法规规定，本案中潘某随身携带进境的新鲜水果属于禁止携带进境物品。贵阳海关依法对原告潘某携带的百香果作截留、销毁处理，并依法向潘某送达了"出入境检验检疫出入境人员携带物截留/处理凭证"，告知了复议、诉讼的权利及期限，整个行政行为适用法律、法规正确，符合法定程序。故潘某要求确认扣押百香果的行为违法、归还海关扣押的4袋百香果的请求，

① 案件来源：北大法宝。案件字号：（2019）黔01行初130号。

法院不予支持。

海关工作人员对潘某行李继续查验中，发现潘某行李箱中有疑似象牙制品的手串一串。对此，法定的处理程序应该是继续查验，在必要的情况下进行鉴定。但潘某从海关工作人员手中抢回该手串后自行扯断，并在海关“禁止进出境印刷品或其他介质查处情况登记本”中对其象牙手串、百香果登记表示自愿放弃。因此，贵阳海关并未对手串采取扣押的强制措施，故潘某要求确认扣押手链的行为违法、归还被海关扣押的仿制象牙手串的要求于法无据。

第十二章　海关征税

第一节　海关征税概述

一、行政征收与海关征税

行政征收是行政主体基于国家和社会公共利益的需要，根据法律的规定，以强制手段无偿向行政相对人征集金钱或实物的具体行政行为。根据我国相关法律，税收征收和行政费用征收是行政征收的两大种类。

海关征税是行政征收中税收征收的一种，是海关依法对监管对象征收关税、增值税、消费税、行邮税、船舶吨税等税费的行政行为。海关征税的对象包括进出口货物、超出自用合理数量的进境物品，以及进出境船舶等。其中，进出口货物包括一般进出口货物、保税货物、特定减免税货物、暂准进出境货物，以及其他进出境货物，如退运货物、进出境修理货物等。

【动态】

海关总署发布 2021 年第 100 号公告
《关于深化海关税款担保改革的公告》

为进一步提升贸易便利化水平，扎实开展“我为群众办实事”实践活动，海关总署发布 2021 年第 100 号公告，自 2021 年 12 月 1 日起深化税款担保改革。

公告推出以企业为单元的税款担保模式改革，首次实现一份保函可以在全国通用，在多项税款担保业务中通用，企业足不出户便可以向海关完成担保业务申请，简化了担保业务办理程序，提升企业资金使用效率，可有效缓解广大进出口企业的资金周转压力，助力通关效率提升。

在海关全面深化改革中，税收征管制度的改革和优化是一个非常重要的方面。保税料件内销的选择性征税制度的推出与不断优化、集中汇总征税制度的推出与不断优化等，均是税收征管制度改革的探索。

二、海关征税的特征

海关征收的税费是中央财政收入的重要来源，是国家宏观经济调控的重要工具，也是世界贸易组织允许各缔约方保护其境内经济的一种手段。征税以及对违反海关征税的行为依法予以制裁是世界各国和地区海关的基本职责。海关通过执行国家制定的减税政策对进出口货物、进出境物品征收关税，起到保护国内工农业生产、调整产业结构、组织财政收入和调节进出口贸易活动的作用。

海关征税属于国家征税的有机组成部分，具有强制性、无偿性、固定性等特征。进出境货物的收发货人、进出境物品的所有人、进出境运输工具的经营人应依法缴纳应该缴纳的税费，逾期不履行的，海关可以直接或向法院申请强制执行。

【延伸阅读】

海关征税与出口退税关系辨析

在国际贸易中，各国政府为了鼓励出口，加强本国产品在国际市场的竞争力，一般都对出口商品免征出口关税和国内环节税，部分商品除外。但为了完善税收秩序，加强税收征管，国家往往又在产品未出口前不免除有关主体缴纳国内环节税的义务，而是按照现行税制先行征收，待产品实际出口后退还税款，这种税收优惠措施即为出口退税制度。

我国从 1985 年开始实行出口退税政策，1994 年随着国家税制的改革，我国改革已有退还产品税、增值税、消费税的出口退税管理办法，建立了以新的增值税、消费税制度为基础的出口货物退税制度。出口退税政策的实施，对增强我国出口产品的国际竞争力，扩大出口，增加就业，保证国际收支平衡，增加国家外汇储备，促进国民经济持续快速健康发展发挥了重要作用。2003 年 10 月 13 日国务院发布关于改革现行出口退税机制的决定，按照“新账不欠，老账要还，完善机制，共同负担，推动改革，促进发展”的原则，对历史上所欠出口退税款由中央财政负责偿还，确保改革后不再发生新欠，同时建立中央、地方共同负担的出口退税新机制，至 2005 年，积欠的出口退税款全部退还完毕。

办理退税的货物必须是报关离境的货物，因此，是否能够向税务机关提供合法有效的出口通关单证是重要的条件。对于需要办理退税的出口货物，报关员应向海关申请签发出口货物报关单出口退税联，海关审核申请后，对于符合出口退税条件的，核发报关单出口退税联，企业据此办理出口退税；同时通过电子口岸执法系统向国家税务机关发送出口退税证明联的电子数据。

三、海关征税的法律依据

我国海关征税的法律依据包括国内法和国际法两部分。海关征税法律依据的国际法部分主要指我国缔结或加入的与海关征税相关的国际公约，如《WTO 估价协定》。但由于国际条约并非我国法律的直接渊源，因此必须要通过国内立法加以转化。目前，我国有关海关征税的国内立法充分体现了我国加入世界贸易组织所做的郑重承诺。

国内法部分由法律、行政法规和部门规章等组成。法律主要指《海关法》及相关法律；行政法规主要包括《中华人民共和国进出口关税条例》《中华人民共和国进出口税则》《中华人民共和国进出口货物原产地条例》等；有关于海关征税的部门规章较多，如《中华人民共和国海关对出口商品审价暂行办法》《中华人民共和国海关进出口货物商品归类管理规定》《中华人民共和国海关进出口货物征税管理办法》等。

四、海关征税的种类

（一）关税

关税是海关代表国家依法对准许进出我国关境的货物和物品向纳税义务人征收的一种流转税。按照不同的标准，关税可以做不同的分类。

1. 按征收方法划分

按征收方法划分，关税可以分为从价关税、从量关税、混合关税、选择关税和滑动关税。从价关税是指依照进出口货物的价格作为标准征收关税；从量关税是指依照进出口货物数量的计量单位征收定量关税；混合关税是指依各种需要对进出口货物进行从价、从量的混合征税；选择关税指对同一种货物在税则中规定有从量、从价两种关税税率，在征税时选择其中征税额较多的一种关税，也可选择税额较少的一种为计税标准计征；滑动关税是指关税税率随着进口商品价格由高到低而由低到高设置的税。

2. 按差别待遇和特定情况划分

按差别待遇和特定情况划分，关税可以分为最惠国税率关税、协定税率关税、特惠税率关税、普通税率关税、关税配额税率关税等。

3. 根据关税征收的目的划分

根据关税征收的目的划分，关税可以分为财政关税和保护关税。财政关税是指以增加国家财政收入为目的的关税，财政关税在欠发达国家或地区较为明显；保护关税是为保护本国经济而征收的关税。

4. 依据征税商品的流向划分

依据征税商品的流向划分，关税可以分为进口关税和出口关税。进口关税是指以进境货物和物品为征税对象所征收的关税，包括进口正税和进口附加税。进口正税是指按照《中华人民共和国进出口税则》中的进口税率征收的关税。进口附加税是指国家由于特定需要对进口货物除进口正税之外另行征收的一种进口税，一般属于临时性税收，主要种类有反倾销关税、反补贴关税、保障措施关税、报复性关税等。需要强调的是，进口附加税的征收应符合世界贸易组织规则，征收进口附加税的法定情形一旦消失，进口附加税的征收应予停止。出口关税是指海关以出境货物、物品为课税对象所征收的关税。为鼓励出口，世界各国（地区）一般不征收出口关税或仅对部分商品征收出口关税。就我国来说，征收出口关税的主要目的是调控某些商品的过度或无序出口，优化产业结构，保护环境，保护一些重要的资源和原材料。

（二）进口环节海关代征税

进口货物、物品在办理海关手续放行后，进入国内流通领域，与国内货物同等对待，所以应缴纳应征的国内税。但为了简化进口货物、物品国内税的再次申报手续，这部分税依法由海关在进口环节代为征收，这就叫进口环节海关代征税。进口环节海关代征税主要有增值税、消费税两种。

在中国境内销售货物或者提供加工、修理修配劳务以及进口货物的单位和个人，为增值税的纳税义务人，应当依照《中华人民共和国增值税暂行条例》缴纳增值税。

在中国境内生产、委托加工和进口《中华人民共和国消费税暂行条例》规定的消费品的单位和个人，以及国务院确定的销售《中华人民共和国消费税暂行条例》规定的消费品的其他单位和个人，为消费税的纳税义务人。我国进口的应税消费品消费税采用从价、从量和复合计税的方法计征。消费税的征收范围，仅限于少数消费品，包括四种类型：过度消费会对人的身体健康、社会秩序、生态环境等方面造成危害的特殊消费品，如烟、酒、酒精、鞭炮、焰火等；奢侈品、非生活必需品，如贵重首饰及珠宝玉石、化妆品等；高能耗的高档消费品，如小轿车、摩托车、汽车轮胎等；不可再生和替代的资源类消费品，如汽油、柴油等。

（三）船舶吨税

船舶吨税是海关对进出中国港口的国际航行船舶征收的一种税。根据《中华人民共和国船舶吨税法》，自中华人民共和国境外港口进入境内港口的船舶，应当依法缴纳船舶吨税。应税船舶在进入港口办理入境手续时，应当向海关申报纳税领取吨税执照，或者交验吨税执照。应税船舶在离开港口办理出境手续时，应当交验吨税执照。

船舶吨税设置优惠税率和普通税率两种，对于中国籍的应税船舶，船籍国（地区）与中国签订含有相互给予船舶税费最惠国待遇条款的条约或者协定的应税船舶，适用优惠税率，对于其他应税船舶，适用普通税率。船舶吨税按照船舶净吨位和吨税执照期限征收，吨税的应纳税额按照船舶净吨位乘以适用税率计算。

五、海关征税行政法律关系

海关征税的行政法律关系是指海关由《海关法》所确认和保护的在海关与纳税义务人之间基于税收法律事实而形成的权利和义务关系。其要素包括海关征税的行政法律关系主体、海关征税的行政法律关系的内容、海关征税的行政法律关系的客体。

（一）海关征税的行政法律关系主体

海关征税的行政法律关系主体是指在海关征税的行政法律关系中承担义务、享受权利的单位和自然人。根据我国《海关法》及相关税收法律关系的规定，海关征税的行政法律关系的主体的一方恒定为海关，为征税主体；法律关系的主体的一方为纳税义务人，包括进口货物的收货人、出口货物的发货人，以及进口物品的所有人。

（二）海关征税的行政法律关系的内容

海关征税的行政法律关系的内容指海关征税的行政法律关系主体的权利和义务，包括海关的权利和义务，以及纳税义务人的权利和义务。

1. 海关的权利和义务

在海关征税法律关系中，海关行使的权利包括税则归类权、估价权、原产地认定权、征收税款权、征收税款滞纳金权、关税的减免和缓缴的审核权、关税的稽查和追征或补征权、关税的强制执行权等。同时，海关也必须履行相关义务，包括依法征税的义务、及时解除税收保全义务的义务、将税款及时解库的义务、对多征税款及时退还的义务等。

2. 纳税义务人的权利和义务

在海关征税法律关系中，纳税义务人的权利包括知情权、依法申请关税的缓缴或减免权、提出税收担保权、请求退还多征税款权等。纳税义务人的义务包括如实申报的义务、按期足额缴纳税款的义务、对少征或漏征的税款补交的义务等。

（三）海关征税的行政法律关系的客体

海关征税的行政法律关系的客体是指海关征税的行政法律关系中权利和义务指向的对象。具体地说，海关征税的行政法律关系的客体是应税的货物、物品和运输工具。

第二节 海关征税程序

一、进出口货物征税程序

进出口货物征税程序主要包括纳税义务人的申报与海关审核、税费的缴纳等。

（一）进出口货物征税税率的确定与适用

1. 进出口货物征税税率的确定

确定进出口货物征税税率是海关征税的前提之一。目前我国进口关税设置最惠国税率、协定税率、特惠税率、普通税率、关税配额税率等税率，出口关税设置出口税率。此外，根据《中华人民共和国进出口关税条例》，对进出口货物在一定期限内可以实行暂定税率。我国依法对某些进口货物采取反倾销、反补贴、保障措施的，其税率的适用按照《中华人民共和国反倾销条例》《中华人民共和国反补贴条例》《中华人民共和国保障措施条例》的有关规定执行。任何国家或者地区违反与中国签订或者共同参加的贸易协定及相关协定，对中华人民共和国在贸易方面采取禁止、限制、加征关税或者其他影响正常贸易的措施的，对原产于该国家或者地区的进口货物可以征收报复性关税，适用报复性关税税率。

2. 进出口货物征税税率的适用

（1）一般情况。进出口货物，应当适用海关接受该货物申报进口或者出口之日实施的税率。进口货物到达前，经海关核准先行申报的，应当适用装载该货物的运输工具申报进境之日实施的税率。转关运输中采用直转方式进口的转关货物适用货物运达指运地之日的汇率和税率；中转和提前报关方式进口的转关货物适用指运地海关收到进境地海关传送的转关放行信息之日的汇率和税率；在转关货物的运输途中汇率和税率发生重大调整的，不管以何种方式转关运输的，均适用转关货物运抵指运地之日的汇率和税率。

（2）特殊情况。对于保税货物经批准不复运出境的、特定减免税货物经批准转让或者移作他用的、暂准进出境货物经批准不复运进出境、分期缴纳税款的租赁进口货物，需缴纳税款的，应当适用海关接受申报办理纳税手续之日实施的税率。

对于追征税款的，应当适用该行为发生之日实施的税率；行为发生之日不能确定的，适用海关发现该行为之日实施的税率。

（二）进出口货物原产地的确定

原产地是指作为商品进入国际贸易流通的货物的来源，即商品的产生地、生产地、制造或产生实质改变的加工地。在海关征税中，确定商品的原产地非常重要，在实施最惠国待遇、反倾销和反补贴、保障措施、原产地标记管理、国别数量限制、关税配额等非优惠性贸易措施以及进行政府采购、贸易统计等活动中都需要明确货物的原产地。

进口货物的原产地确定由进口货物的收货人或其代理人在进口时申报，海关审核确定。进口货物进口前，进口货物的收货人或者与进口货物直接相关的其他当事人，可以依法书面申请海关对将要进口的货物的原产地作出预确定决定，海关在法定期限内作出行政决定。

此外，根据对外贸易经营者提出的书面申请，海关可以依照《海关法》和《中华人民共和国海关行政裁定管理暂行规定》，对将要进口的货物的原产地预先作出确定原产地的行政裁定，海关行政裁定与海关规章具有同等的法律效力。

（三）进出口货物完税价格的确定

1. 一般情况

进出口货物完税价格的确定即通常所说的海关估价，是海关征税的基础。

进口货物的完税价格由海关以成交价格以及该货物运抵中华人民共和国境内输入地点起卸前的运输及其相关费用、保险费为基础审查确定。

出口货物的完税价格海关以该货物的成交价格以及该货物运至中华人民共和国境内输出地点装载前的运输及其相关费用、保险费为基础审查确定。

确定进口货物的成交价格要素不齐备的，或者进出口货物的成交价格不能确定的，海关经了解有关情况，并与纳税义务人进行价格磋商后，可以依法估定完税价格。

2. 特定情况

以租赁方式进口的货物，以海关审查确定的该货物的租金作为完税价格。纳税义务人要求一次性缴纳税款的，可以选择依法估定完税价格，或者按照海关审查确定的租金总额作为完税价格。

出料加工货物应当以境外加工费和料件费以及复运进境的运输及其相关费用和保险费审查确定完税价格。

出境修理货物，出境时已向海关报明并在海关规定的期限内复运进境的，应当以境外修理费和料件费审查确定完税价格。

暂时进出境货物，海关按照审定进出口货物完税价格的有关规定和海关接受该货物申报进出境之日适用的计征汇率、税率，审核确定其完税价格。

（四）进出口货物税费的缴纳

现行货物进出口税费的缴纳方式有两种：（1）银行柜台缴纳，凭纸质缴款书和收费票据到海关指定的银行缴纳税费；（2）网上支付，进出口货物收发货人或其代理人根据海关发出的电子税款缴款书和收费票据，通过网络向海关指定的银行缴付，本方式主要适用于实行中国电子口岸网上缴税和付费的海关。

（五）进出口货物税费的追征和补征

税费的补征与追征的区别在于税款的少征和漏征中纳税义务人是否违反规定。如因纳税义务人违反规定造成少征或者漏征税款的，可以追征，否则应予补征。

1. 进出口货物税费的补征

进出口货物放行后，海关发现少征或者漏征税款的，应当自缴纳税款或者货物放行之日起1年内，向纳税义务人补征税款。

2. 进出口货物税费的追征

因纳税义务人违反规定造成少征或者漏征税款的，海关可以自缴纳税款或者货物放行之日起3年内追征税款，并从缴纳税款或者货物放行之日起按日加收少征或者漏征税款万分之五的滞纳金。海关发现海关监管货物因纳税义务人违反规定造成少征或者漏征税款的，应当自纳税义务人应缴纳税款之日起3年内追征税款，并从应缴纳税款之日起按日加收少征或者漏征税款万分之五的滞纳金。

（六）进出口货物税费的退补

1. 进出口货物税费的退补的一般规定

海关发现多征税款的，应当立即通知纳税义务人办理退还手续。

纳税义务人发现多缴税款的，自缴纳税款之日起1年内，可以以书面形式要求海关退还多缴的税款并加算银行同期活期存款利息；海关应当自受理退税申请之日起30日内查实并通知纳税义务人办理退还手续。纳税义务人应当自收到通知之日起3个月内办理有关退税手续。

2. 退运货物税费的退补

退运货物包括一般退运货物和直接退运货物。一般退运货物指因质量不良或交货时间延误等原因，被国内外买方拒收而退运或因错发、错运造成的溢装、漏卸而退运的货物。直接退运货物是指进口货物进境后向海关申报，但由于特殊原因无法继续办理进口手续，经主管海关批准将货物全部退运境外的货物。

根据规定，因品质或规格原因，出口货物自出口之日起1年内原状退货复运进境的，经海关核实后不予征收进口税。原出口时已经征收出口税的，海关核准后自缴纳出口税款之日起1年内准予退还，但要重新缴纳因出口而退还的国内环节税。因品质或规格原因，进口货物自进口之日起 1 年内原状退货复运出境的，经海关核实后可以免征出口税。已征收的进口税，海关核准后自缴纳进口税款之日起 1 年内准予退还。

3. 退关货物税费的退补

退关货物又称出口退关货物，指出口货物在向海关申报出口后被海关放行，因故未能装上运输工具，发货单位请求将货物退运出海关监管区不再出口的货物。根据规定，已缴纳出口税的退关货物，可以在缴纳税款之日起 1 年内提出书面申请，海关核准后予以退税。

二、进境物品征税程序

（一）进境物品的概念与认定

《海关法》中所指的“进出境物品”是相对于货物的一个概念，从性质上说是非贸易性的。其涵盖的范围包括进出境的行李物品、邮递物品，各类机构进出境的公用物品，境内外机构和团体之间互赠的礼品及非为商业目的其他物品等。物品区别于货物的特征包括：一是属于自用，非为出售营利，不得作为商业用途进行买卖或出租；二是在合理数量范围内，通常量不大。《海关行政处罚实施条例》第六章第六十四条规定，“合理数量”指海关根据旅客或者收件人的情况、旅行目的和居留时间所确定的正常数量。

根据上述，进境物品征税情况可以分为四种：①海关总署规定数额以内的个人自用进境物品，免征进口税；②超过海关总署规定数额但仍在合理数量以内的个人自用进境物品，由进境物品的纳税义务人在进境物品放行前按照规定缴纳进口税；③超过合理、自用数量的进境物品应当按照进口货物依法办理相关手续；④国务院关税税则委员会规定按货物征税的进境物品，依法征收关税。

在进境物品征税法律关系中，纳税义务人是携带物品进境的入境人员、进境邮递物品的收件人以及以其他方式进口物品的收件人。当然，纳税义务人可以自行办理纳税手续，也可以委托他人办理纳税手续。

（二）进境物品的税则归类

海关对应税个人自用物品按照税则归类表进行归类，确定适用的税率。税则归类表中列明的物品按照归类表确定税率，税则归类表中未列明的物品按照以下原则归类：

（1）按物品的主要功能（或用途）归类。

（2）物品的主要功能（或用途）无法确定时，按该物品各项功能（或用途）中税率最高的税号归类。

（3）物品不能按照上述两个原则归入相应税号时，归入“其他物品”类别中的“其他”。

（4）已归入某一税号的物品按其主要功能（或用途）归入相应项，主要功能（或用途）无法确定时，归入其各功能中所适用完税价格最高的项。

（三）进境物品税率的确定

进境物品税率的调整由国务院关税税则委员会审定，海关总署依据税率表制定税则归类表和完税价格表，作为对进境物品征税的法律依据。

（四）进境物品完税价格的确定

进境物品，适用海关填发税款缴款书之日实施的完税价格。完税价格的确定遵循：

（1）完税价格表已列明完税价格的物品，按照完税价格表确定；

（2）完税价格表未列明完税价格的物品，按照相同物品相同来源地最近时间的主要市场零售价格确定其完税价格；

（3）实际购买价格是完税价格表列明完税价格的2倍及以上，或是完税价格表列明完税价格的1/2及以下的物品，进境物品所有人应向海关提供销售方依法开具的真实交易的购物发票或收据，并承担相关责任，海关可以根据物品所有人提供的上述相关凭证，依法确定应税物品完税价格。

此外，边疆地区民族特需商品的完税价格按照海关总署另行审定的完税价格表执行。

三、船舶吨税征收程序

（一）船舶吨税征税税率的确定

船舶吨税税率设置优惠税率和普通税率两种。中国籍的应税船舶以及船籍国（地区）与中华人民共和国签订含有相互给予船舶税费最惠国待遇条款的条约或者协定的应税船舶，适用优惠税率。其他应税船舶，适用普通税率。

（二）船舶吨税的确定

船舶吨税按照船舶净吨位和吨税执照期限征收，应税船舶负责人在每次申报纳税时，可以按照"吨税税目税率表"选择申领一种期限的吨税执照。目前，吨税的执照期限有3种：1年期缴纳、90天期缴纳与30天期缴纳。缴纳期限由应税船舶负责人或其代理人自行选择，不同期限对应不同的适用税率。在税率确定的前提下，吨税的应纳税额按照船舶净吨位乘以适用税率计算。

（三）船舶吨税的缴纳

应税船舶负责人应当自海关填发吨税缴款凭证之日起15日内向指定银行缴清税款。未按期缴清税款的，自滞纳税款之日起，按日加收滞纳税款0.5‰的滞纳金。应税船舶负责人或其代理人在缴纳船舶吨税前申请先行签发执照的，应当向海关提供与应缴税款相适应的担保。应税船舶到达港口前，应税船舶负责人或其代理人在海关核准下，可凭与应缴税款相适应的担保申请办理先行申报手续。船舶吨税担保期限一般不超过6个月，特殊情况下应税船舶负责人或其代理人可以向海关申请延长船舶吨税担保期限。应税船舶负责人或其代理人应当在海关批准的船舶吨税担保期限内履行纳税义务。

（四）船舶吨税执照的延期

应税船舶负责人缴纳吨税或者提供担保后，海关按照其申领的执照期限填发吨税执照。应税船舶在进入港口办理入境手续时，应当向海关申报纳税领取吨税执照，或者交验吨税执照。应税船舶在离开港口办理出境手续时，应当交验吨税执照。在吨税执照期限内，应税船舶因避难、防疫隔离、修理，并不上下客货，或被军队、武装警察部队征用的，有关单位或个人应当提供海事部门、渔业船舶管理部门或者卫生检疫部门等部门、机构出具的具有法律效力的证明文件或者使用关系证明文件，申明免税或者延长吨税执照期限的依据和理由，海关查实后按照实际发生的天数批注延长吨税执照期限。

（五）船舶吨税的免除

根据《中华人民共和国船舶吨税法》，下列船舶免征吨税，具体包括：

（1）应纳税额在人民币 50 元以下的船舶；

（2）自境外以购买、受赠、继承等方式取得船舶所有权的初次进口到港的空载船舶；

（3）吨税执照期满后 24 小时内不上下客货的船舶；

（4）非机动船舶（不包括非机动驳船）；

（5）捕捞、养殖渔船；

（6）避难、防疫隔离、修理、终止运营或者拆解，并不上下客货的船舶；

（7）军队、武装警察部队专用或者征用的船舶；

（8）依照法律规定应当予以免税的外国驻华使领馆、国际组织驻华代表机构及其有关人员的船舶；

（9）国务院规定的其他船舶等。

（六）船舶吨税的追征和补征

和关税一样，船舶吨税有时也会存在漏征或少征现象。海关发现少征或者漏征税款的，应当自应税船舶应当缴纳税款之日起 1 年内，补征税款。但因应税船舶违反规定造成少征或者漏征税款的，海关可以自应当缴纳税款之日起 3 年内追征税款，并自应当缴纳税款之日起按日加征少征或者漏征税款 0.5‰的滞纳金。

（七）船舶吨税的退还

应税船舶发现多缴税款的，可以自缴纳税款之日起 1 年内以书面形式要求海关退还多缴的税款并加算银行同期活期存款利息；海关应当自受理退税申请之日起 30 日内查实并通知应税船舶办理退还手续。

海关发现多征税款的，应当立即通知应税船舶办理退还手续，并加算银行同期活期存款利息。

四、海关征税强制

海关征税强制包括征税决定作出过程中的行政强制措施以及征税决定作出以后的行政强制执行两部分。

海关征税中的行政强制措施主要指对在规定的纳税期限内有明显的转移、藏匿其应税货物以及其他财产迹象的进出口货物的纳税义务人，海关可以责令纳税义务人提供担保；

纳税义务人不能提供担保的，海关可以采取税收保全措施。纳税义务人、担保人自缴纳税款期限届满之日起超过3个月仍未缴纳税款的，海关可以依法采取强制措施。

海关征税决定作出以后的行政强制执行包括海关加收逾期缴纳税款滞纳金、海关加收漏征或少征税款滞纳金、海关加收吨税滞纳金、海关通知金融机构扣缴税款、海关强制变卖应税货物、海关抵缴或变价抵缴等。

五、海关征税担保

根据《中华人民共和国海关事务担保条例》，进出口货物的商品归类、完税价格、原产地尚未确定的，在纳税期限内税款尚未缴纳的，当事人可以在向海关申请提供担保，要求提前放行货物。

此外，进出口货物的纳税义务人在规定的纳税期限内有明显的转移、藏匿其应税货物以及其他财产迹象的，海关可以责令纳税义务人提供担保；纳税义务人不能提供担保的，海关依法采取税收保全措施。

对于进口已采取临时反倾销措施、临时反补贴措施的货物应当提供担保的，相关主体应依照《中华人民共和国海关事务担保条例》办理海关事务担保手续。

六、海关征税的救济

海关征税是海关基于税收征管职能所实施的一类具体行政行为，所涉及的范围很广，包括海关完税价格审定，税则归类，原产地、税率和汇率适用，缓征、减征或者免征税款，税款的征收、追缴、补税、退税，征收滞纳金，从纳税义务人银行账号划拨税款，拍卖或变卖财产抵缴税款以及其他税收征管行为。

在海关征税过程中，海关征税法律关系的主体往往会就某些问题产生争议，即通常所说的纳税争议。纳税争议是指海关管理相对人对海关完税价格审定、税则归类、原产地、税率和汇率适用，税款的缓征、减征或者免征，税款的追缴、补税、退税，征收滞纳金，从银行账号划拨税款，拍卖或变卖财产抵缴税款及其他征税行为的异议。

根据《海关法》第六十四条的规定，纳税义务人同海关发生纳税争议时，应当缴纳税款，并可以依法申请行政复议；对复议决定仍不服的，可以依法向人民法院提起诉讼。也就是说，海关征税中的纳税争议的救济不同于因海关其他具体行政行为所引发争议的救济，海关征税中的纳税争议的救济实行“复议前置”原则。

一、关于适用税率引发的涉税走私案

（一）案情简介

福建宝某国际贸易有限公司（以下简称宝某公司）、福建鑫某兴贸易有限公司（以下简称鑫某兴公司）自2017年3月开始套用从其他公司购买的中短粒米（适用于粳米、粳糯米、粳米碎米）关税配额证进口越南产籼糯米、巴基斯坦籼米碎米（均系长粒米）。被告人李某盛系宝某公司、鑫某兴公司的主要股东与管理人员，全面负责公司的经营管理，其对外联络购买配额证、联系中间商被告人张某劲等人订购进口籼糯米、籼米碎米，并指使被告人吴某敏制作和修改报关单证；被告人池某源系宝某公司、鑫某兴公司的股东、业务主管，主要负责两个公司购买配额证、与中间商沟通等采购、报关事务；吴某敏系宝某公司、鑫某兴公司的单证员，受雇实施进口报关及修改单证行为。张某劲系宝某公司、鑫某兴公司与境外供货商合作进口的中间商，帮助宝某公司、鑫某兴公司与境外供货商联系合同签订、制作和修改报关单证，并从中收取每吨5元的代理费。2017年3~8月，共计走私进境21票，共计进口17499.95吨籼糯米、籼米碎米，偷逃应缴税额38166976.61元。2017年9月26日，被告人池某源至福州保税区海关缉私科自动投案，同日侦查机关抓获被告人李某盛、吴某敏。同年11月8日，被告人张某劲被侦查机关抓获到案。福州市中级人民法院审理福州市人民检察院指控原审被告人李某盛、池某源、张某劲、吴某敏犯走私普通货物罪一案，于2019年4月2日作出（2018）闽01刑初93号刑事判决。被告人李某盛、池某源、张某劲、吴某敏不服，提出上诉。其中上诉人池某源及其辩护人诉辩称一审判决以最惠国税率65%计核偷逃税额错误，应当按照东盟协定税率20%计核。请求二审查明事实，依法改判。

（二）法律分析

上诉人池某源及其辩护人诉辩意见认为本案中应该适用协定税率重新核定应缴税额，即一审判决以最惠国税率65%计核偷逃税额错误，应当按照东盟协定税率20%计核。根据《中华人民共和国海关进出口货物优惠原产地管理规定》第十四条，货物申报进口时，进口货物收货人或者其代理人应当按照海关的申报规定填制“中华人民共和国海关进口货物报关单”，申明适用协定税率或者特惠税率，并同时提交有关单证。也就是说，进口货物要适用协定税率除具备原产地证明外，还须满足在货物申报进口时向海关申明适用协定税率等条件。本案中，虽然17票涉案进口货物原产于与我国签订贸易协定的东盟国家，但相关单位和人员为达到适用配额税率，采取瞒骗手段申报，其行为不符合向海关申明适用协定税率的条件，故不能适用东盟协定税率20%的税率。

二、江苏A化学股份有限公司诉南通海关征收案

（一）案情简介

2013年，江苏A化学股份有限公司为生产经营需要进口壬烯货物三票，均从南通海关申报入关并纳税。2015年11月，南通海关作出230220131023012651/A03、230220131023012651/L04共计12份海关进口关税/增值税专用缴款书，对江苏A化学股份有限公司追征税款8673879.4元。江苏A化学股份有限公司在缴纳了上述税款后，以南通海关为被告提起行政诉讼，请求确认被告南通海关的行政征收行为违法、判令被告南通海关向原告退还违法征收的税款及滞纳金合计8673879.4元及利息损失（以8673879.4元为基数，从2015年11月13日起至实际返还之日止按银行

同期贷款利率计算)。

被告南通海关辩称，被告南通海关对原告作出征税决定属实。根据《行政诉讼法》第四十四条第二款“关于法律、法规规定应当先向行政机关申请行政复议，对复议决定不服再向人民法院提起诉讼的，依照法律、法规的规定”、《海关法》第六十四条关于“纳税义务人同海关发生纳税争议时，应当缴纳税款，并可以依法申请行政复议；对复议决定仍不服的，可以依法向人民法院提起诉讼”的规定，以及《中华人民共和国进出口关税条例》第六十四条关于“纳税义务人、担保人对海关确定纳税义务人、确定完税价格、商品归类、确定原产地、适用税率或者汇率、减征或者免征税款、补税、退税、征收滞纳金、确定计征方式以及确定纳税地点有异议的，应当缴纳税款，并可以依法向上一级海关申请行政复议。对复议决定不服的，可以依法向人民法院提起诉讼”的规定，原告对被告作出的追征税款行为不服产生的争议，应当先行经过行政复议程序，对复议决定不服的，才可以向人民法院提起诉讼。原告直接提起本案诉讼于法无据，请求驳回原告的起诉。

(二) 法律分析

本案涉及的最主要的法律问题是原告江苏A化学股份有限公司与被告南通海关之间的争议是否属于行政复议前置的情形，原告江苏A化学股份有限公司直接提起诉讼是否符合《行政诉讼法》规定的案件受理条件。

根据原告江苏A化学股份有限公司起诉时提出的诉讼请求等，结合案件事实，可以看出本案的争议为纳税争议。根据《海关法》《中华人民共和国进出口关税条例》规定，对于纳税争议的法定救济方式，应当在缴纳税款后，通过申请行政复议的途径进行权利救济，对复议决定仍不服的，才可以依法向人民法院提起诉讼。因此，法院应该驳回原告江苏A化学股份有限公司的起诉。

第十三章　海关行政处罚

第一节　海关行政处罚的概况

一、海关行政处罚的概述

根据《行政处罚法》，行政处罚是指行政机关依法对违反行政管理秩序的公民、法人或者其他组织，以减损权益或者增加义务方式予以惩戒的行为。作为行政行为重要的形式之一，行政处罚是特定的行政机关依法惩戒违反行政管理秩序的行政管理相对人，履行行政职权的重要法律制裁方式。海关行政处罚是行政处罚的重要组成部分，是指海关根据法律授予的行政处罚权，依据《海关法》《海关行政处罚实施条例》对公民、法人或者其他组织违反海关法律、行政法规和部门规章，依法不追究刑事责任的走私行为和违反海关监管规定的行为，以及法律、行政法规规定由海关实施行政处罚的行为所实施的一种行政制裁。

根据《海关法》，海关是国家的进出关境监督管理机关，海关依照《海关法》和其他有关法律、行政法规，监管进出境的运输工具、货物、行李物品、邮递物品和其他物品，征收关税和其他税、费，查缉走私，并编制海关统计和办理其他海关业务。对于在上述环节所出现的违法海关法律的行政违法行为，海关可以依法进行行政处罚。

行政处罚是海关重要的执法手段和具体行政行为之一，它涉及行政相对人的人身、财产、资格、名誉等诸项权利，因此，在一个以“权利为本位”为价值取向的法治社会里，规范和制约海关处罚行为是十分必要的。如通过行政组织法，控制行政权的权源；通过行政程序法，控制和规范行政权行使的方式；通过行政法制监督法、行政责任法、行政救济法等制约行政权的滥用。其中行政程序法在规制行政权活动中是功不可没的。《行政处罚法》《海关法》《海关行政处罚实施条例》等对违反海关行政管理行为的处罚依据、处罚程序及救济都做了具体、细致的规定，但海关执法实践中仍存在因海关行政处罚引起纠纷及复议、诉讼案件的情况。因此，在依法行政要求下，研究海关行政处罚问题具有重要的意义。

二、海关行政处罚的性质

海关行政处罚是一种行政制裁行为，是通过对违反《海关法》的当事人财产、能力或精神声誉予以一定的剥夺或者限制以达到规范进出境监管秩序、保护国家利益和他人合法权益的目的。

海关行政处罚是以当事人的行为违反海关法律、行政法规，并需要追究当事人行政法律责任为前提。因此，不能把海关行政处罚和海关行政强制措施等相混淆。如根据《〈中华人民共和国海关稽查条例〉实施办法》第十八条第一款："海关实施稽查时发现被稽查人有可能转移、隐匿、篡改、毁弃账簿单证等有关资料的，经直属海关关长或者其授权的隶属海关关长批准，可以查封、扣押其账簿、单证等有关资料及相关电子数据存储介质。"这里采取的"查封""扣押"是属于海关采取的行政强制措施。

（一）海关行政处罚与海关行政强制措施的区别

行政处罚与行政强制措施是相近的概念，在实践中容易出现难以区别的现象。如在《行政处罚法》制定之前，我们把"吊销证照"看成是行政处罚，把"暂扣证照"理所当然地看成是行政强制措施。但在该法制定以后，由于该法第九条第三项把"暂扣许可证件"列入行政处罚的种类之中，又使人们把所有的"暂扣证照"不加区分地列入"行政处罚"的范围之内。在海关执法领域也存在类似的困扰，例如"收缴"在法律性质上是强制措施还是行政处罚？它与"没收"之间的关系如何？这些例子说明区分海关行政处罚与海关行政强制措施是非常必要的。划分海关行政处罚与行政强制措施的标准如下。

1. 行为性质不同

海关行政处罚的性质是制裁，具有惩罚性，目的在于纠正违法行为，警戒世人；而行政强制措施实际上是一种处置，它不具有制裁性质，它的目的在于预防、制止或控制危害社会的行为产生。例如，海关行政机关在实施某些海关行政处罚前常采取查封、扣押、冻结等强制措施，它发生在处罚之前，与民事诉讼中的催促措施类似，使其保持在某种状态，以便确认是否违法，再决定是否给予海关行政处罚。

2. 针对的对象不同

海关行政处罚针对的是违法行为，针对的对象是违法者，而且这个违法行为是已经确定的违法行为，具有制裁性；而行政强制措施则不一定，与行政相对人的行为是否违法没有必然联系，它不具有制裁性。它有可能针对违法行为，但这个行为仅仅是被怀疑违法，尚未确定其违法性，其行为者类似于刑罚中的犯罪嫌疑人。还有一些强制措施针对的不是违法行为，例如，依据《海关法》第十七条第二款"上下进出境运输工具的人员携带物品的，应当向海关如实申报，并接受海关检查"，这里的"检查"是海关运用的行政强制措施，但其针对的不一定是违法行为。

3. 目的不同

海关行政处罚的目的是通过制裁制止违法行为。制裁是手段，制止是目的。强制措施的目的在于预防、制止危害公共利益、公共安全、公共健康的情形发生。

4. 处分权利与限制权利的不同

海关行政处罚与行政强制措施，其法律效果是不同的。海关行政处罚是对行政相对人权利的最终处分，如没收财产之所以是海关行政处罚，是因为它是对相对人财产所有权的最终剥夺即处分；而行政强制措施是对相对人权利（特别是财产使用权和处分权）的一种临时限制，如查封财物之所以是行政强制措施，因为它不是对该财物所有权的最终处分，而仅是在短期内对该财物使用权和处分权的临时限制。

5. 中间行为与最终行为

行政强制措施是一种中间行为，它是为保证最终行政行为的作出所采取的一种临时性措施，它没有到达对事件最终处理完毕的状态。如扣押财物，扣押本身不是最终的目的，它是为保证之后行政处理决定的最终作出和执行所采取的临时措施。而海关行政处罚则是一种最终行政行为。它的作出，表明该行政违法案件已被处理完毕。如没收财物，它表达了行政机关对该财物的最终处理。

海关行政处罚与海关行政强制措施比较见表 13. 1。

表 13. 1　海关行政处罚与海关行政强制措施比较

比较内容	行政处罚	行政强制措施
行为对象	违法行为	不一定是违法行为
行为性质	制裁性	处置性
行为目的	制止违法	预防为主、制止为辅
立法表现	法律责任章节	法律程序章节
法律效果	处分权利	限制权利

（二）海关行政处罚与刑事处罚的区别

海关行政处罚与刑事处罚（以下简称刑罚）都是一种法律责任，都是对违反法律规范行为的否定性法律评价，都具有制裁的性质。在实践中，人们更易于把二者看作是一种轻处罚与重处罚的关系，这反映了这两种法律责任的密切联系。刑罚是国家审判机关对刑事犯罪分子给予的法律制裁。海关行政处罚则是海关对海关行政违法的制裁。海关行政处罚与刑罚都属国家有权机关对违法者实施的惩戒，其主要差异如下。

1. 行为的性质不同

海关行政处罚是由海关运用行政职权作出的行为，其行为性质是行政行为；刑罚是由国家司法机关运用司法职权作出的，其行为性质是司法行为。行政处罚是国家行政机关及法律授权的组织，对违反行政法律规范的相对人实行制裁的具体行政行为。

2. 适用的对象不同

海关行政处罚是针对海关行政违法行为，即违反海关行政法律规范的行为给予的制裁；刑罚是针对刑事违法行为即犯罪的制裁。这两种违法行为有着密切的联系。某种行为如果是违反了刑事法律规范，触犯了刑律，就构成了犯罪，应根据《刑法》的规定施以刑罚；而某行为如果违反了海关行政法律规范，则给予海关行政处罚。行政处罚是行政机关及法定的组织对违反行政法律、法规、规章，尚不构成犯罪的公民、法人或其他组织实施的制裁行为。

3. 制裁的方式不同（行政轻，刑罚重）

海关行政处罚多针对违法行为人的财产进行，如警告、罚款、没收违法所得、没收非法财物等；而刑罚所采取的制裁方式比海关行政处罚要严厉，主要是针对违法者的人身自由的，最重的刑罚是要剥夺违法者生命的“死刑”。刑罚有主刑、附加刑两类九种，即主刑包括管制、拘役、有期徒刑、无期徒刑、死刑，附加刑包括罚金、剥夺政治权利、没收财产、驱逐出境。

4. 所违反的法律性质不同

海关行政处罚所针对的违法行为是违反海关行政法律规范的行为，而刑罚所针对的违法行为是违反刑事法律规范的行为，即所违的法是刑事法律。行政处罚是对违反行政法律规范的行为所给予的处罚。

海关行政处罚与刑罚的比较见表 13.2。

表 13.2　海关行政处罚与刑罚的比较

比较内容	海关行政处罚	刑罚
制裁性质	行政制裁	刑事制裁
适用违法行为	违反海关行政法律、法规和规章	触犯刑律
惩罚程度	较轻	严厉
制裁机关	海关机关、公安缉私警察	人民法院
处罚形式	警告、通报批评；罚款、没收违法所得及非法财物；行政拘留；暂扣或吊销许可证件、降低资质等级；限制开展生产经营活动、责令停产停业、责令关闭、限制从业；法律、行政法规规定的其他处罚	主刑：管制、拘役、有期徒刑、无期徒刑、死刑。 附加刑：剥夺政治权利、没收罚金、驱逐出境

可见，根据违反《海关法》行为的种类、性质及危害性程度，违反《海关法》行为所对应的法律责任包括刑事法律责任和行政法律责任。因此，对于应追究刑事法律责任的违反《海关法》的行为不能用海关行政处罚代替刑罚，即以罚代刑；同时，对于应追究行政法律责任的行为不能用刑罚代替海关行政处罚，即以刑代罚。

三、海关行政处罚的基本原则

（一）海关行政处罚的法定原则

处罚法定原则是海关行政处罚的基本原则。海关行政处罚的法定原则包括处罚的法律依据是法定的，程序是正当的，处罚主体及其职权是法定的等。

海关行政处罚的法律依据法定是指海关行政处罚必须遵循法律、行政法规、部门规章，且这些法律必须通过公开的途径向社会公布。

海关行政处罚的处罚主体及其职权法定是指处罚的主体及其行使的职权必须符合法律的规定。不具有处罚权的主体实施的行为以及具有处罚权的主体所实施的超越职权的行为均不具有合法性。

（二）海关行政处罚的公正原则

海关行政处罚的公正原则也成为海关行政处罚的合理性原则，即“过罚相当”原则。

是指海关对公民、法人或者其他组织的行政处罚，应当同他的违反《海关法》行为的事实、性质、情节及危害程度相当；对有基本相同的违法行为的两个以上的公民、法人或者其他组织，如果他们的违法行为发生的环境条件、危害程度基本相同，他们各自受到的处罚也应基本相同。

海关行政处罚的公正原则产生的主要原因是海关行政处罚中自由裁量权的存在与运用。为正确贯彻处罚合理性原则，要求海关行政处罚机关的行政处罚行为应当符合行政目的，以法律精神在正当考虑的基础上审查违反《海关法》的行政违法行为，包括行为动机、行为目的、事实基础和实质内容。

（三）海关行政处罚的公开原则

海关行政处罚的公开原则是指：（1）有关海关行政处罚的法律、行政法规或者海关规章应当面向全社会公布，内部规定一律不能作为处罚依据；（2）海关行政处罚的执法程序要公开，包括海关执法人员应当公开执法身份、出示执法证件，海关行政处罚案件的审理及部分案件的听证，除涉及国家秘密、商业秘密、个人隐私外，均要公开，案件的处罚结果一律公开等。

（四）处罚与教育相结合的原则

建立守法自律体系是现代海关制度重要的组成部分，也是海关法律制度建设的终极目的之一，其建立手段包括正面制度建设和反面对违法案件的处罚。

海关行政处罚的功能不只是单纯的处罚和惩戒，而是通过制裁手段，使违法者改正违法行为，形成守法自律意识，因此海关行政处罚的过程包含着教育的内容。

（五）保护当事人权利原则

在海关行政处罚的过程中，保护案件当事人的权利是海关行政处罚机关和人员的一项基本义务，是海关行政处罚的基本原则。这些权利包括陈述、申辩权，要求听证权，行政救济权以及要求行政赔偿权等。

四、海关行政处罚的机关

海关行政处罚机关是指依法拥有行政处罚权，以自己的名义作出处罚决定，并独立承担法律责任的海关机关。海关行政处罚的实施机关是各级海关，包括海关总署、直属海关、隶属海关三级。各级海关的内设机构、派出机构不具有海关行政处罚机关资格。

五、海关行政处罚中的回避制度

回避制度是行政程序法上的基本制度，是指行政机关工作人员在行使职权过程中，因其与所处理的事务有利害关系，为保证实体处理结果和程序进展的公正性，根据当事人的申请或行政机关工作人员的请求，有权机关依法终止其职务行使的一种法律制度。回避制度源于英国普通法中自然公正原则所派生出的一条重要规则：“任何人都不得在与自己有关的案件中担任法官。”

《行政处罚法》第四十三条规定："执法人员与案件有直接利害关系或者有其他关系可能影响公正执法的，应当回避。"《海关行政处罚实施条例》第四十八条规定："当事人有权根据海关法的规定要求海关工作人员回避。"回避制度是海关行政处罚法律制度的重要组成部分。海关行政处罚中回避的范围包括办案人员、化验人、鉴定人和翻译人员。回避的事由主要包括：办案人员、化验人、鉴定人或翻译人员是本案的当事人或者当事人的近亲属；办案人员、化验人、鉴定人或翻译人员本人或者其近亲属与本案有利害关系；办案人员、化验人、鉴定人或翻译人员与本案当事人有其他关系，可能影响案件公正处理的。办案人员的回避，由其所属的直属海关或者隶属海关关长决定。办案人员、化验人、鉴定人或翻译人员具有上述回避事由之一的，当事人及其代理人可以申请他们回避，办案人员、化验人、鉴定人或翻译人员也可以书面申请说明理由要求回避。办案人员、化验人、鉴定人或翻译人员具有应当回避的情形之一，没有申请回避，当事人及其代理人也没有申请他们回避的，有权决定他们回避的海关关长可以指令他们回避。

对当事人及其代理人提出的回避申请，海关应当在法定期限内作出决定并且书面通知申请人。对海关驳回回避申请有异议的，当事人及其代理人可以在收到书面通知后的 3 个工作日内向作出决定的海关申请复核一次；作出决定的海关应当在 3 个工作日内作出复核决定并且书面通知申请人。

在海关作出回避决定前，办案人员不停止办理行政处罚案件。在回避决定作出以前，办案人员进行的与案件有关的活动是否有效，由作出回避决定的海关根据案件实际情况决定。

第二节　海关行政处罚的范围

违反《海关法》的行为的范围有广义和狭义两种。广义的违反《海关法》的行为包括走私犯罪、走私行为、违反海关监管规定的行为以及法律授权海关管辖处罚的行为，一般称为"四分法"；狭义的违反《海关法》的行为仅指违反海关法律，应予追究刑事法律以外法律责任的行为，即违反《海关法》的行为包括走私行为、违反海关监管规定的行为以及法律授权海关管辖处罚的行为，一般称为"三分法"。从违反《海关法》的行为的违法性质上，可以分为刑事违法行为和行政违法行为。我国海关行政处罚的范围仅限于行政违法行为，即走私行为、违反海关监管规定的行为以及法律授权海关管辖处罚的行为。

一、依法不追究刑事责任的走私行为

（一）走私行为

根据《海关行政处罚实施条例》，走私行为是指违反《海关法》及其他有关法律、行政法规，逃避海关监管，偷逃应纳税款、逃避国家有关进出境的禁止性或者限制性管理，并具有下列情形之一的。

1. 绕关走私

货物、物品、运输工具应通过海关设关地点或国务院批准的点进出境。未经国务院或者国务院授权的机关批准，从未设立海关的地点运输、携带国家禁止或者限制进出境的货物、物品或者依法应当缴纳税款的货物、物品进出境的，构成走私。

2. 通关环节走私

经过设立海关的地点，以藏匿、伪装、瞒报、伪报或者其他方式逃避海关监管，运输、携带、邮寄国家禁止或者限制进出境的货物、物品或者依法应当缴纳税款的货物、物品进出境的，构成走私。通关环节走私是一种隐蔽性很强的违法行为，是一种危害性大、查缉难度大的走私行为。

3. 擅自内销走私

海关监管货物是自进境起到办结海关手续的进口货物和已向海关申报起到出境止的出口货物，以及自进境起到出境止的过境、转运和通运货物等应当接受海关监管的货物，包括一般进出口货物、保税货物、特定减免税货物，暂准进出境货物，以及其他尚未办结海关手续的进出境货物。未经海关许可，任何主体不得擅自处置海关监管货物。若使用伪造、变造的手册、单证、印章、账册、电子数据或者以其他方式逃避海关监管，擅自将海关监管货物、物品、进境的境外运输工具，在境内销售的，不构成走私犯罪的，认定为走私行为。

4. 假出口、假结转、假核销走私

根据《海关法》，海关监管货物、物品在没有办理结束海关手续之前（称为结关或清关），必须置于海关的有效监管之下。若使用伪造、变造的手册、单证、印章、账册、电子数据或者以伪报加工贸易制成品单位耗料量等方式，致使海关监管货物、物品脱离监管的，构成走私。

5. 特殊监管区域走私

海关对从境外进入保税区、出口加工区、保税港区等海关特殊监管区域的货物通常实施保税等税收便利措施或减免税等税收优惠措施。因此，海关特殊监管区内海关监管货物物品运出区外需根据其实际用途办理进口手续。若以藏匿、伪装、瞒报、伪报或者其他方式逃避海关监管，擅自将保税区、出口加工区等海关特殊监管区域内的海关监管货物、物品运出区外的，不构成走私犯罪的，认定为走私行为。

6. 其他走私

有逃避海关监管，构成走私的其他行为的。

（二）按走私行为论处的行为

1. 非法收购走私货物

明知是走私进口的货物、物品，直接向走私人非法收购的，按走私论处。

2. 特定水域运输，无合法证明走私

在内海、领海、界河、界湖，船舶及所载人员运输、收购、贩卖国家禁止或者限制进出境的货物、物品，或者运输、收购、贩卖依法应当缴纳税款的货物，没有合法证明的。

此处所说特定水域，既指内海、领海、界河、界湖，也包括与之相连的可航水域。

3. 共同走私

与走私人通谋为走私人提供贷款、资金、账号、发票、证明、海关单证的，与走私人通谋为走私人提供走私货物、物品的提取、发运、运输、保管、邮寄或者其他方便的，以走私的共同当事人论处。

二、违反海关监管规定的行为

违反《海关法》及其他有关法律、行政法规和规章但不构成走私行为的，是违反海关监管规定的行为。

虽然在案件的规模、案值、社会影响等方面，违反海关监管规定的行为逊于走私行为，但违反海关监管规定行为案件总量占违反《海关法》行政违法行为的较大比重，并直接影响海关监管的秩序和效率。

根据《海关行政处罚实施条例》违反海关监管规定行为可以分以下几种：

(1) 禁止进出口货物违规。指违反国家进出口管理规定，进出口国家禁止进出口的货物，但未逃避海关监管。

(2) 限制进出口货物和自动进出口许可管理货物违规。违反国家进出口管理规定，进出口国家限制进出口的货物或属于自动进出口许可管理的货物，进出口货物的收发货人向海关申报时不能提交许可证件或自动许可证明的。

(3) 货物申报不实构成违规。进出口货物的品名、税则号列、数量、规格、价格、贸易方式、原产地、启运地、运抵地、最终目的地或者其他应当申报的项目未申报或者申报不实，并造成了一定的危害后果的。

(4) 委托人未尽委托责任构成违规。进出口货物收发货人未按照规定向报关企业提供所委托报关事项的真实情况，致使申报不实构成违规。

(5) 报关企业未尽审查义务构成违规。报关企业、报关人员对委托人所提供情况的真实性未尽合理审查义务，或者因工作疏忽致申报不实的。

(6) 一般进出口货物违规。包括擅自处置监管货物，违规存放监管货物，监管货物短少灭失，未按规定办理保税手续，单耗申报不实，过境、转运、通运货物违规，暂时进出口货物违规以及其他货物违规。

(7) 进出境物品违规。包括对物品的擅自处置、超量自用物品未申报、限制进境物品未申报、物品申报不实、暂时进出境物品违规、过境人员物品违规。

(8) 禁止进出境物品未申报。运输、携带、邮寄国家禁止进出境的物品进出境，未向海关申报但没有以藏匿、伪装等方式逃避海关监管的，予以没收，或者责令退回，或者在海关监管下予以销毁或者进行技术处理。

(9) 进出境运输工具违规。指运输工具进出境、在境内移动、交验单证等违反海关监管规定。

(10) 其他违反海关监管规定的行为。包括违规中断海关监管程序影响海关监管、伪造海关单证、行贿但未构成犯罪等。

三、法律、行政法规规定由海关实施行政处罚的行为

法律、行政法规规定由海关实施行政处罚的行为是海关行政处罚范围重要的组成部分。

《海关法》第九十一条规定："违反本法规定进出口侵犯中华人民共和国法律、行政法规保护的知识产权的货物的，由海关依法没收侵权货物，并处以罚款；构成犯罪的，依法追究刑事责任。"《中华人民共和国知识产权海关保护条例》第二十七条规定："被扣留的侵权嫌疑货物，经海关调查后认定侵犯知识产权的，由海关予以没收。"《中华人民共和国知识产权海关保护条例》第三十一条规定："个人携带或者邮寄进出境的物品，超出自用、合理数量，并侵犯本条例第二条规定的知识产权的，按照侵权货物处理。"对于违反知识产权海关保护且未构成犯罪的，由海关进行行政处罚。

四、海关行政处罚范围认定中概念辨析

在海关行政处罚范围认定中，涉及一些重要概念，需要对其加以辨析。

（一）许可证件

许可证件指依照国家有关规定，当事人应当事先申领，并由国家有关主管部门颁发的准予进口或者出口的证明、文件。

（二）合法证明

合法证明指船舶及所载人员依照国家有关规定或者依照国际运输惯例所必须持有的证明其运输、携带、收购、贩卖所载货物、物品真实、合法、有效的商业单证、运输单证及其他有关证明、文件。

（三）自用、合理数量

自用指旅客或者收件人本人自用、馈赠亲友而非为出售或者出租。

合理数量指海关根据旅客或者收件人的情况、旅行目的和居留时间所确定的正常数量。

（四）货物价值

货物价值指进出口货物的完税价格、关税、进口环节海关代征税之和。

（五）物品价值

物品价值指进出境物品的完税价格、进口税之和。

（六）应纳税款

应纳税款指进出口货物、物品应当缴纳的进出口关税、进口环节海关代征税之和。

（七）专门用于走私的运输工具

专门用于走私的运输工具指专为走私而制造、改造、购买的运输工具。

第三节　海关行政处罚的案件管辖

一、海关行政处罚案件管辖的含义

海关行政处罚的案件管辖主要是指某一违反《海关法》的行政违法行为应当由哪一级海关、哪一个海关实施行政处罚的法律制度。

明确规定各级、各个海关对行政违法案件的管辖权，有利于防止海关行政处罚中越权处罚、重复处罚或对案件消极推诿，促进海关依法行政，同时也可以对那些有管辖权而不认真行使职责的处罚主体进行约束。

二、海关行政处罚案件的职能管辖

职能管辖是指行政机关依据各自不同的行政管理职能对行政处罚案件管辖所作的分工。违反了哪个方面的行政管理事项，就应当由对该行政管理事项享有管理权和行政处罚权的行政机关依法查处，这是行政管理专业化的要求。海关行政处罚的职能管辖解决的是哪些案件属于海关行政处罚的立案范围。根据联合缉私体制规定，各国家机关查获的违反海关法的案件需要进行行政处罚的，均需移交海关，由海关统一进行处罚。

三、海关行政处罚案件的级别管辖

级别管辖是指上、下级海关之间在实施行政处罚方面的分工。海关总署、直属海关、隶属海关根据违反《海关法》行政违法案件的性质、情节、社会影响及拟应给予的行政处罚等的不同，分别行使行政处罚案件的管辖权。

四、海关行政处罚案件的关区管辖

关区管辖是指不同地域的海关之间在实施行政处罚方面的地域分工，类同于地域管辖。由于海关关区的设定不受行政区划的限制，因此各海关分别对在本关区内发生或发现的行政处罚案件行使案件管辖权。

根据《海关行政处罚实施条例》，海关行政处罚由发现违法行为的海关管辖，也可以由违法行为发生地海关管辖。两个以上海关都有管辖权的案件，由最先发现违法行为的海关管辖。

五、海关行政处罚案件的指定管辖

指定管辖是指两个或者两个以上的行政机关因对同一违法行为的处罚管辖权问题发生争议时，由有权机关以决定的方式指定某个行政机关对该违法行为进行管辖、实施行政处罚。《行政处罚法》第二十五条规定：“对管辖发生争议的，应当协商解决，协商不成的，报请共同的上一级行政机关指定管辖；也可以直接由共同的上一级行政机关指定管辖。”这里的“共同的上一级行政机关”就是有权进行指定的机关，它不能简单地理解为上一级行政机关。根据《海关行政处罚实施条例》，管辖不明确的案件，由有关海关协商确定管辖，协商不成的，报请共同的上级海关指定管辖。重大、复杂的案件，可以由海关总署指定管辖。

六、海关行政处罚中的移送管辖

移送管辖是指受理行政处罚案件的海关发现该案已构成犯罪或不属于自己职能管辖范围时应当移送有管辖权的机关，包括海关在受理之后发现不属于自己管辖时应当将案件材料移送有管辖权的行政机关或组织，以及海关在受理之后发现违法行为构成犯罪的，受理案件的海关必须将案件移送海关走私犯罪侦查机关或其他司法机关，依法追究刑事责任。

根据《海关行政处罚实施条例》，海关发现的依法应当由其他行政机关处理的违法行为，应当移送有关行政机关处理；违法行为涉嫌犯罪的，应当移送海关侦查走私犯罪公安机构、地方公安机关依法办理。

第四节　海关行政处罚的种类与形式

一、海关行政处罚的种类

行政处罚的种类是指行政处罚的外在表现形式。据此为标准，行政处罚通常分为自由罚（人身罚）、行为罚（能力罚）、财产罚、声誉罚（申诫罚）。自由罚是指行政机关实施的在短期内限制或剥夺公民人身自由的行政处罚，如行政拘留。行政拘留，也称治安拘留，是对违反治安管理的人，依法在短期内限制其人身自由的一种处罚。行为罚也称为能力罚，是指限制和剥夺违法当事人从事某种行为能力或资格的处罚措施。它包括责令停产停业，责令关闭、吊销、暂扣许可证和执照等。财产罚是指行政机关组织强迫违法当事人缴纳一定数量的金钱或实物，或者限制、剥夺其某种财产权的处罚。它包括罚款、没收违法所得或非法财物。声誉罚又称为申诫罚，是指对违法当事人的名誉、信誉或精神上的利益造成一定损害以示谴责或警戒的行政处罚。它包括警告、通报批评。

根据《海关行政处罚实施条例》第六条第一款：“抗拒、阻碍海关侦查走私犯罪公安机构依法执行职务的，由设在直属海关、隶属海关的海关侦查走私犯罪公安机构依照治安管理处罚的有关规定给予处罚。”因此，根据上述规定作出的行政处罚不属于海关行政处罚的范畴。所以，海关行政处罚的种类包括行为罚、财产罚和声誉罚，不包括自由罚，具体处罚形式后文将进行论述。

需要注意的是，《海关法》第六条第（四）项规定：“……对有走私嫌疑的运输工具、货物、物品和走私犯罪嫌疑人，经直属海关关长或者其授权的隶属海关关长批准，可以扣留；对走私犯罪嫌疑人，扣留时间不超过二十四小时，在特殊情况下可以延长至四十八小时。”这种扣留是海关依法采取的限制人身自由的行政强制措施，而非行政处罚的一种形式。

二、海关行政处罚的形式

行政处罚种类，是指行政处罚外在的具体表现形式。根据《行政处罚法》的规定，行政处罚形式包括：警告、通报批评；罚款；没收违法所得、没收非法财物；责令停产停业、责令关闭、限制从业、限制开展生产经营活动；暂扣或者吊销许可证、暂扣或者吊销执照、降低资质等；行政拘留；法律、行政法规规定的其他行政处罚。具体到海关行政处罚，包括下列处罚种类：

（一）警告

警告包括口头警告和书面警告。

（二）罚款

根据罚款的额度，罚款可以分为较大数额的罚款和非较大数额的罚款。根据规定，对自然人作出一万元以上，对单位作出十万元以上的罚款，属于较大数额的罚款。其中海关在作出较大数额的罚款决定之前要告诉当事人有要求听证的权利。

（三）没收走私货物、物品、运输工具及违法所得

专门用于走私的运输工具或者用于掩护走私的货物、物品，二年内三次以上用于走私的运输工具或者用于掩护走私的货物、物品，应当予以没收。藏匿走私货物、物品的特制设备、夹层、暗格，应当予以没收或者责令拆毁。经过查证属实的违法所得应予以没收。

（四）暂停或取消从事某种海关事务的资格

暂停或取消从事某种海关事务的资格是一种较为严厉的行政处罚形式。其包括撤销报关企业和海关准予从事海关监管货物的运输、储存、加工、装配、寄售、展示等业务的企业的注册登记。

（五）取缔未经注册登记从事报关业务的企业的有关活动

根据法律规定，企业从事报关活动必须具备特定的条件并按照法律程序办理海关注册登记。对于未经注册登记从事报关业务的企业的有关活动依法取缔是海关行政处罚非常重要的形式之一。

第五节　海关行政处罚设定

《行政处罚法》颁布后，对行政处罚的设定权问题做了明确规定：法律可以设定各种行政处罚，限制人身自由的行政处罚（指行政拘留），只能由法律设定；行政法规可以设

定除限制人身自由以外的行政处罚；地方性法规可以设定除限制人身自由、吊销营业执照以外的行政处罚；国务院部门规章在法律、行政法规尚未制定设定的情况下，可以设定警告、通报批评或者一定数量罚款的行政处罚，罚款的限额由国务院规定；省、自治区、直辖市人民政府和省、自治区人民政府所在地的市人民政府以及设区的市的人民政府制定的政府规章可以设定警告、通报批评或者一定数量罚款的行政处罚，罚款的限额由省、自治区、直辖市人民代表大会常务委员会规定。设定权限明确后，学界争论的焦点转移到设定权含义的理解上。有学者认为："'设定'一词包括两个方面的含义，即'创设（创制）'和'规定'。前者是指在没有法律规定的情况下创制新的处罚形式、方式和原则等，即创制性的规定；后者指依据已创设行政处罚的法律再加以具体化"。[①] 杨小君在《行政处罚研究》中指出："行政处罚的设定，就是立法创造行政处罚。行政处罚的设定权，就是立法创造行政处罚的权力。设定这个概念不包括立法在已有创造行政处罚形式前提下、范围内的规定和补充规定。"可见，行政处罚的设定有广狭之分。狭义的设定是指立法活动，主要由享有立法权的国家机关通过立法来行使该设定权。而广义的设定不仅包括狭义的"设定"，还包括"规定"。行政处罚的设定（狭义），是指在法律规范性文件尚无对行政处罚作出规定的条件下，该规范性文件率先对行政处罚的行为、种类、幅度作出规定。汪永清在《行政处罚法适用手册》中指出："行政处罚的设定是指国家机关依照职权和实际需要，在有关法律、法规或者规章中，自行创制设定行政处罚的权力。"如《治安管理处罚条例》率先规定行政拘留，这便属"设定"。所谓行政处罚的规定，是指在上级规范性文件已对行政处罚作出设定的条件下，在上级规范性文件所设定的处罚行为、种类和幅度范围内再作具体的规定。"设定"使行政处罚从无到有，"规定"使行政处罚从有到有，无非更详细而已。可见，设定是创设性的规定，没有上位法作为依据，而规定则是对上位法进行细化，这个细化不得突破上位法规定的条件、种类、幅度。"设定"是第一次合法性地创造行政处罚，应属于立法范畴。但"设定"不是创造整个行政处罚制度体系，而是具体地创造设定行政处罚的内容、形式、种类等。至于行政处罚的主体、行政处罚的程序等均不属行政处罚的设定或规定问题，而属于《行政处罚法》的其他规范问题。具体而言：

第一，设定行政处罚的行为，即对行政相对人的哪些违反行政管理秩序的行为应当给予行政处罚。这其实是行政处罚的范围问题。所有处罚措施都是针对特定范围或种类的行为，法律不能只"空对空"地设定各式各样的处罚种类，否则将出现一种处罚种类适用于所有我们认为不合法或应被谴责的行为之中，那设定权的严格性与限定性又有何实质意义呢？例如，在哪些违法行为情况下处以拘留处罚应明确设定，否则拘留处罚会出现设而不定的现象，因此，设定的内容应包括被处罚的行为。

第二，设定行政处罚的种类。这就是指《行政处罚法》第九条所规定的种类。如罚款、警告、吊销证照等。种类的设定是行政处罚设定的核心，因为处罚种类决定被处罚人权益的性质，如罚款涉及被处罚人的财产权益；拘留涉及被处罚人的人身权益。

第三，设定行政处罚的幅度，即处罚措施的自由裁量度。是指：（1）几种罚种之间的

---

① 杨解君. 特别行政法问题研究［M］. 北京：北京大学出版社，2005.

选择幅度，如《中华人民共和国治安管理处罚法》第五十条规定“有下列妨害社会管理秩序行为之一的，处警告或二百元以下罚款；情节严重的，处五日以上十日以下拘留，可以并处五百元以下罚款”，这表明“警告——罚款——拘留”三个罚种之间存在着选择幅度；（2）一个罚种内的处罚幅度，如1~15天的行政拘留，行政拘留一日交纳50~200元的保证金。

《行政处罚法》中对行政处罚的创设权分四个层次——法律、行政法规、地方性法规、行政规章。可见，我国行政处罚设定权不是由一个立法机关拥有的，而是由几个不同的国家机关拥有的，在行政处罚设定权方面就有了划分必要。《行政处罚法》第十条至第十六条的规定全部概括了这一设定权划分的内容①。《行政处罚法》第十条是关于法律设定行政处罚权的规定；第11条是关于行政法规关于设定行政处罚权的规定；第十二条是关于地方性法规关于设定行政处罚权的规定；第十三条是关于中央部委规章设定行政处罚权的规定；第十四条是关于地方政府规章设定行政处罚权的规定。法律的设定权具有一种不同于法规及规章设定权的性质，它是一种本源性设定权，无论是《宪法》《立法法》，还是《行政处罚法》都赋予了全国人民代表大会及其常务委员会创设包括行政处罚手段在内的所有法律制度的设定权，它无须根据什么规定或规范就可以自行创设。而法规及规章的处罚设定权则是一种派生性质的设定权，它们的处罚设定权都源于全国人民代表大会及其常务委员会的法律，是法律通过《行政处罚法》等形式授予的设定权，如果法律没有授予，它们并不拥有“固有的”设定权。可以说，法律的处罚设定权是一种绝对的设定权，而法规及规章的设定权是一种相对的设定权。法规及规章的设定权是法律设定权的一种实现形式，是法律将属于自己的设定权分别交由其他机关去行使。从《行政处罚法》规定来看有两点值得注意：一是只有法律能够创设各种行政处罚，法规及规章都是有限的；二是只有法律设定行政处罚，无须根据什么规范，而法规及规章设定处罚首先是根据《行政处罚法》，如果法律已有设定的，法规及规章就不能再行创设，只能是规定，且履行听证程序。法律与法规及规章在处罚设定权上有很大不同。

第六节　海关行政处罚的程序

一、海关行政处罚的简易程序

根据《行政处罚法》的规定，对于违法事实确凿并有法定依据，对公民处以200元以下、对法人或其他组织处以3000元以下罚款或者警告的行政处罚的，可以当场作出行政处罚决定。这样的行政处罚程序被称为简易程序。

简易程序是海关行政处罚的程序之一。根据《海关行政处罚实施条例》，海关对行邮、快件、货管、保税监管等业务现场及其他海关监管业务中违法事实清楚、违法情节轻微的

① 根据《行政处罚法》第十六条的规定，除法律、法规、规章外，其他规范性文件不得设定行政处罚。

案件，可以适用简易程序处理。对当事人当场放弃陈述、申辩或者听证权利的；当事人当场进行陈述、申辩，经海关当场复核后，当事人或者其代理人接受复核意见的；当事人当场放弃陈述、申辩、听证的权利的，海关可以当场作出行政处罚决定，并当场制发行政处罚决定书送达当事人。但是，适用简易程序处理的海关行政处罚案件处罚中，如海关对当事人提出的陈述、申辩意见无法当场进行复核的；海关当场复核后，当事人对海关的复核意见仍然不服的；当事人当场依法向海关要求听证的；海关认为需要进一步调查取证的，海关不得当场作出行政处罚决定，案件应当从简易程序转为一般程序规定办理。

二、海关行政处罚的一般程序

除简易程序外处理的海关行政处罚案件外，多数案件是采用一般程序进行调查处理。一般程序包括立案、调查、审理、处罚等几个主要环节。

立案是案件调查的先决条件，是违反《海关法》行为调查程序的启动环节。一般情况下必须遵循“先立后破”的原则，即先立案，再开展调查行动；在时间紧急必须要采取行动等特殊情况下可以先行采取调查行动，但必须及时补办立案手续。

海关行政处罚案件立案必须具备两个条件：有违反《海关法》的事实的存在，需要依法予以行政处罚。“有违反《海关法》的事实的存在”是指危害社会的行为已经发生，且行为已经达到触犯法律、法规的程度并有一定的证据予以证明。“需要依法予以行政处罚”是指根据《行政处罚法》《海关法》《海关行政处罚实施条例》的规定，对违法行为人需要给予行政处罚。

立案之后缉私部门就应该开展对案件的调查，并对案件实施和证据进行审查核实。缉私部门在查缉违反《海关法》的行为时可以行使下列职权和手段。

1. 查阅、复制权

查阅、复制权首先指的是对查阅进出境人员的证件资料的查阅复制，其次包括对与进出境运输工具、货物、物品有关的资料的查阅和复制。根据《海关法》，海关在对违反《海关法》的行为的调查过程中，可以对与进出境货物物品运输工具有关的文件资料行使查阅权、复制权。

2. 检查（查验）权

检查（查验）权是《海关法》授予海关在查缉违反《海关法》行为时一项重要的权力。主要包括对进出关境的运输工具、货物、物品、与案件查缉有关的特定场所及案件当事人的人身进行的检查（查验）。在该项权力中特别需要注意的是对自然人人身的检查，由于检查自然人的人身涉及人权，《海关法》设置了不同程度的前提条件或限制条件。

3. 查问权

对违反《海关法》行为的人进行针对性的查问是《海关法》授予海关的一项常规权力。需要注意的是，由于违法案件的性质不同等原因，所以在对违反《海关法》行为的人进行查问时在发问技巧、心理分析上都有所不同。

4. 对物的扣留权

对物的扣留权包括对违反《海关法》行为的货物、物品的扣留；对载运违反《海关法》行为的货物、物品运输工具的扣留；对与违反《海关法》行为有关的证据性材料的扣留。对物的扣留是一种暂时性的对物的强制措施，在措施没有解除之前，上述被扣的物不得处理，为解决严密监管和便利通关的矛盾，我国《海关法》立法中规定了海关事务担保制度。海关扣留有违法嫌疑的货物、物品、运输工具后，因客观情况不便继续扣留，当事人可以采取提供等值的担保申请海关放行货物，海关经审查决定是否予以接受。如我国《海关法》规定对于进出口货物“有违法嫌疑，但无法扣留或不便扣留的”，可以在提供担保后放行。

5. 对案件当事人的扣留权

我国《海关法》规定扣留的前提是有走私犯罪嫌疑，同时规定，扣留的时间为 24 小时，最多不得超过 48 小时。扣留之后海关应当在法定扣留期限内对被扣留人进行审查。排除犯罪嫌疑或者法定扣留期限届满的，应当立即解除扣留，并制发解除扣留决定书。

6. 在领海、毗邻区的管制权

对于需要在领海或国际水域查缉违反《海关法》行为的海关来说还涉及海关在领海、毗邻区的管制权。权力的种类主要有对船舶的登临权、对船舶上人员证件和证明货物合法性资料的查阅权、对违反《海关法》行为货物的扣留权、对于逃逸船舶的连续追缉权等。

此外，海关在查缉违反《海关法》的行为时还需要运用其他的一些职权，如配备和使用武器权、请求查询权等。

在案件的调查中，获取证据是主要内容之一。根据《行政处罚法》《海关行政处罚实施条例》，海关行政处罚案件的证据形式主要包括物证、书证、证人证言、当事人陈述、鉴定意见、勘验笔录、现场笔录、视听资料、电子数据等。对已经调查终结的行政处罚案件，海关应当就违法事实是否清楚，定案的证据是否客观、充分，调查取证的程序是否合法、适当，以及是否存在不予行政处罚或者减轻、从轻、从重处罚的情节进行审查，并且提出适用法律和案件处理意见。案件审查结束，海关应当根据对行政处罚案件审查的不同结果，依法作出相应决定并送达当事人。

三、海关行政处罚程序中的听证

根据新修订的《行政处罚法》《海关行政处罚实施条例》，海关在拟作出暂停从事有关业务，暂停报关执业，撤销海关注册登记，取消报关从业资格，对公民处 1 万元以上罚款，对法人或者其他组织处 10 万元以上罚款，没收有关货物、物品、走私运输工具，降低资质，吊销许可证件及其他较重的行政处罚决定之前，应当告知当事人有要求举行听证的权利；当事人要求听证的，海关应当组织听证，听证的费用由海关承担。

海关行政处罚案件的听证由海关行政处罚案件审理部门负责组织。听证组织部门应指定 1 名听证主持人和 1 名记录员，必要时可以另外指定 1 至 4 名听证员协助听证主持人组织听证。

当事人应当在海关告知其听证权利之日起 5 日以内，以书面形式向海关提出听证申请。以邮寄方式提出申请的，以寄出的邮戳日期为申请日期。因不可抗力或者其他特殊情况不能在规定期限内提出听证申请的，申请并经海关同意，可以在障碍消除后 5 日以内提出听证申请。

海关决定组织听证的，应当自收到听证申请之日起 30 日以内举行听证，并在举行听证的 7 日以前将听证通知书送达当事人；决定不予听证的，海关应当在收到听证申请之日起 5 日以内制作不予听证通知书并及时送达申请人。

四、海关行政处罚案件调查的中止与终结

海关办理行政处罚案件，在立案后发现当事人的违法行为应当移送其他行政机关或者司法机关办理的，应当及时移送，并中止案件的调查。

对于海关移送案件，其他行政机关或者刑事侦查部门已作出处理的但仍需要海关作出行政处罚的，以及其他行政机关或者刑事侦查部门不予受理或者不予追究刑事责任退回海关处理的，海关应当恢复调查。

海关办理行政处罚案件，在立案后经调查，发现案件违法事实清楚、法律手续完备、据以定性处罚的证据充分的；没有违法事实的；作为当事人的自然人死亡的；作为当事人的法人或者其他组织终止，无法人或者其他组织承受其权利和义务，又无其他关系人可以追查的；其他行政机关或者刑事侦查部门已作出处理的海关移送案件，不需要海关作出行政处罚的等情形，可以终结调查，并作出相应决定。

第七节　海关行政处罚的决定与执行

一、海关行政处罚的决定

海关关长应当根据对行政处罚案件审查的不同结果，依法作出相应的决定。

确有违法行为，应当给予行政处罚的，作出行政处罚决定。处罚决定的作出必须以事实为依据，与违法行为的事实、性质、情节以及社会危害程度相当，即体现合法性与合理性。

不予处罚的情形包括：违法行为轻微，依法可以不予行政处罚的，不予行政处罚；不满十四周岁的人有违反《海关法》行为的不予行政处罚；违法行为轻微并及时纠正，没有造成危害后果的，不予行政处罚；精神病人、智力残疾人在不能辨认或不能控制自己行为时有违法行为的，不予行政处罚；违法事实不清、证据不足的，不予行政处罚；符合撤销案件规定的，撤销案件。

从轻或减轻行政处罚的情形包括：已满 14 周岁不满 18 周岁的人有违法行为，从轻或减轻行政处罚；主动消除或减轻违法行为后果的，从轻或减轻行政处罚；受他人胁迫或者诱骗实施违法行为的，从轻或减轻行政处罚；主动供述海关尚未掌握的违法行为的，从轻或减轻行政处罚；配合海关查出违法行为有立功表现的，从轻或减轻行政处罚等。

违法行为涉嫌犯罪的，移送刑事侦查部门依法办理。违法行为属于其他国家行政机关职能管辖的，将案件以法定程序移交。

符合《海关行政处罚实施条例》规定的收缴条件的，予以收缴。根据《海关行政处

罚实施条例》的规定收缴有关货物、物品、违法所得、运输工具、特制设备的，应当制作收缴清单送达被收缴人。

二、海关行政处罚的期间

期间是指海关、案件当事人及其他案件参加人参与海关行政处罚活动所必须遵守的期限和日期。其间要求海关、案件当事人及其他案件参加人严格按照规定的时间作出相应的行为，否则要承担与逾期行为相对应的法律责任。下面就海关行政处罚中主要的期间进行归纳。

（一）案件的追溯时效期间

根据现行《海关法》，违法行为在2年内未被发现的，不再给予行政处罚，法律另有规定的除外。

（二）海关扣留涉案货物、物品、运输工具、其他财产以及账册、单据等资料的期间

根据《海关行政处罚实施条例》，海关扣留货物、物品、运输工具、其他财产以及账册、单据等资料的期限不得超过1年。因案件调查需要，经直属海关关长或者其授权的隶属海关关长批准，可以延长，延长期限不得超过1年，但是复议、诉讼期间不计算在内。

（三）海关行政处罚决定送达的期间

根据《海关行政处罚实施条例》，行政处罚决定书应当在宣告后当场交付当事人；当事人不在场的，海关应当在7日内将行政处罚决定书送达当事人。上述方式无法送达的，可以公告送达。公告送达，自发出公告之日起满60日，视为送达；对在中华人民共和国领域内没有住所的当事人进行公告送达，自发出公告之日起满6个月，视为送达。

（四）涉案货物、物品、运输工具等收缴、发还的期间

根据《海关行政处罚实施条例》，当事人无法查清但走私违法事实基本清楚的案件，海关收缴有关货物、物品、违法所得、运输工具、特制设备的，在制发收缴清单之前，应当制发收缴公告，公告期限为3个月。公告期满后仍然没有当事人到海关办理相关海关手续的，海关可以予以收缴。

自海关送达解除扣留通知书之日起3个月内，当事人无正当理由未到海关办理有关货物、物品、运输工具或者其他财产的退还手续的，海关可以将有关货物、物品、运输工具或者其他财产提取变卖，并且保留变卖价款。变卖价款在扣除自海关送达解除扣留通知书之日起算的仓储等相关费用后，尚有余款的，当事人在海关送达解除扣留通知书之日起1年内应当前来海关办理相关手续，逾期海关将余款上缴国库。

（五）行政处罚决定申请法院强制执行的期间

根据《海关行政处罚实施条例》，行政处罚决定书送达后当事人未申请行政复议或者

向人民法院提起诉讼的，在处罚决定书送达之日起3个月后起算的180日内申请法院强制执行。复议决定书送达后当事人未提起行政诉讼的，在复议决定书送达之日起15日后起算的180日内申请法院强制执行。第一审行政判决后当事人未提出上诉的，在判决书送达之日起15日后起算的180日内申请法院强制执行；进入第二审程序的，在第二审行政判决书送达之日起180日内申请法院强制执行。第一审行政裁定后当事人未提出上诉的，在裁定书送达之日起10日后起算的180日内申请法院强制执行。

三、海关行政处罚决定的送达

海关行政处罚决定的送达是指海关将行政处罚通知书和行政处罚决定书依照法定程序和方式送交案件当事人的法律行为。将行政处罚通知书和行政处罚决定书及时送达案件当事人是海关的职权，也是海关的职责。及时规范的送达有利于案件当事人了解案件情况，并根据案件情况行使自己的权利，特别是决定是否提起救济，以及通过何种途径行使救济权。

送达行政处罚通知书和行政处罚决定书是保证案件当事人知晓海关行政处罚行为重要的法律手段。海关送达行政处罚通知书和行政处罚决定书，应当直接送交受送达人。受送达人是公民的，本人不在交其同住成年家属签收；受送达人是法人或者其他组织的，应当由法人的法定代表人、其他组织的主要负责人或者该法人、组织指定负责收件的人签收。如果受送达人拒绝签收，送达人可以在见证人在场的情况下，在送达法律文书上注明事由，将法律文书留置在受送达人处即视为已送达。跨关区的，可以委托其他海关代为送达，或者邮寄送达。对于送往境外的行政处罚通知书和行政处罚决定书，海关可以直接向受送达人在国内设立的代表机构或者有权接受送达的分支机构、业务代办人直接送达。对于一些特殊的受送达人，如军人、被监禁或者被劳动教养的人，海关可以通过军人所在部队团以上的政治机关、监所、劳动教养单位转交。对于直接送达、委托送达、转交、邮寄送达都不能送达的，海关应当公告送达。依法予以公告送达的，海关应当将行政处罚决定书的正本张贴在海关公告栏内，并在报纸上刊登公告。

四、海关行政处罚决定的执行

作为行政决定的一种，海关行政处罚决定一经作出，即具有法律约束力，包括确定力、拘束力和执行力，海关和案件当事人都必须遵守并在法定期限内履行。

案件当事人逾期不履行海关行政处罚决定的，作出处罚决定的海关可以采取法定的强制措施，以督促或迫使当事人履行已经生效的行政处罚决定或达到与履行处罚决定相同的法律效果。

根据海关行政处罚强制措施的内容，强制措施可以分为直接强制措施与间接强制措施两种。

直接强制执行是指海关通过间接强制没有达到目的或在紧急情况下来不及使用其他方法时，对被执行人的人身或财产直接施加强制，以促使其履行处罚决定的方法。主要指海关将扣留的货物、物品、运输工具变价抵缴，或者以当事人提供的担保抵缴。

间接强制执行是指海关不直接采取措施使当事人履行处罚决定，而是通过其他间接手段和措施以达到强制执行的目的。根据《海关行政处罚实施条例》，对于到期不履行罚款的，每日按罚款数额的3%加处罚款，即行政法学中所称的“执行罚”；对于案件当事人逾期不履行海关行政处罚决定，且海关无法强制执行的，可以申请人民法院强制执行。此外，限制案件当事人出境也是间接强制措施的一种。限制案件当事人出境是指受海关处罚的当事人在出境前未缴清罚款且未向海关提供相当于罚款数额的担保，海关可以通知出入境管理机关阻止案件当事人或案件当事单位的法定代表人或主要负责人出境直至其履行行政处罚决定规定的义务为止。

第八节　海关行政处罚法律制度比较研究

违反海关法的行为处罚法律制度是各国（地区）海关法（关税法）非常重要的组成部分。由于各国（地区）法律文化传统、海关机构设立的情况等不同，各国（地区）对违反海关法行为处罚的法律制度既有相同点，也有不同之处，大部分国家或地区均在海关法或关税法中予以规定。

一、违反海关法行为应该追究的行政法律责任与刑事法律责任比较

违反海关法行为应追究的法律责任类型包括刑事法律责任和行政法律责任。如美国海关法规定违反海关法的行为包括走私犯罪和其他行为，其中对走私犯罪行为追究刑事法律责任，责任形式主要为监禁和罚金，对走私罪之外的其他违法的行为追究刑事法律责任和行政法律责任，同时美国关税法和反走私法还规定了对自首案件的处罚，涉案人如何申请免予或减轻处罚，还有排除行为人行为违法性和法律责任的内容。笔者认为，正确的认定和对违反海关法行为进行分类是追究法律责任的前提，同时在实际的法律责任追究过程中要准确适用，不能以罚代刑。

综观各个国家和地区的海关法律，在违反海关法的行政法律责任设定存在着一致性，但也各具特色。如根据《法国海关法典》，对于违反海关法的行为（触犯海关法规的违法行为与触犯海关法规的犯罪行为）根据行为情况可追究有关主体的海关债的责任。

二、违反海关法行为法律责任认定处罚的法律依据比较

在海关对违反海关法行为认定和处罚以追究违反海关法行为法律责任的执法过程中，完备的法律依据体系非常重要。由于各国（地区）法律文化传统不同、海关机构设立的情况不同等原因，各国（地区）对违反海关法行为认定和处罚的法律依据既有相同点，也有不同之处。

中国对违反《海关法》行为的认定和处罚、追究违反《海关法》行为法律责任的法律依据，是以《海关法》和现行《刑法》为中心，与其他法律、行政法规、部门规章以及中国缔结或参加的国际条约组成的一个有机体系。

从法系的划分来看，美国属于英美法系国家。在美国现行的法律体系中，没有一部正式名称为“海关法”的法律文件。美国海关与边境保护局（Bureau of Customs and Border

Protection，CBP）在履行职责时最主要的执法依据是以《1930年关税法》（经多次修改）、反走私法等专门性法律文件组成的一个法律体系。

欧盟各成员国在推动欧洲一体化的进程中，分别将本国的一部分海关执法权力让渡给欧盟，从而制定和颁布了《欧盟海关法》。但《欧盟海关法》对于违反海关法的行为及惩处未作规定，对于违反海关法的行为认定及惩处均由欧盟各成员国设定。因此，法国海关执法的依据主要是《欧盟海关法》和《法国海关法》，特别对违反海关法行为的防范和惩处只以《法国海关法》为依据。

日本对违反海关法行为认定和处罚以追究违反海关法行为法律责任的法律依据是《日本海关法》、《关税法》和《关税临时措施法》三部主要法律，另外海关还负责实施一些具体的法律、法规。《日本海关法》内容涉及海关工作的各个方面，其中对关税制度仅作了原则规定。具体规定关税制度的是《关税法》和《关税临时措施法》。《关税法》共有三十八条，并附有税率表，规定了税则的基本税率、估价原则、减免税、退税、反贴补、反倾销等制度。《关税临时措施法》共有三十五条及五个附加税率表，规定了各种情况下的临时税率、减免税、退税及关税偿还制度。

综上所述，可以看出，当今世界各国（地区），对违反海关法行为认定和处罚以追究违反海关法行为法律责任的法律依据基本上都是以海关法（关税法）为核心法律体系，并采取制定单行行政法，再辅以一定的规章、部长令等形式。较多的国家将海关法或关税法列为对违反海关法行为认定和处罚的主要法律依据，不同类型的违反海关法的行为，包括走私犯罪行为的认定惩处亦设在海关法当中，但是也有一些国家和地区将违反海关法的犯罪行为在刑法典中加以规定，如美国和中国等国家。

三、违反海关法行为行政处罚的比较

（一）限制和剥夺当事人的财产，提高当事人违法成本的财产罚是各国（地区）对违反海关法行为重要的行政处罚形式

实践证明，财产罚对于打击和防范违反海关法的行为行之有效。在各国（地区）的海关法、关税法中，财产罚的主要形式表现为对非法财物和违法所得的没收和罚款。在海关执法实践中，没收的对象主要是走私货物、物品、违法所得、走私运输工具、特制设备等。如前文所述，财产罚是加大走私成本，进而遏止走私的重要对策。如美国对违反海关法行为行政处罚的种类包括较高额度或比例的没收、罚款。

（二）限制和剥夺当事人从事特定海关事务资格的能力罚是各国（地区）对违反海关法行为另一重要的行政处罚形式

如我国《海关行政处罚实施条例》规定对违反《海关法》的进出口货物收发货人、报关企业、报关人员可以撤销其报关注册登记，取消其报关从业资格即具有代表性。笔者认为能力罚的间接作用甚至超过了财产罚，如限制或剥夺当事人从事与进出口活动相关的业务即间接决定了该企业的命运。根据各国（地区）海关法、关税法，单位或个人从事与海关管理有关的特定行业或职业必须经过海关许可或办理备案登记，其在经营或执业活动

中必须守法自律。对于违反海关法的当事人可以限制和剥夺其从事特定海关事务资格。如法国对违反海关法行为的行政处罚的种类包括限制或禁止从事特定行业或职业权利。

行政处罚与刑事执法一样，是海关执法的重要手段之一，是指海关根据法律授予的行政处罚权，对公民、法人或者其他组织违反海关法律、行政法规和规章，依法不追究刑事责任的走私行为和违反海关监管规定的行为，以及法律、行政法规规定由海关实施行政处罚的行为所实施的一种行政制裁。

吴某鹏不服皇岗海关行政处罚决定复议案

（一）案情简介

2017年11月21日，香港居民吴某鹏持港澳居民来往内地通行证由皇岗口岸进境时被海关抽查，在其随身携带的纸箱内，海关查获100台未向海关申报的MP4播放机，海关根据相关规定当场退还2台，扣留超过自用合理数量的MP4播放机共98台。经调查，皇岗海关认定，吴某鹏所携带的MP4播放机已明显超出自用、合理数量，属于应税货物，应当主动向海关如实申报而未向海关申报，其行为已经违反相关法律规定。据此，皇岗海关经处罚告知和对吴某鹏的申辩进行复核后，于2018年2月29日作出皇关缉二违字〔2018〕0160号行政处罚决定，并于2018年3月5日直接送达，依据《海关行政处罚实施条例》第十五条第（四）项的规定，作出对吴某鹏处以罚款37000元的处罚决定。吴某鹏不服，认为其对单货不符“不应知”（携带的MP4播放机并非为在内地出售，所有MP4播放机都是在深圳购买，带回香港后才发现与所订款式不同，故带回深圳更换）和处罚过重（其携带的MP4播放机价值仅为19110元，而海关罚款数额为37000元）为由向深圳海关提出行政复议申请，请求变更该处罚决定。深圳海关经审查依法予以受理。本案经过复议受理、答复、审理、调查，最终以复议调解结案，其涉及的执法问题环环相扣，构成海关旅检监管的一个执法链条。

（二）法律分析

1. 申请人的行为违反海关对进出境行李物品的监管规定

（1）申请人携带涉案MP4播放机进境应当向海关申报。《中华人民共和国海关关于进出境旅客通关的规定》第三条规定，按规定向海关办理申报手续的进出境旅客通关时，应首先在申报台前向海关递交“海关进出境旅客行李物品申报单”或海关规定的其他申报单证，如实申报其所携运进出境的行李物品。进出境行李物品申报是进出境旅客为履行海关法规规定的义务，对其携运进出境的行李物品实际情况依法向海关所作的书面申明。在申报台向海关书面申报，这是进出境旅客申报的唯一方式，其他任何方式的申明或表示均不视为申报。在确认旅客进出境法律责任时，界定申报与否非常关键。

(2)“自用、合理数量”的认定是海关作出验放决定的主要依据，是海关对旅客携带进出境行李物品监管过程中十分重要的环节。《海关法》第四十六条规定：“个人携带进出境的行李物品、邮寄进出境的物品，应当以自用、合理数量为限，并接受海关监管。”《中华人民共和国海关对进出境旅客行李物品监管办法》第二十七条规定，“自用”指旅客本人自用、馈赠亲友而非为出售或出租，“合理数量指海关根据旅客旅行目的和居留时间所规定的正常数量”。具体认定行李物品的“自用、合理数量”，是海关依法作出的裁量性行政行为。

(3) 超过自用合理数量的涉案 MP4 播放机视为货物。根据《海关行政处罚实施条例》第六十四条规定，进出境行李物品“超出自用、合理数量的，视为货物”。申请人在处罚案件调查阶段和复议申请时均称，其携带 MP4 并非为在内地出售，而是在深圳购买带回香港后，才发现与所订款式有所不同，故带回深圳更换。但申请人无法对其主张提供证据予以证明。申请人携带的 98 台 MP4 播放机已明显超出自用、合理数量，视为货物，货物具有贸易性，依法应缴关税。

2. 本案涉及的行政处罚相关法律问题

(1) 认定和处罚违法行为人必须有法律依据。本案涉及的依据有《海关法》《海关行政处罚实施条例》《中华人民共和国海关关于进出境旅客通关的规定》等。

(2) 海关行政处罚的种类和幅度。本案涉及的处罚种类是罚款，罚款的幅度为漏缴税款一倍的罚款。《海关行政处罚实施条例》第十五条第（四）项规定了适用条件，按照该规定：“进出口货物的品名、税则号列、数量、规格、价格、贸易方式、原产地、启运地、运抵地、最终目的地或者其他应当申报的项目未申报或者申报不实的，分别依照下列规定予以处罚，有违法所得的，没收违法所得……（四）影响国家税款征收的，处漏缴税款 30%以上 2 倍以下罚款……”因涉案 MP4 播放机的漏缴税款为 37000 元，故被申请人在上述处罚幅度范围内对申请人处以漏缴税款一倍的罚款。

(3) 本案涉及的海关行政处罚设定。《行政处罚法》规定，法律、法规、规章有权设定“罚款”处罚种类。本案中《海关行政处罚实施条例》是行政法规，可设定“罚款”处罚种类。

(4) 本案涉及的海关行政处罚程序问题。本案由违法行为发生地和发现地合一的皇岗海关管辖，复议由皇岗海关的上一级海关深圳海关管辖和受理；处罚依法告知听证，依法作出处罚决定，依法告知救济权利，依法送达法律文书，依法受理复议、依法作出复议调解等。

第十四章　海关行政程序

第一节　海关行政程序概述

行政程序是指行政主体实施行政行为时所应遵循的方式、方法、步骤、时间和顺序构成的总和。行政程序具有法定性、多样性、分散性的特征。

行政程序法是规范行政程序法律规范的总和。相对于行政实体法，行政程序法的产生要晚很多。但是，行政程序法的产生和逐步完善却是行政法整体走向完整的标志。行政程序法的兴起和发展在人类政治文明、制度文明进步史上的意义却非同寻常。

一、海关行政程序的概念和意义

海关行政程序是指海关根据《海关法》及其他法律、行政法规实施行政行为时所应遵循的方式、方法、步骤、时间和顺序构成的总和。

海关行政程序是海关依法行政的保证。海关行政程序规定了海关以什么样的方式和方法，遵循什么样的步骤和顺序，在什么样的期限内实施行政行为，为海关行政行为的实现提供了有效的法律保证。在相关法律的基础上，建立了逐步完善的海关行政程序制度，以实现“依法行政，为国把关；服务经济，促进发展”的海关工作方针。

海关行政程序是海关管理相对人合法权利的保证。海关行政程序不仅规定了海关实施行政行为时所应遵循的方式、方法、步骤、时间和顺序，同时还规定了海关管理相对人如何参与海关行政行为、在某一海关行政行为的参与过程中享有的权利与应该履行的义务以及认为自己的合法权益受到海关侵犯时如何申请救济等。因此，海关行政程序也是海关管理相对人合法权利的保证。

海关行政程序是保持和提高进出口通关效率的保证。为了既确保贸易安全又促进贸易便利化，科学规范的海关行政程序有利于各项海关制度的实施，有利于维护海关管理相对人的合法权益，其最终结果是进出口通关效率得到保证乃至提高。

海关行政程序是我国建设法治国家的重要组成部分。根据《全面推进依法行政实施纲要》，行政机关实施行政管理，要严格遵循法定程序，依法保障行政管理相对人、利害关系人的知情权、参与权和救济权。我国市场经济是法治经济，海关在建设法治国家的过程中居于非常重要的地位。

二、海关行政程序的原则

（一）海关行政程序的合法性原则

合法性原则是海关行政程序的首要原则，是海关行政程序的前提和基础。合法性原则包括以下几个方面：

第一，海关行政程序的合法性原则要求有相关的海关程序法律规范的存在。虽然我国目前缺乏关于行政程序和海关行政程序的国家层面的整体立法，但是一些单行的行政法规、部门规章、部门规范性文件对某些类别的海关行政程序进行了专门规定，或在综合性的单行行政法规、部门规章、部门规范性文件中对行政行为程序作出规定。如《中华人民共和国海关办理行政处罚案件程序规定》等，其目的是规范海关执法程序，保护公民、法人或者其他组织的合法权益，达到依法行政的目的。为了加强对海关规章及其他规范性文件制定工作的管理，规范程序，保证质量，海关总署于 2005 年 12 月 24 日发布《中华人民共和国海关立法工作管理规定》，并在 2008 年修订后于同年 12 月 25 日经海关总署署务会议审议通过并公布，2009 年 3 月 1 日起施行。又如为了规范关税征收行政程序，保证国家税收政策的贯彻实施，加强海关税收管理，确保依法征税，保障国家税收，维护纳税义务人的合法权益，海关总署在《海关法》《中华人民共和国进出口关税条例》的基础上于 2004 年颁布了《中华人民共和国海关进出口货物征税管理办法》，并于 2010 年 11 月、2014 年 3 月、2017 年 12 月、2018 年 5 月四次修正。

第二，海关行政程序的合法性原则要求海关应严格遵守行政程序。海关应当依照法律、行政法规、部门规章，在法定权限内，按照法定程序实施各类行政行为。非因法定事由并经法定程序，不得撤销、变更已生效的行政决定；因国家利益、公共利益或者其他法定事由必须撤销或者变更行政决定的，应当依照法定权限和程序进行，并对公民、法人或者其他组织遭受的财产损失依法予以补偿。

（二）海关行政程序的公开性原则

第一，海关行政程序的公开性原则要求作为海关行政行为依据的各项法律文件必须公开。海关行政行为所依据的法律、行政法规按照《立法法》所规定的途径公开，以海关总署令形式公布的海关规章以及以海关总署公告形式发布的其他海关规范性文件通过《海关总署文告》方式刊登发布，中国海关门户网站也同时刊登。未经公开的内部文件不得作为海关行政行为的依据。

第二，海关行政程序的公开性原则要求海关应当将行政过程和结果向公民、法人或者其他组织公开，涉及国家秘密和依法受到保护的商业秘密、个人隐私的除外。行政程序的公开和在公开中行政管理相对人和社会公众的参与和监督，是海关行政合法性和科学性的保证。如根据《中华人民共和国海关立法工作管理规定》，规章的起草过程中，必要时，可以邀请有关单位、社会团体参与起草工作。起草好的规章草案如果存在涉及行政管理相对人切身利益的，或在征求意见时存在重大分歧等情况的，起草部门应当将规章征求意见稿向社会公布，必要时可举行听证会。

第三，海关行政程序的公开性原则要求海关依法进行信息公开。根据《中华人民共和国政府信息公开条例》《海关系统实行关务公开的指导意见》等的规定，凡规定海关管理相对人的权利和义务事项、海关工作职责权限、办事程序、职业纪律等都予以公开。主要包括：（1）公开海关各部门机构名称、职责权限、举报电话和单位值班电话以及办事人员工号等；（2）公开海关执法的法律依据；（3）公开法律规定的海关行政程序；（4）公开海关执法权限、应遵守的义务及其法律依据；（5）公开海关廉政纪律和投诉、惩处办法；（6）因地制宜的海关便民措施。公开信息的方式包括通过海关门户网站、新闻发布会以及报刊、广播、电视等便于公众知晓的方式。除上述方式外，公民、法人和其他组织还可以直接到海关总署关务（警务）公开咨询机构查询有关信息。

（三）海关行政程序的合理性原则

第一，海关行政程序的合理性原则要求海关在行政程序中行使裁量权应当符合立法目的和原则，采取的措施应当必要、适当。海关行政自由裁量权作为海关在制定规范性文件、作出行政征收、行政许可、行政处罚、行政复议等行政行为时所不可规避需要行使的敏感性权力，有必要在合法、合理的范围内行使；否则，被滥用的海关行政自由裁量权犹如一柄用之不当的双刃剑，国家和相对人两受其害。我国目前处于经济、社会的转型期，这为自由裁量权的发挥留下了广阔的空间，同时，也为规制自由裁量权、合理运用自由裁量权增加了难度。既然行政自由裁量权的存在和扩大是现代行政的必然要求，我们能做的务实选择就是如何来控制、规范它的行使，从而尽量减少行政自由裁量权可能带来的负面作用和影响。

第二，海关行政程序的合理性原则要求海关实施行政管理可以采用多种措施实现行政目的的，应当选择有利于最大程度地保护公民、法人或者其他组织权益的措施。

第三，海关行政程序的合理性原则要求海关应当平等对待公民、法人或者其他组织，不得歧视。当然，目前海关在行政管理中所着力推行的风险管理和分类管理与非歧视原则并不相悖。海关风险管理和分类管理均是建立在海关对公民、法人或者其他组织既往管理信息基础上的。

（四）海关行政程序的效率性原则

第一，海关行政程序的效率性原则要求海关行使行政职权，应当遵守法定时限，积极履行法定职责，提高办事效率，为公民、法人或者其他组织提供优质服务。在海关行政中，保持和提高效率与加强对进出口货物、物品及运输工具的监督管理是相辅相成的。

第二，海关行政程序的效率性原则要求海关在制度设计、行政管理技术、行政管理方法上要科学，以达到海关管理的现代化。进一步完善包括表明身份制度、告知与说明理由制度、调查制度、听证制度、回避制度、时效制度、审裁分离制度、不单方接触制度等各项制度在内的行政程序制度。

【动态】

报关单位备案全面纳入"多证合一"改革

2021 年 12 月 20 日，海关总署、市场监管总局发布 2021 年第 113 号公告《关于报关单位备案全面纳入"多证合一"改革的公告》，并于 2022 年 1 月 1 日起实施。

根据该公告，申请人办理市场监管部门市场主体登记时，需要同步办理报关单位备案的，应按照要求勾选报关单位备案，并补充填写相关备案信息。市场监管部门按照"多证合一"流程完成登记，并在市场监管总局层面完成与海关总署的数据共享，企业无须再向海关提交备案申请。"多证合一"改革实施后，企业未选择"多证合一"方式提交申请的，仍可通过国际贸易"单一窗口"或"互联网+海关"提交报关单位备案申请。

该公告的发布，有利于进一步优化营商环境，促进贸易便利化，优化海关对报关企业的管理。

三、海关行政程序的分类

行政行为按照不同的标准有不同的分类。行政行为以其对象是否特定为标准，分为抽象行政行为和具体行政行为；以受法律规范拘束的程度为标准，分为羁束行政行为和自由裁量行政行为；以有无法定形式要求为标准，分为要式行政行为与非要式行政行为；以其启动是否需要行政相对人先行申请为标准，分为依职权行政行为与应请求行政行为；以有无限制条件为标准，分为附款行政行为与无附款行政行为；以对行政相对人利益的不同影响为标准，分为授益行政行为与不利行政行为；以相对人的身份为标准，分为内部行政行为和外部行政行为。不同类别的行政行为对应相应的行为程序。

海关行政程序包括海关行政决策程序、海关行政执法程序、海关行政救济程序。海关行政救济程序主要包括行政复议程序、行政申诉程序。本书关于海关行政救济有专章论述，本章不再赘述。

第二节　海关行政决策程序

行政决策特指国家行政机关工作人员在处理国家行政事务时，为了达到预定的目标，根据一定的情况和条件，运用科学的理论和方法，系统地分析主客观条件，在掌握大量的有关信息的基础上，对所要解决的问题或处理的事务，作出决定的过程。

一、海关行政决策概述

海关行政决策是指海关作出的涉及全关境或本关区，社会涉及面广，专业性强，与公民、法人或其他组织利益密切相关的有关行政决策事项，包括海关行政立法、海关规范性文件的制定，以及其他属于海关行政决策的内容（海关行政决策程序见图 14.1）。

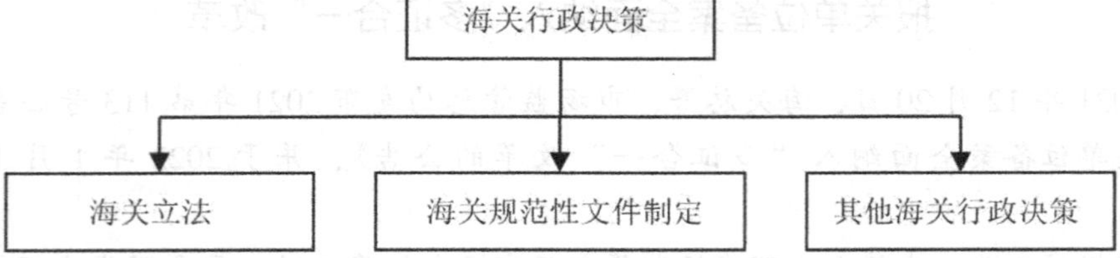

图 14.1　海关行政决策程序

改革开放以来，海关在全面深化改革中通过一系列正确的决策，使海关保持了与整个国家历史性转型的同步发展。这些决策包括：重新确立海关垂直领导管理体制、建立现代海关制度，实现海关现代化、设立海关打私职能机构、确立以风险管理为中心环节的改革等。在上述决策的过程中，行政决策程序及程序的规范性和有效性确保了决策的正确性及可行性。

二、海关立法程序

海关立法是指海关总署、直属海关在职权范围内依法按照规定程序制定规章以及海关总署与国务院有关部门联合制定、公布规章的活动①。

海关立法程序包括规章的立项、起草、审查、决定、公布、备案几个阶段。除此之外，海关规章公布之后，对其的解释、修订、废止也属于海关立法程序的范围（海关立法程序见图 14.2）。

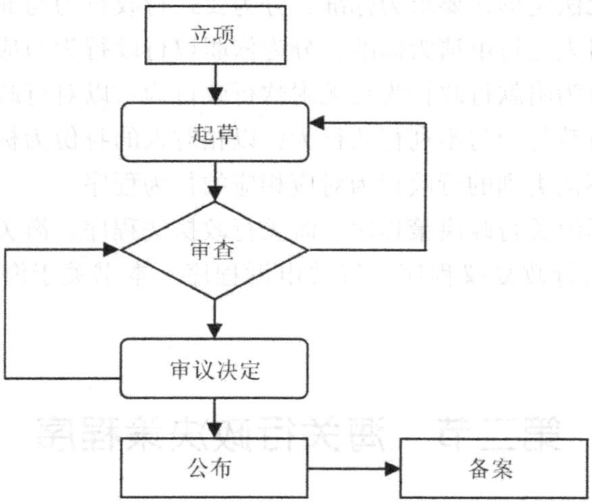

图 14.2　海关立法程序

① 《中华人民共和国海关立法工作管理规定》指出该规定适用于海关总署、直属海关在职权范围内依法按照规定程序对海关规章及海关总署规范性文件进行的立项、起草、审查、决定、公布、备案、解释、修订、废止等立法活动。也就是说，将海关制定规范性文件的活动列入了海关立法的范围，这与《立法法》对立法范围的确定不相一致。

立项是海关立法程序的首要环节。海关总署依据法律、行政法规，根据海关行政执法的实际，制定海关立法的年度计划，并在计划指导下立项。

立项之后的起草是海关立法的核心环节。根据需要起草的立法项目内容，确定不同的起草部门。综合性规章由海关总署法制部门负责起草或组织起草，其他规章由有关业务主管部门负责起草。此外，鉴于某些海关业务是在某些直属海关先行先试的项目，因此还可以根据情况委托有关直属海关从事具体的起草工作。在起草的过程中，为增强起草工作的全面性和科学性，可以邀请有关单位、社会团体参与起草工作。规章起草完毕后，应当征求有关单位、署内有关部门、直属海关及行政管理相对人等各方面的意见。对于涉及行政管理相对人切身利益的、征求意见时存在重大分歧的以及其他特殊情形的，起草部门应当将规章征求意见稿向社会公布，必要时可举行听证会。

审查是确保海关立法质量的关键环节，具体审查工作由海关法制部门承担。法制部门从是否符合上位法的规定、是否符合法定权限和程序、是否符合立法原则、是否与其他规章相协调衔接、是否已对有关不同意见进行协调、是否具有法律可行性、是否符合立法技术要求等方面对草案进行审查，并作出审查结论。对于海关总署法制部门经过审查认为已经成熟的草案，海关总署举行署务会进行审议。对于审议通过的，应当在署务会后30日内公布规章。

三、海关规范性文件制定程序

海关总署规范性文件是指海关总署制定并以海关总署公告形式对外发布的涉及行政管理相对人权利和义务、具有普遍约束力的文件；直属海关规范性文件是指直属海关制定并以直属海关公告形式发布的涉及行政相对人权利和义务，在其直属辖区内具有普遍约束力的文件①。规范性文件的制定属于海关抽象行政行为的范畴。

根据《中华人民共和国海关立法工作管理规定》，海关规范性文件包括海关总署制定的、以海关总署公告形式对外发布的海关规范性文件，以及直属海关制定的、以本关公告形式对外发布的海关规范性文件。但是直属海关制定的规范性文件应当仅限于本关区特有的情况，或根据海关总署规范性文件制定的涉及行政管理相对人权利、义务的具体操作规程。

海关规范性文件对实施法律、行政法规、部门规章作出的具体规定，不得与所依据的规定相抵触；没有法律、行政法规、部门规章依据，海关规范性文件不得作出限制或者剥夺公民、法人或者其他组织合法权利或者增加公民、法人和其他组织义务的规定。

海关规范性文件的制定程序主要包括计划制定、起草、审查、公告四个阶段。

计划制定是海关规范性文件制定程序的首要环节。海关总署或直属海关根据全局或该关区情况，依据法律、行政法规、部门规章，拟定规范性文件的制定计划，确定规范性文件的起草部门。

海关总署规范性文件由海关总署法制部门或业务部门起草，或二者联合起草。直属海关规范性文件由该关法制部门或业务部门起草，或二者联合起草。

---

① 《中华人民共和国海关立法工作管理规定》第三条。

起草完成的海关规范性文件应经过海关法制部门的审查，并作出相应的审查结论。具体而言，海关总署规范性文件由海关总署法制部门审查，直属海关规范性文件由该关法制部门审查。海关法制部门应从合法性、公开性、规范性、协同性等角度对草拟好的规范性文件进行审查。

审查通过的海关规范性文件应公开发布。海关总署规范性文件以海关总署公告形式对外发布，直属海关规范性文件是关于该关区某一方面行政管理关系的涉及行政管理相对人权利和义务的规范，应当以公告形式对外发布，有关的管理规范可作为公告的附件；有涉及行政管理相对人权利和义务内容的，应就有关内容以公告形式对外发布。

海关已经建立了较为完整的规范性文件数据库和网上检索系统，以及时公布现行有效的规范性文件，方便公民、法人或者其他组织查询、下载。此外，海关还根据实际情况，及时对规范性文进行清理，并及时公告。

第三节　海关行政执法程序

一、海关行政执法与海关行政执法程序的概述

（一）海关行政执法与海关行政执法程序的概念

行政执法是指行政机关依据法律、法规和规章，作出的行政许可、行政处罚、行政强制、行政给付、行政征收、行政确认等影响公民、法人或者其他组织权利和义务的具体行政行为①。

海关行政执法是指海关依据法律、行政法规和部门规章，作出的行政许可、行政处罚、行政强制、行政征收、行政确认等影响海关管理相对人权利和义务的具体行政行为。

海关行政执法程序是指海关行政执法的方式、步骤、形式、时限和顺序。

（二）海关行政执法的管辖

中华人民共和国海关是国家进出关境的监督管理机关，是国务院的直属机构。国家在对外开放的口岸和海关监管业务集中的地点设立海关。

1. 纵向

在纵向上，中国海关实行垂直领导原则，组织机构包括海关总署、直属海关和隶属海关共计三级。以海关的级别划分为基础，形成海关执法的级别管辖。如根据《中华人民共和国海关行政许可管理办法》的规定，如果需要对海关行政许可实施的程序、条件、期限等进行具体规定的，必须由海关总署依法制定海关总署规章作出规定；如果需要以规范性文件的形式对有关海关行政许可执行中的具体问题进行明确，可以由海关总署、直属海关

① 《湖南省行政程序规定》（2008 年 4 月 17 日湖南省人民政府令第 222 号公布，自 2008 年 10 月 1 日起施行，2018 年 7 月 10 日根据湖南省人民政府令第 289 号修改）第四章第一节。

根据法律、行政法规、国务院决定和海关总署规章予以制定。又如根据《中华人民共和国知识产权海关保护条例》，受理并作出知识产权海关保护备案的是海关总署。

2. 横向

在横向上，海关总署的行政执法管辖范围为整个关境；在海关总署之下，在直属海关层面，全关境划分为若干关区，某一关区即为该直属海关行政执法的管辖范围，海关关区的设置不受行政区划的限制；在直属海关之下，根据关区情况设置若干隶属海关。如根据《海关行政处罚实施条例》，海关行政处罚由发现违法行为的海关管辖，也可以由违法行为发生地海关管辖；2 个以上海关都有管辖权的案件，由最先发现违法行为的海关管辖。

此外，海关在受理当事人的申请或者依职权启动行政执法程序后，发现本机关没有管辖权的，应当移送有管辖权的行政执法机关，并通知当事人。海关之间，海关与其他行政执法机关之间产生管辖权争议的，应当协商解决；协商不成的，报共同上一级行政主管机关指定管辖。

（三）海关行政执法的回避制度

行政回避是指行政机关工作人员在行使职权过程中，因其与所处理的事务有利害关系，为保证实体处理结果和程序进展的公正性，根据当事人的申请或行政机关工作人员的请求，有权机关依法终止其职务的行使并由他人代理的一种法律制度。

《海关法》《海关行政处罚实施条例》等法律、行政法规和规章对海关行政中的回避制度做了比较系统的规定。如《海关法》规定，海关工作人员在调查处理违法案件时，如本人是案件的当事人或者是当事人的近亲属、本人或者其近亲属与本案有利害关系，或与本案当事人有其他关系，可能影响案件公正处理的，应当回避。应回避而未依法进行回避的，对直接负责的主管人员和其他直接责任人员，依法给予行政处分。

二、海关执法程序法律关系

海关执法程序法律关系由主体、内容和客体三个方面组成。

（一）海关执法程序法律关系主体

海关执法程序法律关系主体包括海关、海关执法当事人、利害关系人，以及其他参与人。

海关是海关执法法律关系主体的一方，依据《海关法》及相关法律、行政法规，依法执法。

海关执法当事人是指与海关行政执法活动有法律上的利害关系，以自己名义参加海关行政执法活动，并承担法律后果的公民、法人或者其他组织，如进出口货物收发货人及其代理人、进出境物品的所有人或携带者、进出境运输工具的运营人等。

海关执法利害关系人是指除当事人以外的与海关行政执法活动有法律上利害关系的公民、法人或者其他组织。

（二）海关执法程序法律关系内容

海关执法程序法律关系内容是指海关执法程序法律关系主体在海关执法过程中享有的权利及应该履行的义务。海关执法当事人在海关执法过程中享有获得受理申请或者立案的有关信息权、委托代理人权、除涉及国家秘密和商业秘密或者个人隐私外查阅本案相关材料权、陈述和申辩权、提出证据、依法申请听证权等。利害关系人在海关执法中享有与海关执法当事人相同的权利。海关在作出行政执法决定前，如该决定涉及公民、法人或者其他组织，则应当告知利害关系人，利害关系人有权进行陈述。如根据《中华人民共和国海关行政许可听证办法》第四条的规定，如海关行政许可直接涉及申请人与他人之间重大利益关系，利害关系人依法提出听证申请的，海关应当举行听证。

（三）海关执法程序法律关系客体

海关执法程序法律关系客体是指海关执法程序法律关系中权利和义务指向的对象，包括货物、物品和运输工具。

三、海关行政执法一般程序

海关行政执法一般程序包括启动程序、调查取证、告知和保障当事人及其他参与人的合法权利、审查与行政听证、作出行政决定、执行行政决定等环节（海关行政执法一般程序见图 14.3）。

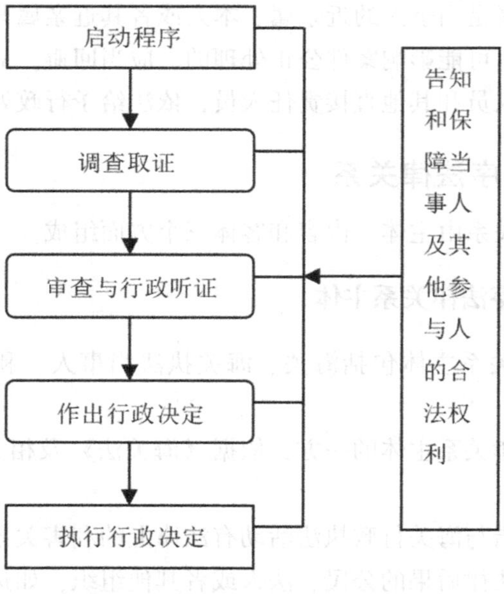

图 14.3 海关行政执法的一般程序

（一）启动程序

1. 依申请启动海关行政执法程序

公民、法人或者其他组织申请启动海关行政执法程序，应当采用书面形式。如申请人书写确有困难的，可以口头申请，由海关工作人员代为记录，并由申请人签字确认。

对于收到的申请，海关经过初步审核以后一般根据具体情况分别做下列处理：

（1）申请事项不属于本关管辖范围的，应当即时作出不予受理的决定，并告知当事人向有管辖权的行政执法机关提出申请；

（2）申请材料有错误且错误可以当场更正的，应允许申请人当场更正；

（3）申请材料不齐全或者不符合法定形式的，海关应当场或者一次性告知申请人需要补正的事项和补正期限。

（4）申请事项属于本关职权范围，申请材料齐全、符合法定形式，或申请人按照海关的补正要求提交全部补正申请材料的，应当受理。

2. 依职权启动海关行政执法程序

海关对海关监管、海关稽查、海关统计等海关职能部门发现的、其他国家机关移送的，以及通过其他方式发现的行政执法案件，应当依法进行立案审查，符合立案条件的，应当予以立案。

（二）调查和取证

海关对已经立案的行政执法案件应当及时组织人员调查取证。海关行政执法活动应当坚持先取证、后决定的程序。海关调查、收集证据，应当合法、客观、全面、及时，以达到保护海关管理相对人和促进海关依法行政的目的。根据相关法律，海关在进行案件调查时，执法人员不得少于 2 人，并应当向当事人或者有关人员出示与正在执行行为相应的执法证件，如海关稽查证、海关调查证等。对于海关行政执法人员不出示行政执法证件的，被调查人有权拒绝调查和提供相关材料。

作为海关行政执法决定依据的证据应当查证属实。证据形式包括书证、物证、视听资料、电子数据、证人证言、当事人陈述、鉴定结论、勘验笔录、现场笔录，以及法律、行政法规规定可以作为证据的其他材料。需要注意的是，电子数据是一种新型的证据形式，在海关全面推行无纸通关的背景下，电子数据证据的收集、审查判断和使用是海关行政执法中非常重要的一个课题。

（三）告知和保障当事人及其他参与人的合法权利

告知和保障当事人及其他参与人的合法权利是海关行政执法程序中非常重要的一个环节。海关在作出行政执法决定前，应当告知当事人享有陈述申辩的权利、陈述意见的期限及逾期不陈述意见的后果、拟作出的行政执法决定及相关的事实理由和法律依据。

（四）审查与行政听证

行政听证是指行政主体在作出影响行政相对人的合法权益的行政决定之前，由行政主体告知决定理由和听证权利，行政相对人陈述意见、提供证据以及行政机关听取意见、接纳证据并作出相应行政决定等程序。

行政听证包括行政决策听证与行政执法听证，在此探讨的是海关行政执法中的听证。需要强调的是，并非所有的影响行政相对人的合法权益的行政决定的作出都要举行听证，适应行政听证程序的一般指对行政相对人的合法权益影响较大的行政决定。如根据《中华人民共和国海关行政许可听证办法》规定，需要举行听证的范围主要指三种情况：（1）法律、行政法规、海关总署规章规定海关实施行政许可应当听证的；（2）直接关系公共资源配置、提供公共服务等涉及公共利益的重大行政许可事项，海关认为需要举行听证的；（3）海关行政许可直接涉及行政许可申请人与他人之间重大利益关系，行政许可申请人、利害关系人依法提出听证申请的。再如根据《海关行政处罚实施条例》，适用听证程序的主要有三种情况：（1）海关作出暂停从事有关业务、暂停报关执业、撤销海关注册登记、取消报关从业资格；（2）对公民处 1 万元以上罚款、对法人或者其他组织处 10 万元以上罚款；（3）没收有关货物、物品、走私运输工具等。

在海关行政执法中，如果拟作出的行政决定属于法律、行政法规和规章规定应当举行听证的，或者行政案件当事人、利害关系人依法申请听证的，以及海关认为有必要举行听证的，海关应当举行听证。

听证应当公开进行，涉及国家秘密、商业秘密或者个人隐私的案件除外。此外，如果听证的案件涉及重大公共利益的，应当有一定比例的公众代表参加海关行政执法听证会。

海关行政执法听证会程序一般包括通知、质辩、决定三个阶段。通知是指海关应当在举行听证的法定期限前，将拟举行听证会的书面通知送达当事人、利害关系人；对于公开听证的，还可以在办公场所、网站或者其他公开的媒体公告听证时间、地点、案由。质辩是海关执法听证会的重要环节，在海关行政执法人员、当事人、利害关系人依次发言，并出示证据的基础上，对证据进行质证，对争议的事实进行辩论，以达到兼听则明的目的。海关行政执法听证的决定是经过对案件涉及的事实、证据，以及法律适用问题充分质辩后所作的决定。但是，海关行政执法听证的决定对最终行政执法决定的作出仅为一种建议性的决定，非定性的决定。

（五）作出行政执法决定

在法定期限内完成上述工作的基础上，海关应在法定期限内作出行政执法决定，行政执法决定的期限视行政行为的种类不尽相同。行政执法决定自送达之日起生效；附条件或者附期限的，自条件或期限具备或到达时生效。

一般行政执法决定应当由海关主要负责人或者分管负责人决定。重大行政执法决定应当集体讨论决定。如根据《海关行政处罚实施条例》，海关行政处罚案件调查终结，对情节复杂或者重大违法行为给予较重的行政处罚，应当由海关案件审理委员会集体讨论决定。此外，在海关执法中，对影响公共利益以及专业性、技术性强的重大行政执法事项，海关还可以邀请专家论证或评审以后，再作出决定，以提高海关行政执法的客观性与科学性。

对于应经作出的海关行政执法决定无效或需要撤销的，应按照法定程序进行。

四、海关行政强制措施

海关在行政执法过程中，为制止违法行为、防止证据损毁、避免危害发生、控制危险扩大，可以依照法律、法规的规定，实施行政强制措施。

海关行政执法中的强制措施包括对人的强制措施和对物的强制措施。对人的强制措施主要指海关对有走私犯罪嫌疑的犯罪嫌疑人经法定程序可以暂时扣留 24 小时，特殊情况下可以延长至 48 小时；对物的扣留包括对涉嫌违反《海关法》的货物、物品、进出境运输工具，以及其他与案件有关能够证明案件事实的材料。鉴于本书对海关行政强制有专门的一章论述，在此不再赘述。

五、海关行政执法简易程序

在海关行政执法的过程中，对于事实简单、当场可以查实、有法定依据且对当事人合法权益影响较小的事项，行政机关可以适用简易程序作出行政执法决定。对适用简易程序的事项可以口头告知当事人行政执法决定的事实、依据和理由，并当场听取当事人的陈述与申辩。适用简易程序的，可以当场作出行政执法决定。

六、海关行政执法决定的执行

行政执法决定书送达时生效，生效的行政执法决定书必须执行。当事人对行政执法决定不服申请行政复议或者提起行政诉讼的，行政执法决定不停止执行，法律、法规另有规定的除外。

海关依法作出行政执法决定后，当事人在规定的期限内不履行义务的，海关可以强制执行或申请人民法院强制执行。海关作出行政强制执行决定前，应当以书面形式催告当事人履行义务。当事人收到催告书后有权进行陈述和申辩。对于当事人的陈述和申辩，海关必须充分听取，对当事人提出的事实、理由和依据，应当进行记录、复核；其中陈述申辩的事实、理由和依据成立的，海关应当采纳。经海关催告，当事人逾期仍不履行行政执法决定，且无正当理由的，海关可以作出行政强制执行决定。

一、撤销限制消费行政许可决定案

（一）案情简介

黄岛海关于 2018 年 7 月 12 日向青岛市中级人民法院提出申请，要求强制执行该关对昆明碧某商贸有限公司于 2017 年 9 月 22 日作出的黄关缉违字［2017］615、616、617 号行政处罚决定。经审查，青岛市中级人民法院于 2018 年 8 月 6 日作出（2018）鲁 02 行审 66 号行政裁定书，裁定对中华人民共和国黄岛海关作出的黄关缉违字［2017］615、616、617 号行政处罚决定准予强制执行。2019 年 3 月 1 日，青岛市中级人民法院作出了（2018）鲁 02 执 1099 号“中华人民共和国黄岛海关、昆明碧某商贸有限公司处罚类执行实施类执行裁定书”，采取了如下执行措施：第一，依法向被执行人送达了执行通知书与报告财产令，但被执行人未履行财产报告义务；第二，通过财产查控查询系统和传统查询，对被执行人名下在银行、证券、车辆、工商部门登记信息等进行查询，未发现被执行人有可供执行的财产线索，通过电话传唤被执行人，但无法联系上被执行人，已将被执行人纳入限制高消费名单；第三，到被执行人注册地进行了现场调查。

此后，昆明碧某商贸有限公司法定代表人王某荣以昆明碧某商贸有限公司在设立中冒用自己的身份信息，假冒其股东和法定代表人身份，伪造登记材料，向登记机关提交虚假证明材料，骗取公司登记为由，请求青岛市中级人民法院依法解除对其采取的限制高消费措施。

（二）法律分析

本案的核心在于异议人的申请理由与事实是否成立。限制高消费的措施是为了督促被执行人及时履行生效法律文书确定的义务，促进案件的顺利执行。故青岛市中级人民法院根据《最高人民法院关于限制被执行人高消费及有关消费的若干规定》第三条第二款规定，对昆明碧某商贸有限公司法定代表人王某荣采取限制高消费的措施并无不当。但是，昆明市市场监督管理局经调查确认昆明碧某商贸有限公司在设立登记中冒用申请人王某荣的身份信息、假冒其股东和法定代表人身份，故作出昆市监撤字〔2019〕11号“撤销行政许可决定书”，撤销昆明碧某商贸有限公司的设立登记。故王某荣的异议申请成立，2020年1月19日，青岛市中级人民法院作出（2020）鲁02执异11号裁定书，撤销于2019年2月19日作出的（2018）鲁02执1099号限制消费令中对异议人王某荣的限制消费措施。

二、律师诉海关行政不作为案

（一）案情简介

2016年6月19日，浙江某律师事务所的袁律师作为宁波北仑海关正在处理的一宗行政处罚案件当事人的听证代理人，向北仑海关提交了授权委托书、律师职业证书、介绍信等材料，要求查阅、复制该案的案件材料。而北仑海关依据《海关关于当事人查阅行政处罚案件材料的暂行规定》的相关规定，要求袁律师首先提交书面申请，经同意后方能查阅。袁律师认为，给予当事人查阅、复制案件材料是《行政处罚法》有关条款要求行政机关履行的法定职责，海关要求其提交书面申请的说法没有法律依据，因而起诉要求人民法院判令宁波北仑海关履行提供材料给予原告查阅、复制的法定义务。

（二）法律分析

本案的焦点在于北仑海关要求袁律师首先提交书面申请，经同意后方能查阅的做法是否侵犯了原告查阅档案和卷宗的权利。根据《海关关于当事人查阅行政处罚案件材料的暂行规定》，当事人、当事人的代理人应以书面方式提出查阅申请，否则海关可不予受理。海关要求当事人、当事人的代理人提供书面申请的目的在于确定查阅范围、规范行政行为，未对当事人、当事人的代理人查阅档案和卷宗的权利进行限制，与《行政处罚法》所确立的“公开原则”并不相悖。因此，法院作出了驳回原告诉讼请求的判决。

第三编　海关行政救济论

第十五章　海关行政复议

第一节　海关行政复议概述

一、海关行政复议的概念及特征

海关行政复议是行政复议的重要组成部分。所谓行政复议，是指行政相对人认为行政主体的具体行政行为侵犯其合法权益，依法向行政复议机关提出复查该具体行政行为的申请，行政复议机关依法对被申请的具体行政行为进行合法性和适当性的审查并作出行政复议决定的一种法律制度。海关行政复议是指海关行政活动中的相对人认为海关的具体行政行为侵犯其合法权益，按照法定程序和条件向海关行政复议机关提出申请，由受理申请的行政机关依法对该具体行政行为进行相关审查并作出相应的复议决定活动的一种法律制度。笔者认为，海关行政复议是指海关行政管理相对人认为海关的具体行政行为侵犯其合法权益，依法向有复议受理管辖权的海关机关提出复查该具体行政行为的申请，海关行政复议机关依法对被申请的具体行政行为进行审查，作出撤销、变更或维持原海关具体行政行为的整个行政司法过程。它具有以下特征：

（一）海关行政复议与海关有关

海关行政复议申请人是海关行政管理相对人，如进出口货物收发货人，进出境人员，进出口物品所有人，报关企业，保税企业，进出口货物、物品管理人、承运人等。被申请人是对海关行政相对人实施具体行政行为的各级海关①。复议解决的争议是由海关行使行政权过程中与海关行政管理相对人之间的矛盾分歧。受理海关行政复议的机关是海关机关，具体审理复议案件的机构是海关机关内部的法制机构。复议案件最终以海关机关名义作出复议决定。

（二）海关行政复议是依申请的行政行为，具有被动性

以海关行政行为是否可以由海关行政主体主动实施为标准，海关行政行为可以分为依职权的海关行政行为和依申请的海关行政行为。海关行政复议是由海关行政管理相对人向海关复议机关提出对有争议的具体行政行为进行审查的申请引起的法律行为。相对人是主

---

① 海关行政复议的被申请人只能是作出具体行政行为的海关，其他任何机关和个人都不能成为被申请人。尽管海关具体行政行为是由海关关员作出的，但关员在履行职务时所作出的行为是代表海关的，其后果只能由海关承担，关员不能成为行政复议的被申请人。

动的一方，作出有争议行政行为的海关是被动的一方。行政复议之所以只能由行政相对人提出，是因为在行政主体与行政管理相对人之间的行政法律关系中，行政主体代表国家以国家强制力为后盾行使行政管理权，有权对行政管理相对人直接作出行政决定、采取行政措施等。当行政管理相对人认为行政主体的管理行为侵犯自己的合法权益时，却无权自行纠正违法或不当的具体行政行为，即无法以自身的力量得到补救，只有通过一定的途径，由一定的国家机关来解决争议，行政复议是其中的一种解决争议方式。

（三）海关行政复议是以行政争议的存在为前提，以解决行政争议为目的，具有准司法性

海关行政争议是海关行使公权力过程中与相对人（公民、法人和其他组织）之间发生的、依据公法可以解决的争议。这种争议的核心是该具体行政行为是否合法、适当。行政主体的具体行政行为是国家行政管理权行使的具体表现，具体行政行为的内容往往直接涉及作为管理者的公民、法人和其他组织的切身利益，影响其权利和义务。行政权的行使是根据公共利益的需要，公共利益和公民、法人和其他组织的利益之间，往往因各种主客观条件影响而出现不一致，争议的出现有其不可避免性，正是这种争议的存在，决定了有必要建立行政复议制度，以解决争议。行政复议集中体现了复议机关作为像法院般的居中裁判者，对相对人与行政主体之间发生的行政争议进行裁决，复议决定一经送达即发生法律效力。为了保证行政复议的公正性，《中华人民共和国行政复议法》（以下简称《行政复议法》）及《中华人民共和国海关行政复议办法》（以下简称《海关行政复议办法》），规定了与一般行政行为所不同的类似司法的严密程序，对复议参加人的构成，参加人的权利和义务，复议活动的步骤、过程、方式、方法，都加以规范。行政复议的定分止争功能决定了它同时具有司法和行政性质，从而在保护相对人合法权益与监督保障行政机关依法行使职权之间，努力实现私权利与公权力这架天平的平衡，促进社会和谐发展。

（四）海关行政复议的性质是行政救济

海关行政复议是依海关行政相对人的申请上级海关或同级海关对下级海关或海关总署作出的行政行为进行审查的活动。行政复议制度是现代社会解决行政争议的方法之一，是对海关行政相对人受损害的权益进行救济的基本法律制度，与行政诉讼、行政赔偿同属行政救济。然而，行政复议与行政诉讼明显不同：

1. 审理机关不同

海关行政复议是由作出具体行政行为的上一级海关或共同的上级海关受理审查，是海关上下级间的监督机制；而海关行政诉讼是由法院受理审查。

2. 审查对象不同

海关行政复议审查具体行政行为的合法性和适当性；而海关行政诉讼一般（排除行政处罚行为）只审查行政行为的合法性，不审查具体行政行为的适当性。

3. 审查对象范围不同

我国行政诉讼只审查具体行政行为，不审查抽象行政行为，而行政复议以具体行政行

为为审查对象，附带审查抽象行政行为中的其他规范性文件。包括海关在内的行政主体作出的行政行为可以分为具体行政行为和抽象行政行为，前者如行政处罚、行政许可等行为，后者如制定和发布行政法规、规章和其他规范性文件等。所谓“附带”，包含两层意思：一是复议机关只审查抽象行政行为中的规章以下其他规范性文件；二是不能对规章以下其他规范性文件单独提出复议，即行政相对人如认为规章以下其他规范性文件违法，只能在对依据该其他规范性文件作出的具体行政行为提起行政复议申请的同时一并提出对该其他规范性文件的审查申请。

4. 审查形式不同

我国行政诉讼实行开庭审理方式，而行政复议原则上采用书面审查方式。

（五）海关行政复议具有强烈的涉外性，属于涉外复议

海关守卫国家的经济大门，是国家进出境监督管理机关，是国家涉外经济行政管理部门。海关具有监管（进出境的运输工具、货物、物品）、征收关税、查缉走私、进行国际贸易统计、出入境检验检疫等职能，这些职能都具有涉外因素。当这些行为成为被复议的对象时，即是涉外行政复议。维护国家主权和利益原则是涉外行政复议的根本原则。

二、海关行政复议的原则

海关行政复议基本原则是指在海关行政复议立法目的下并遵循行政复议基本制度而设定的，对整个海关行政复议活动有着指导意义的基本行为准则。根据《行政复议法》第四条的规定，行政复议机关履行行政复议职责，应当遵循合法、公正、公开、及时、便民的原则。《海关行政复议办法》第七条是对《行政复议法》基本原则的延续和扩充，规定了行政复议机关履行行政复议职责，应当遵循合法、公正、公开、及时、便民的原则，坚持依法行政、有错必究，保障法律、行政法规和海关规章的正确实施。这些原则贯穿于海关行政复议活动的全过程，是海关行政复议必须遵守的基本行为准则。

（一）合法原则

所谓合法，是指履行行政复议职责的行政机关，必须严格按照法定的职责权限，以事实为根据，以法律为准绳，对被复议的具体行政行为进行审查并依法作出行政复议决定。合法原则主要包括三个方面的内容。首先，履行复议职责的主体（包括复议机关、复议机构、复议人员等）应当合法。复议机关应该是依法成立并享有法律、法规所赋予的复议权的行政机关，复议机关和复议机构对复议案件必须依法拥有管辖权；参加复议的工作人员必须符合法定的资格和条件，不符合《行政复议法》以及《海关实施复议办法》规定资格条件的，不能承担复议工作。其次，复议案件必须以现行有效的法律、法规和规章为依据。最后，审理复议案件的程序应当合法。行政复议从受理申请、调查取证到审查决定，都必须严格遵守法定程序。否则，就无法保证行政复议决定的合法性。

（二）公正原则

所谓公正，是指履行复议职责的主体在审理复议案件时应当居中裁决，不偏不倚。公

正原则要求履行复议职责的主体在复议过程中，平等对待当事人双方，不能“官官相护”；同种情况相同对待；充分考虑情节、后果等应该考虑的因素；既注意维护国家利益，又注意维护复议申请人的合法权益。确保作出的复议决定不仅应当合法，而且应当合理。

（三）公开原则

所谓公开，是指具有复议职责的主体在行政复议过程中，除涉及国家秘密、商业秘密和个人隐私外，复议的整个过程应当向行政复议申请人和社会公开，公开的内容是行政复议相关信息及复议过程。目的是增加行政复议工作的透明度，防止“暗箱操作”，为公正、合法地处理复议案件提供程序性保障，确保办案质量。因此，行政复议公开原则是确保行政复议合法、公正进行的基本条件，也是政务公开的一个重要方面。

《行政复议法》第四条虽然规定了行政复议机关履行行政复议职责应当遵循“公开、便民”原则，但是“公开”什么、如何“便民”，在《行政复议法》《中华人民共和国行政复议法实施条例》（以下简称《行政复议法实施条例》）中均未作详细规定。《海关行政复议办法》第八条①正是公开、便民原则在海关行政复议工作中的具体体现，规定了海关行政复议信息公开、答疑解惑的有关内容。这样规定的目的是切实保障申请人、第三人在海关行政复议中的知情权和参与权，以有利于进一步畅通行政复议渠道，也有利于促进海关行政复议的公正性。

（四）及时原则

所谓及时，是指行政复议机关应当在法律规定的期限内，对行政复议案件进行受理、审查和决定，即及时受理、及时审理、及时作出复议决定，如果在法定期限内不能作出复议决定的，应当严格依照法定程序进行复议审理延长手续。这一原则是对行政复议机关工作效率的要求。

（五）便民原则

所谓便民，是指行政复议机关应当尽可能为复议申请人在行政复议过程中行使自己的各项权利提供便利条件，免除不必要的麻烦。《行政复议法》《海关行政复议办法》都体现了行政复议便民原则，如规定了较长的复议申请期限（一般为60天）、规定了较灵活的复议申请方式（口头或书面均可）、行政复议机关受理复议申请不收取任何费用等。从总体上看，行政复议制度设计相对于行政诉讼制度而言，其程序更为简捷和便利，考虑到了行政相对人方便地行使复议申请权，目的是在尽量节省费用、时间、精力的情况下，保证公民、法人或其他组织充分行使复议权利，进而充分发挥复议制度的优越性。

---

① 《海关行政复议办法》第八条规定：“海关行政复议机关应当通过宣传栏、公告栏、海关门户网站等方便查阅的形式，公布本海关管辖的行政复议案件受案范围、受理条件、行政复议申请书样式、行政复议案件审理程序和行政复议决定执行程序等事项。海关行政复议机关应当建立和公布行政复议案件办理情况查询机制，方便申请人、第三人及时了解与其行政复议权利、义务相关的信息。海关行政复议机构应当对申请人、第三人就有关行政复议受理条件、审理方式和期限、作出行政复议处理决定的理由和依据、行政复议决定的执行等行政复议事项提出的疑问予以解释说明。”

（六）有错必纠，保障法律法规正确实施的原则

行政复议作为行政机关内部自我纠正错误的一种重要的监督制度，一方面它对行政机关行使职权的行为进行监督，对违法或不当的具体行政行为进行纠正，实行“有错必纠”；另一方面它对合法、适当的具体行政行为决定予以维持，起着保障作用，以“保障法律、法规的正确实施”。从监督的角度看，行政复议机关通过对具体行政行为的合法性与适当性的审查，依法纠正违法的或不当的具体行政行为，同时，通过对个案的监督，发现行政执法过程中存在的普遍问题及其产生的原因，向有关行政机关提出解决问题的办法，从而有效地防止违法的或不当的具体行政行为的发生。从保障的角度看，行政复议机关通过对合法、适当的具体行政行为的决定维持，使国家行政权的运作保持良好、稳定的秩序，使国家法律、法规得到全面、正确的贯彻实施。因此，有错必纠，保障法律、法规的正确实施，是其他行政复议原则的最终归宿，是其他行政复议原则的综合体现，是行政复议制度通过个案监督达到全面推进法制建设的基本价值取向。

第二节 海关行政复议受案范围

行政复议范围是指行政相对人认为行政主体作出的行政行为侵犯其合法权益，依法可以向行政复议机关请求重新审查的行政行为的范围。行政复议范围决定哪些行为可以成为行政复议的对象，决定着行政复议的深度与广度。《行政复议法》第六条、第七条、第八条是关于行政复议范围的规定。海关行政复议范围又称海关行政复议主管范围，是指相对人可以提起海关行政复议或者复议机关拥有复议审查权的海关行政行为的范围。《海关行政复议办法》第九条、第十条是海关行政复议范围的相关规定。“范围”意指“界限”，如《河南通志·睢县采访稿·袁可立故宅》：“至宅向南恰与南坡之袁家山脉络连贯，为尚书园宅范围中地无疑也。”还可解释为“限制”，如郭沫若著《蒲剑集·庄子与鲁迅》一书中有：“时间也不能范围它，空间也不能范围它，它是无终无始，无穷无际，周流八极，变化不居。”顾名思义，行政复议范围意味着进行复议审查的行政行为的范围是有限的，此“限”在《行政复议法》和《海关行政复议办法》中有明确的界定，有肯定范围，也有否定范围。

一、海关行政复议肯定范围

（一）可以提起行政复议的具体行政行为范围

根据《行政复议法》第六条、《海关行政复议办法》第九条和有关法律法规，公民、法人或者其他组织对下列海关具体行政行为不服的，可以申请复议。

1. 对海关行政处罚行为不服可以提起行政复议

根据《行政复议法》第六条第一项、《海关行政复议办法》第九条第一项的规定，对海关作出的警告，罚款，没收货物、物品、运输工具和特制设备，追缴无法没收的货物、物品、运输工具的等值价款，没收违法所得，暂停从事有关业务或者执业，撤销注册登记，取消报关从业资格及其他行政处罚决定不服的可以提起行政复议。

2. 对海关行政强制行为不服可以提起行政复议

2011年6月，十一届全国人民代表大会常务委员会第二十一次会议审议通过《中华人民共和国行政强制法》，该法于2012年1月1日起开始施行。《中华人民共和国行政强制法》将行政强制分为行政强制措施和行政强制执行两类。“行政强制措施”包括：限制公民人身自由；查封场所、设施或者财物；扣押财物；冻结存款、汇款；其他行政强制措施。“行政强制执行方式”具体包括：加处罚款或者滞纳金；划拨存款、汇款；拍卖或者依法处理查封、扣押的场所、设施或者财物；排除妨碍、恢复原状；代履行；其他强制执行方式。海关现有的行政强制措施和行政强制执行方式几乎涵盖了《中华人民共和国行政强制法》所有明确列名的行政强制种类。根据《行政复议法》第六条第二项，《海关行政复议办法》第九条第二项至第六项、第九项、第十项、第十五项的规定，行政相对人对海关作出的收缴有关货物、物品、违法所得、运输工具、特制设备决定不服的；对海关作出的限制人身自由的行政强制措施不服的；对海关作出的扣留有关货物、物品、运输工具、账册、单证或者其他财产，封存有关进出口货物、账簿、单证等行政强制措施不服的；对海关收取担保①的具体行政行为不服的；对海关采取的强制执行措施不服的；对海关检查运输工具和场所，查验②货物、物品或者采取其他监管措施不服的；对海关作出的责令退运③、责令改正④、责令拆毁⑤和变卖⑥等行政决定不服的；认为海关违法收取滞报金或者

---

① 海关事务担保，是指与进出境活动有关的自然人、法人或者其他组织在向海关申请从事特定的经营业务或者办理特定的海关事务时，以向海关提交现金、保证函等方式，保证其行为合法性，保证在一定期限内履行其承诺的义务的法律行为。

② 进出口货物查验，是指海关为确定进出口货物收发货人向海关申报的内容是否与进出口货物的真实情况相符，或者为确定商品的归类、价格、原产地等，依法对进出口货物进行实际核查的执法行为。

③ 《海关行政处罚实施条例》第十三条规定：“违反国家进出口管理规定，进出口国家禁止进出口的货物的，责令退运，处100万元以下罚款。”《海关行政处罚实施条例》第二十条规定：“运输、携带、邮寄国家禁止进出境的物品进出境，未向海关申报但没有以藏匿、伪装等方式逃避海关监管的，予以没收，或者责令退回，或者在海关监管下予以销毁或者进行技术处理。”

④ 《中华人民共和国海关稽查条例》第三十一条规定：“被稽查人未按照规定编制或者保管报关单证、进出口单证、合同以及与进出口业务直接有关的其他资料的，由海关责令限期改正，逾期不改正的，处1万元以上5万元以下的罚款；情节严重的，禁止其从事报关活动；对负有直接责任的主管人员和其他直接责任人员处1000元以上5000元以下的罚款。”

⑤ 《海关行政处罚实施条例》第九条规定：“专门用于走私的运输工具或者用于掩护走私的货物、物品，2年内3次以上用于走私的运输工具或者用于掩护走私的货物、物品，应当予以没收。藏匿走私货物、物品的特制设备、夹层、暗格，应当予以没收或者责令拆毁。”

⑥ 《海关法》第三十条规定：“进口货物的收货人自运输工具申报进境之日起超过三个月未向海关申报的，其进口货物由海关提取依法变卖处理，所得价款在扣除运输、装卸、储存等费用和税款后，尚有余款的，自货物依法变卖之日起一年内，经收货人申请，予以发还；其中属于国家对进口有限制性规定，应当提交许可证件而不能提供的，不予发还。逾期无人申请或者不予发还的，上缴国库……收货人或者货物所有人声明放弃的进口货物，由海关提取依法变卖处理；所得价款在扣除运输、装卸、储存等费用后，上缴国库。”《海关行政处罚实施条例》第四十七条规定：“海关依法扣留的货物、物品、运输工具，在人民法院判决或者海关行政处罚决定作出之前，不得处理。但是，危险品或者鲜活、易腐、易烂、易失效、易变质等不宜长期保存的货物、物品以及所有人申请先行变卖的货物、物品、运输工具，经直属海关关长或者其授权的隶属海关关长批准，可以先行依法变卖，变卖所得价款由海关保存，并通知其所有人。”

其他费用的，均可以提起行政复议。

3. 认为海关没有履行行政作为义务可以提起行政复议

根据《行政复议法》第六条第八项、第九项，《海关行政复议办法》第九条第八项、第十项、第十三项、第十四项、第十六项的规定，行政相对人认为符合法定条件，申请海关办理行政许可①事项或者行政审批事项，海关未依法办理的；对海关作出的不予放行②行政决定不服的；认为海关未依法采取知识产权保护③措施，或者对海关采取的知识产权保护措施不服的；认为海关未依法办理接受报关④、放行⑤等海关手续的；认为海关没有依法履行保护人身权利、财产权利的法定职责的均可以提起行政复议。

4. 纳税争议必须先提起行政复议

根据《海关行政复议办法》第九条第七项的规定，行政相对人对海关确定纳税义务人、确定完税价格、商品归类、确定原产地、适用税率或者汇率、减征或者免征税款、补税、退税、征收滞纳金、确定计征方式以及确定纳税地点等其他涉及税款征收的具体行政行为有异议的（简称纳税争议）必须先提起行政复议，对海关行政复议不服的，再向人民法院提起行政诉讼。

5. 对海关稽查行为⑥、企业分类决定⑦、违法要求履行其他义务⑧、政府信息公开⑨工作中的具体行政行为等不服可以提起行政复议

根据《海关行政复议办法》第九条第（十一）项、第（十二）项、第（十七）项的

---

① 行政许可，是指行政机关根据公民、法人或者其他组织的申请，经依法审查，准予其从事特定活动的行为。

② 《海关行政处罚实施条例》第十四条规定："违反国家进出口管理规定，进出口国家限制进出口的货物，进出口货物的收发货人向海关申报时不能提交许可证件的，进出口货物不予放行，处货物价值30%以下罚款。违反国家进出口管理规定，进出口属于自动进出口许可管理的货物，进出口货物的收发货人向海关申报时不能提交自动许可证明的，进出口货物不予放行。"

③ 知识产权海关保护是指海关依法在边境制止侵犯受国家法律和行政法规保护的知识产权的货物进境或者出境的措施，是知识产权行政保护的一种。

④ 报关是指进出境运输工具、货物、物品在规定时间内，由运输工具负责人、货物收发货人、物品所有人填写海关规定的报关单证，如实向海关申报的制度。

⑤ 放行是指海关接受报关后，经过审核报关单证、查验货物、依法征收税费等程序，对进出境运输工具、货物以及物品作出结束海关现场监管的决定，允许其离开海关监管现场。

⑥ 海关稽查，是指海关为了有效地监督进出口活动的合法性与真实性，在实际放行包括保税货物、减免税货物在内的进出口货物之后的一定期限内，有重点地、有针对性地对与进出口货物直接有关的企业、单位的会计账册、会计凭证、报关单证和反映进出口活动真实情况的相关资料等商业记录进行书面稽核并实地查对有关进出口货物的使用情况和实际去向。

⑦ 为保障进出口贸易的安全与便利，促进企业诚信守法，合理配置海关管理资源，提高监管效能，海关对与进出口活动直接有关的企业、单位实施分类管理。

⑧ "法无授权不得为"，行政机关无权要求公民、法人或者其他组织履行法定义务以外的其他义务，否则就是侵犯其合法权益。根据《行政复议法》第六条第（七）项的规定，公民、法人或者其他组织"认为行政机关违法集资、征收财务、摊派费用或者违法要求履行其他义务的"，可以申请行政复议。行政机关违法要求履行义务的行为有多种，其中最主要的是：乱集资、乱收费、乱摊派，统称为"三乱"。

⑨ 关务公开，是指海关在依法履行职责过程中，对涉及公民、法人和其他组织权利和义务事项的内容、程序以及其他依法应当公开或者可以公开的海关信息，予以公开并接受监督的行为或者措施。

规定，对海关稽查决定或者其他稽查具体行政行为不服的；对海关作出的企业分类决定以及按照该分类决定进行管理的措施不服的；认为海关在政府信息公开工作中的具体行政行为侵犯其合法权益的均可以提起行政复议。

6. 认为海关的其他具体行政行为侵犯其合法权益的

《海关行政复议办法》第九条第十八项为可以向海关申请行政复议情形的兜底条款。因为法律不可能穷尽社会生活的全部，《海关行政复议办法》也不可能将海关行政复议的受案范围全部罗列。兜底条款作为一种立法技术成为列举式条文的有效补充，既能对现有海关法律规范中的其他具体行政行为作一个概括，又能引申到以后将要出台的法律规范中新增的具体行政行为类型，最大程度地体现了《海关行政复议办法》的立法宗旨，可以更好地保护当事人的合法权益不受侵犯。在实践中，适用本项受理行政复议申请的，应当注意以下几点。首先，判断申请复议的对象是否是海关具体行政行为。具体行政行为是指国家行政机关、法律法规授权的组织、行政机关委托的组织以及这些组织中的工作人员，在行政管理活动中行使行政职权，针对特定的公民、法人或者其他组织，就特定的具体事项，作出的有关该公民、法人或者其他组织权利和义务的单方行为，具有依职权性、特定性、外部性等特征。其次，“认为……侵犯其合法权益”是申请人申请复议的主观要件，行政管理相对人如果认为其合法权益受到海关作出的其他具体行政行为的侵犯，就可以提出行政复议的申请。所谓“认为”，只是行政管理相对人依据自身对事实的认识和对法律的理解作出的一种主观判断，至于其合法权益是否确实受到具体行政行为侵犯，则是海关行政复议机关受案后需要查明的。当然，提出行政复议申请的行政管理相对人合法权益与被申请行政复议的具体行政行为是否有法律上的关联性，需要该相对人提出相应的证据。

（二）可以在复议申请中附带提出审查的抽象行政行为

根据《行政复议法》第七条的规定，公民、法人或者其他组织认为海关的具体行政行为所依据的规定不合法，在对具体行政行为申请行政复议时，可以一并向行政复议机关提出对该规定的审查申请。在此需要注意的是：

（1）对这些规定提出审查申请，必须是在对具体行政行为申请复议时一并提出，不能单独对这些规定提出行政复议。

（2）并非对所有的抽象行为都提出审查申请，只能是国务院部门的规定、县级以上地方各级人民政府及其工作部门的规定和乡、镇人民政府的规定，而不包括行政法规、行政规章以及国务院的规定、党的机关的规定。但根据《行政复议法》第二十七条的规定，相对人对被申请人的具体行政行为进行审查时，认为其依据不合法，行政复议机关应当在30日内依法处理或转送有权机关处理，处理期间，中止对具体行政行为的审查。

（3）《行政复议法》只是赋予行政相对人申请复议时对部分抽象行政行为的监督机制启动权，抽象行政行为的处理机关、处理权限和程序，仍按现行备案审查制度执行。

（4）相对人要求进行审查的只能是抽象行政行为的合法性，不包括适当性。

二、海关行政复议否定范围

根据《海关行政复议办法》第十条的规定，海关工作人员不服海关作出的行政处分或者其他人事处理决定，依照有关法律、行政法规的规定提出申诉的，不适用该办法，即不能通过行政复议途径解决。

行政复议是解决行政机关在行使行政职权的过程中与管理相对人之间产生的行政争议的一项法律制度，是为管理相对人提供的一项权利救济途径，是解决外部行政行为争议的一项争议解决机制。而海关工作人员不服海关作出的处分或者其他人事处理决定依照有关法律、行政法规的规定提出申诉的，其性质属于行政机关的内部行政行为，并不涉及海关行使行政职权过程中作出的具体行政行为，因而不属于行政复议调整范围，有其单独的救济途径。根据《公务员法》、《监察法》以及《行政机关公务员处分条例》的规定，处分是对因违法违纪应当承担纪律责任的公务员所给予的惩戒；处分分为警告、记过、记大过、降级、撤职、开除；处分由任免机关或者监察机关按照管理权限决定。其他人事处理决定是指除处分外，行政机关在内部人事管理活动中，对国家公务员个人作出的具体人事处理决定，它包括辞退，取消录用，降职，定期考核定为不称职，免职，申请辞职或者提前退休未予批准，未按规定确定或者扣减工资、福利、保险待遇等涉及公务员个人权益的决定。如果公务员对涉及本人的处分不服的，可以依据《公务员法》的规定进行复核和申诉，也可以依据《监察法》的规定进行申诉；而对其他人事处理决定不服的，只能依据《公务员法》进行复核和申诉。

第三节 海关行政复议法律关系主体

法律关系主体是指在法律关系中享有权利和履行义务的个人或组织。行政复议法律关系主体是在行政复议活动中享有权利和履行义务的个人或组织，具体包括行政复议申请人、被申请人、第三人、复议机关、复议机构等。海关行政复议主体见图 15.1。

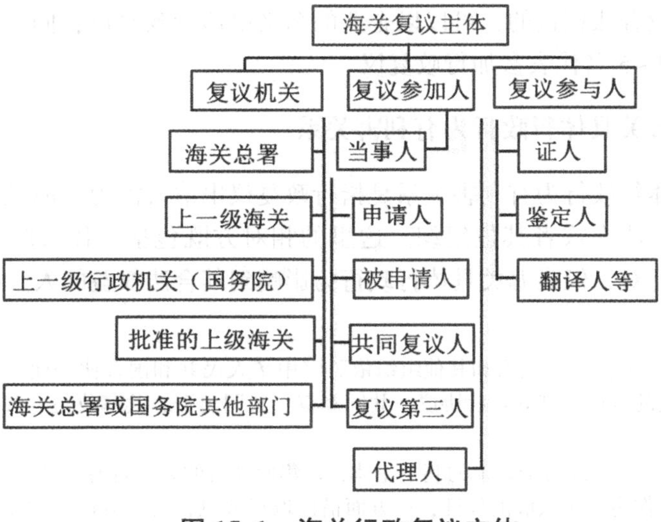

图 15.1 海关行政复议主体

一、海关行政复议申请人

申请人是指对行政主体作出的具体行政行为不服，依据法律、法规的规定，以自己的名义向行政复议机关提出行政复议申请，要求行政复议机关对该具体行政行为进行审查并依法裁决的公民、法人或其他组织。海关行政复议的申请人是指对海关作出的具体行政行为不服，依据法律、法规的规定，以自己的名义向行政复议机关提出申请，要求海关行政复议机关对该海关具体行政行为进行审查并依法裁决的公民、法人或其他组织。海关行政复议的申请人必须具备以下条件。

（一）必须是本人权益受到损害，而且应当以自己名义申请复议

对于别人的权利受到具体行政行为侵害的，公民、法人或其他组织不得以自己名义提出复议申请。但在特定条件下，海关行政复议申请人资格也会发生转移。根据《行政复议法》《海关行政复议办法》的规定，行政复议当事人资格转移的情况包括：有权申请行政复议的公民死亡，其近亲属（配偶、父母、子女、兄弟姐妹、祖父母、外祖父母、孙子女、外孙子女）可以申请行政复议；有权申请行政复议的法人或者其他组织终止，承受其权利的法人或者其他组织可以申请行政复议。法人或者其他组织实施违反《海关法》的行为后，有合并、分立或者资产重组情形，海关以原法人、组织作为当事人予以行政处罚并且以承受其权利和义务的法人、组织作为被执行人的，被执行人可以以自己的名义申请行政复议。

为便于当事人申请行政复议，《行政复议法实施条例》规定了复议申请人代表制度：合伙企业①申请行政复议的，应当以核准登记的企业为申请人，由执行合伙事务的合伙人代表该企业参加行政复议；不具备法人资格的其他组织申请行政复议的，由该组织的主要负责人代表该组织参加行政复议，没有主要负责人的，由共同推选的其他成员代表该组织参加行政复议；股份制企业②的股东大会、股东代表大会、董事会认为行政机关作出的具体行政行为侵犯企业合法权益的，可以以企业的名义申请行政复议；同一行政复议申请人超过 5 人的，推选 1~5 名代表参加行政复议。

（二）必须与海关具体行政行为有利害关系

必须与海关具体行政行为有利害关系是指行政复议申请人需为在海关行政法律关系中作为相对方的公民、法人或者其他组织。这里的相对方既包括具体行政行为明确指向的人，也包括未直接针对，但是海关具体行政行为影响到其合法权益的人。根据《行政复议

① 合伙企业，是指自然人、法人和其他组织依照《中华人民共和国合伙企业法》在中国境内设立的，由两个或两个以上的合伙人订立合伙协议，共同经营、共同出资、共享收益、共担风险的营利性组织。

② 股份制企业是指两个或两个以上的利益主体，以集股经营的方式自愿结合的一种企业组织形式。股份有限公司发行股票作为股东入股的凭证，一方面借以取得股息，另一方面参与企业的经营管理。股东代表大会是股份制企业的最高权力机构，董事会是最高权力机构的常设机构，总经理主持日常的生产经营活动。

法》第二条，相对人认为海关具体行政行为侵犯到其合法权益就可以提出申请，但在实践中行政复议机关在审查决定是否受理行政复议申请时，必然会审查拟提出复议申请的公民、法人或其他组织与被申请的具体行政行为之间是否具有某种利害关系，如果没有某种利害关系，其申请是不会被受理的。

（三）需要明确地提出复议申请，申请可以是书面的，也可以是口头的

海关行政复议的申请人具有以下权利：有向海关行政复议机关就海关具体行政行为申请复议的权利和依法撤回复议申请的权利；有要求海关行政复议人员回避的权利；有使用本民族语言和文字进行复议的权利；有请求复议机关决定停止有争议的海关具体行政行为的执行的权利；对复议决定不服，有提起行政诉讼的权利。

海关行政复议的申请人在海关行政复议中的义务主要有：按照法定的程序和方式提出复议申请，复议期间不停止具体海关行政行为的执行，维护正常的行政复议程序，履行有效的行政复议决定等。

二、海关行政复议被申请人

海关行政复议被申请人是指其具体行政行为被行政复议的申请人指控违法侵犯其合法权益，并由海关行政复议机关通知其参加复议的行政主体。依照《行政复议法》和《行政复议法实施条例》的规定，行政机关和法律法规授权组织具有行政复议被申请人的地位。当然，行政机关和法律法规授权组织享有行政职权、具有行政主体资格、实施了具体行政行为，并且依据法律规定，由它承担该行为引起的法律后果和责任时，该行政机关和法律法规授权组织即具备了被申请人的资格。行政复议被申请人有如下特征。

（一）海关行政复议被申请人必须是行政主体

海关行政主体是具有海关监管职能，以自己名义从事海关监管活动，独立承担由此产生的法律责任的组织，包括海关和法律、法规、规章授权的组织。海关是国家进出境监督管理机关，是海关行政活动的当然主体，包括海关总署、直属海关和隶属海关等。法律法规授权的组织是指具体法律法规授权而行使特定行政职能的非国家行政机关组织，如基层群众性自治组织、行业组织、社会团体、事业与企业组织、行政机关内设机构和派出机构。海关作为政府职能部门，其派出的机构很多，如广东分署、上海和天津两个特派办、海关办事处、机场海关等。这些派出机构有的具有行政主体资格（以自己名义对外行使行政权并独立承担责任），有的却没有行政主体资格。如沈阳桃仙国际机场海关是沈阳海关派出机构，挂牌后就能够独立行使海关相关职权，而其前身原沈阳海关驻机场办事处就不具备独立行使海关相关职权的资格；我国保税物流园区①由所在地人民政府的派出机构——管委会代为行使，但管委会不具备独立的行政主体资格，管委会只能以当地政府的名义行使管理权限。

① 保税物流园区是指经国务院批准，在保税区规划面积或毗邻保税区的特定港区内设立的、专门发展现代国际物流业的海关特殊监管区域。

（二）海关行政复议被申请人必须是实施相应海关行政行为的行政主体

海关行政行为是指海关行政主体在进出关境监管过程中，依法行使海关行政权，对海关行政相对人实施的、能够产生相应法律效果的行为。从其概念中可以得出：海关行政行为是海关行政主体实施的行为；海关行政行为是海关行政主体行使海关行政权的行为；海关行政行为是依法实施的对行政相对人的权利和义务产生影响的行为。海关行政行为有很多，如行政检查、行政处罚、行政强制、行政许可等。

（三）海关行政复议被申请人是相应行政行为受申请人指控并由行政复议机关通知其参加行政复议的行政主体

海关行政复议被申请人除了具备行政主体资格并实施了行政行为外，还具备相应行政行为受申请人指控并由行政复议机关通知其参加等的条件。申请人指控是指权利和义务受海关行政行为影响的行政相对人向行政复议机关控告，认为海关行政主体的行为侵犯了其合法权益，海关行政复议机关受理其控告后通知实施相应行政行为的行政主体时，该行政主体就成为海关行政复议被申请人。

被申请人在海关行政复议中的权利主要有：不停止执行被申请复议的具体行政行为的权利；依法申请人民法院强制执行生效的复议决定的权利。

被申请人在海关行政复议中的义务主要有：接受海关复议机关对其具体行政行为全面审查的义务；按时提出复议书面答复的义务；向海关行政复议机关提供当初作出具体行政行为的证据、依据和有关材料的义务；遵守正常复议秩序和义务；履行发生法律效力的复议决定的义务等。

三、共同申请人和共同被申请人

共同申请人和共同被申请人发生在海关共同行政复议中。共同行政复议是指当事人一方或者双方为两人或者两人以上，因同一具体海关行政行为或者同样的具体海关行政行为发生争议，复议机关将其合并审理的行政复议。共同行政复议又可以分为必要共同复议和普通共同复议两种。必要共同复议是当事人一方或者双方为两人或者两人以上，因同一具体海关行政行为发生争议，复议机关必须合并审理的行政复议。普通共同海关行政复议，是指当事人一方或者双方为两人或者两人以上，因同样的具体海关行政行为发生争议，复议机关可以合并审理的行政复议。

共同申请人就是在共同海关行政复议中，共同作为申请人一方的两个或者两个以上的公民、法人或者其他组织。在必要共同复议中，共同申请人主要有以下几种情况：法人受到海关行政处罚，而其主管人员和主要负责人员也受到处罚，两者均因不服处罚而申请复议；两个或者两个以上的公民、法人或者其他组织，共同违反海关行政法，被分别处罚后都不服而申请复议等。在普通共同海关行政复议中，共同申请人是两个或者两个以上的相对人不服同一海关分别作出的数个同样的具体海关行政行为，各自向同一复议机关申请的公民、法人或者其他组织。共同被申请人是指在共同行政复议中，相对人不服两个或者两个以上海关分别作出的数个同样的具体海关行政行为申请复议的，则这些海关为共同被申请人；海关与其他行政机关以共同的名义作出具体行政行为的，海关和其他行政机关为共同被申请人，向海关和其他行政机关的共同上一级行政机关申请行政复议。申请人对海关总署与国务院其他部门共同作出的具体行政行为不服，向海关总署或者国务院其他部门提出行政复议申请，由海关总署、国务院其他部门共同处理决定。

四、海关行政复议的第三人

行政复议中的第三人是指因与被申请的具体行政行为有利害关系，通过申请或者复议机关通知，参加到复议中去的公民、法人或者其他组织。行政复议中的第三人有如下特征：第三人与具体行政行为有利害关系，也就是说复议的结果将会影响到其权益；第三人必须在行政复议过程中（复议已开始但尚未结束）参加到他人的复议中来；第三人在法律上享有独立的复议地位，享有与申请人基本相同的复议权利；第三人参加复议必须经过复议机关的批准，无论是第三人自己申请参加还是复议机关通知其参加复议，复议机关对于是否允许第三人参加复议拥有决定权，这点使其地位与海关行政复议的申请人不同。

海关行政复议第三人是指与被申请复议的海关具体行政行为有利害关系，为了维护自己的合法权益，并经过海关行政复议机关的批准参加复议的公民、法人或者其他组织。《海关行政复议办法》第十四条规定："行政复议期间，海关行政复议机构认为申请人以外的公民、法人或者其他组织与被审查的具体行政行为有利害关系的，应当通知其作为第三人参加行政复议。行政复议期间，申请人以外的公民、法人或者其他组织认为与被审查的海关具体行政行为有利害关系的，可以向海关行政复议机构申请作为第三人参加行政复议。申请作为第三人参加行政复议的，应当对其与被审查的海关具体行政行为有利害关系负举证责任……"

五、海关行政复议的代理人

《海关行政复议办法》第十五条规定："申请人、第三人可以委托1至2名代理人参加行政复议。委托代理人参加行政复议的，应当向海关行政复议机构提交授权委托书。"关于被申请人是否可以委托代理人参加复议的问题，法律没有明确规定。海关行政复议的代理人是指在海关行政复议中，依照法律、法规规定，或由复议机关指定或接受复议当事人的委托，以被代理人的名义在代理权限范围内实施复议行为的人。它具有以下特征：海关行政复议代理人是以被代理人的名义，为维护被代理人的利益而参加海关行政复议，即代理人与被复议的海关具体行政行为无利害关系，代理行为产生的权利和义务由被代理人承担；海关行政复议的代理人必须要在其被授权的范围内代理，越权无效。

海关行政复议代理人可以分为法定代理人、指定代理人和委托代理人三种。法定代理人是指依照法律的规定行使复议代理权，代替无复议行为能力的公民进行复议的人，主要指无行为能力或者限制行为能力的当事人的监护人，如未成年人的父母、精神病人的配偶或者未成年人父母所在的单位等。指定代理人是根据复议机关的指定，代理无行为能力或限制行为能力的当事人进行复议的人。出现这种情况的原因主要有，无行为能力或者限制行为能力的当事人无法定代理人或者法定代理人因故不能行使代理权，法定代理人忽然丧失了复议能力。指定代理人通常由当事人的近亲属或者其他合适的公民担任。委托代理人是指受当事人、法定代表人、法定代理人的委托而代为复议的律师或者其他人。当事人、法定代表人委托他人代为复议的，必须要向复议机关提交委托书，列明代理事项的权限。但在特殊情况下无法书面委托的，可以口头委托。

六、海关行政复议机关与主管机构

（一）行政复议机关与管辖

行政复议机关是指依照法律规定，有权受理行政复议申请，依法对申请的行政行为进行合法性、适当性审查并作出决定的行政机关。这一概念表明：行政复议机关是行政机关，法律、法规授权的组织不能成为行政复议机关；行政复议机关是具有行政复议权的行政机关（如乡、镇人民政府没有行政复议权）；行政复议机关是能以自己名义行使行政复议权，并对其行为后果独立承担法律责任的行政机关。因此，行政复议机关必然是行政主体。海关行政复议机关是指依法受理行政复议申请，有权对申请的行政行为进行审查并作出决定的海关。海关行政复议机关（如海关总署、各直属海关等）以自己名义行使行政复议权，作出复议决定，并独立承担其法律后果。

根据我国现行的法律、法规的规定，行政复议机关主要有三大种类：一是作出被申请行政行为的主体，如对省、自治区、直辖市人民政府和国务院所属部门作出的行政行为引起的行政复议，省、自治区、直辖市人民政府和国务院所属部门是行政复议机关；二是作出被申请行政行为的行政主体的上一级行政机关，如我国海关行政复议即为这种情形；三是作出被申请行政行为的行政主体所属的人民政府，如对某公安分局作出的行政行为不服，既可以向该公安分局的上一级行政机关即市公安局申请复议，也可以向该公安分局所属的人民政府申请复议。

行政复议机关与行政复议管辖紧密联系在一起。行政复议管辖是指各行政复议机关对行政复议案件在受理上的具体分工，即行政相对人提起行政复议申请之后，应当由哪一个行政复议机关来行使行政复议权。根据我国现行法律、法规的规定，行政复议管辖分以下几种：对县级以上地方各级人民政府工作部门作出的具体行政行为不服的复议，由申请人选择，由该部门的本级人民政府或上一级主管部门管辖；对海关、国税、金融等实行垂直领导的行政机关和国家安全机关的具体行政行为不服的复议，由上一级主管部门管辖；对地方人民政府具体行政行为不服的复议，由上一级地方政府管辖；对省、自治区人民政府依法设立的派出机关（行政公署、区公所、街道办事处）所属的县级地方人民政府的具体行政行为不服的复议，由该派出机关管辖；对省、自治区、直辖市人民政府和国务院所属部门作出的行政行为引起的行政复议，向作出该具体行政行为的省、自治区、直辖市人民政府和国务院所属部门申请复议；对县级以上地方人民政府依法设立的派出机关的具体行政行为不服的复议，由设立该派出机关的人民政府管辖；对人民政府的工作部门依法设立的派出机构根据法律、法规和规章规定以自己名义作出的具体行政行为不服的复议，由设立该派出机构的部门或者该部门的本级人民政府管辖；对两个或两个以上行政机关以共同名义作出的具体行为申请复议的，由它们共同的上一级行政机关管辖；对法律、法规授权的组织作出的具体行政行为不服申请复议的，由直接主管该组织的地方人民政府、地方人民政府工作部门或者国务院所属部门管辖；对被撤销的行政机关在其被撤销前作出的具体行政行为不服的复议，由继续行使其职权的行政机关的上一级行政机关管辖。行政复议管辖见表15.1。

表15.1 行政复议管辖

类型	被申请人	复议机关	说明
条块管辖	县级以上政府部门	同级政府或上一级主管部门	国家安全机关虽是政府组成部门，但此处除外
条条管辖	省级以下政府	上一级人民政府	如上级无地级市政府，则地区行署也可复议
	垂直领导机关	上一级主管部门	被申请人为海关、国家税务、金融、外汇管理等实行垂直领导的行政机关和国家安全机关
自我管辖	省部级单位	原机关自己	对复议决定不服可起诉或申请国务院裁决
特殊情形	政府派出机关	设立该派出机关的政府	派出机关包括行政公署、区公所、街道办事处三类
	部门派出机构	该机构所在的主管部门或该主管部门的同级政府	如是垂直领导部门的派出机构作为被申请人，则复议机关仅包括其所在主管部门
	被授权组织	直接管理该组织的机关	但被授权的国务院直属事业单位以部委论
	多个行政机关	其共同上一级机关	复议机关是同级政府或共同上级主管部门
	被撤销的机关	继承其职权机关的上一级	视继续行使职权的机关为被申请人进行处理

从表15.1可以看出，行政复议中复议机关与被申请人之间一般是领导与被领导关系，其主要原因是行政复议制度是一种行政机关内部上级对下级的审查纠错机制。鉴于目前县级以上地方各级人民政府工作部门普遍实施“双重领导”体制（又称条块管理体制），公民、法人或者其他组织如果对此类部门作出的具体行政行为不服，《行政复议法》第十二条提供了两条申请行政复议的途径，即由申请人选择，“可以向该部门的本级人民政府申请行政复议，也可以向上一级主管部门申请行政复议”。对于实行垂直领导的行政机关（行政管理以条线为主），公民、法人或者其他组织如果对此类机关作出的具体行政行为不服，《行政复议法》规定了单一的“上级主管部门负责制”的管辖机制，即“对海关、金融、国税、外汇管理等实行垂直领导的行政机关和国家安全机关的具体行政行为不服的，向上一级主管部门申请行政复议。”根据《海关法》的规定，海关实行垂直领导体制，“海关依法独立行使职权，向海关总署负责”“海关的隶属关系，不受行政区划限制”。因此，对海关具体行政行为不服，向作出该具体行政行为的海关的上一级海关提出行政复议申请，这既符合《行政复议法》的规定要求，也体现了海关管理的实际需要。

（二）海关行政复议机关与管辖

海关行政复议机关与海关行政复议管辖也有紧密联系。海关行政复议管辖是指海关行政复议机关对行政复议案件受理上的具体权限和分工，即海关行政相对人提起行政复议申请之后，应由哪一个海关行政复议机关来行使行政复议权的问题。根据《海关行政复议办法》的相关规定，对海关具体行政行为不服的，以作出该海关具体行政行为的海关为被申请人，以作出该具体行政行为海关的上一级海关为行政复议机关；对海关总署作出的具体行政行为不服的，海关总署既是被申请人也是行政复议机关；对隶属海关作出的具体行政行为不服的，以该隶属海关为被申请人，以其上一级直属海关为行政复议机关；对直属海关作出的具体行政行为不服的，以该直属海关为被申请人，以海关总署为行政复议机关；对两个以上海关共同作出的具体行政行为不服的，以两个以上海关为共同被申请人，以两个以上海关共同的上级海关为行政复议机关；海关与其他行政机关以共同的名义作出具体行政行为的，以海关和其他行政机关为共同被申请人，以海关和其他行政机关的共同上一级行政机关（国务院）为行政复议机关；依照法律、行政法规或者海关规章的规定，下级海关经上级海关批准后以自己的名义作出具体行政行为的，以作出批准的上级海关为被申请人，以批准的上级海关的上一级海关为行政复议机关；根据《海关法》和有关行政法规、海关规章的规定，经直属海关关长或者其授权的隶属海关关长批准后作出的具体行政行为，以直属海关为被申请人，以海关总署为行政复议机关；海关设立的派出机构、内设机构或者其他组织，未经法律、行政法规授权，对外以自己名义作出具体行政行为的，如果相对人不服以设立派出机构或内设机构的海关为被申请人的，以设立派出机构或内设机构的海关的上一级海关（海关总署）为行政复议机关；经直属海关关长或者授权的隶属海关关长批准后作出的具体行政行为，如果相对人不服以直属海关为被申请人，以海关总署为行政复议机关。海关行政复议管辖见表 15.2。

表 15.2 海关行政复议管辖

类型	被申请人	复议机关	说明
条条管辖	作出具体行政行为的海关	上一级海关	海关垂直管理
自我管辖	海关总署	海关总署	对复议决定不服可起诉或申请国务院裁决
特殊条条管辖	两个以上海关是共同被申请人	共同的上一级海关	如海关总署是南京海关和沈阳海关共同的上级
	海关与其他行政机关	共同的上一级行政机关或共同作出决定	如海关总署与商务部共同作出行为，由他们共同作出决定
	作出批准上级海关	批准海关的上一级海关	如隶属海关经直属海关批准后以自己名义作出具体行为，直属海关为被申请人，直属海关上级海关总署为复议机关
	直属海关	海关总署	经直属海关关长或者其授权的隶属海关关长批准后作出的具体行政行为，以直属海关为被申请人
	设立派出机构或内设机构的海关	设立派出机构或内设机构的海关上一级海关（海关总署）	海关派出机构、内设机构或其他组织，未经法律、法规授权，对外以自己名义作出具体行为的，以该海关为被申请人，向该海关的上一级海关申请行政复议

根据《海关行政复议办法》第十七条第二款的规定，对于海关总署作出的具体行政行为不服，只能向海关总署申请行政复议。这合乎《行政复议法》的规定。根据《行政复议法》第十四条，对包括海关总署在内的国务院部门或者省、自治区、直辖市人民政府的具体行政行为不服的，必须先向作出该具体行政行为的国务院部门或者省、自治区、直辖市人民政府申请行政复议，即“谁作出，谁复议”。作为对“上级复议下级”原则的变通，此规定不符合“任何人不能做自己案件的法官”的正当程序要求，但这样的规定主要考虑到国务院是国家最高行政机关，其职能主要是把握全局方向、制定方针政策，如果大量处理包括行政复议在内的具体行政事务，难免不胜其烦，耽误更为重要的工作。如果复议申请人对国务院部门或者省、自治区、直辖市人民政府作出的行政复议决定不服的，可以向人民法院提起诉讼；也可以向国务院申请行政复议，国务院作出的行政复议决定为最终裁决。这一规定的目的是避免“谁作出，谁复议”中可能出现的部门利益保护，使不当的行政行为能够得到切实纠正，体现了司法对行政权的监督，也体现了国务院对下级行政机关实施的具体行政行为负有最终监督的权力和职责。

针对实践中经常出现的两个或者两个以上行政机关联合执法的现象，《海关行政复议办法》第十八条规定了对两个以上海关以共同的名义作出具体行政行为不服，以两个以上海关为共同被申请人，以两个以上海关共同的上级海关为行政复议机关。在这里准确理解“以共同的名义作出”的含义是关键。如以下几种情形就不能算作“以共同的名义作出具体行政行为”：甲海关与乙海关共同对某企业走私行为展开联合调查，调查结束后，分别以各自名义对该企业同一走私行为作出行政处罚决定；甲海关就某类商品的归类问题咨询乙海关，乙海关给出了归类参考意见，甲海关据此以自己名义作出归类决定并征收税款；甲海关通过集中风险分析，以布控方式要求下级乙海关对某企业进口商品进行查验，经查验，乙海关作出“单货不符”的认定等。由此可见，判断是否属于“以共同的名义作出具体行政行为”的关键是最后直接作用于相对人的具体行政行为是以谁的名义作出，不能只看行为中是否有多个行政机关参与。看一个具体行政行为是以谁的名义作出的承载方式是法律文书（例如，行政处罚决定书、责令退运通知书等），如果送交相对人的某一法律文书由多个行政机关共同签发，往往便是“以共同的名义作出具体行政行为”。

第四节　海关行政复议程序

行政程序是指行政主体经历若干步骤，采取一定的形式和方法，在法定期限内，按一定的顺序完成行政行为的过程。从这一概念中可以认为：步骤、顺序、方式、时限是行政程序的四个要素；行政程序是行政决定作出之前的事前程序；行政程序是作为过程的行政行为。由于行政复议机关是行政机关，因此作出的行政复议行为是行政行为；由于行政复议机关是以裁判者的身份，借用类似于司法审判行为的程序裁决行政争议，因此作出的行政复议行为是行政司法行为，即行政复议是介于行政程序和诉讼程序之间的程序，是一种行政司法活动。海关行政复议程序是指海关行政复议机关审理海关复议案件时必经的法定的步骤、顺序、方式、时限。根据《行政复议法》《海关行政复议办法》的规定，海关行政复议程序共有申请、受理、审理和决定四个步骤，每个步骤之间按一定的逻辑规律进行先后排列则称为顺序，每个步骤均包含了完成步骤的方法、方式及时限。行政复议程序制度的确立，保障了行政复议行为的正当性、合法性和高效性，保障了海关行政相对人的合法权益。

一、海关行政复议的申请

行政复议是依申请的行为，以相对人的申请为前提，没有相对人的申请就没有海关的复议行为，即申请是启动海关行政复议程序的关键，是整个行政复议的起点。海关行政复议的申请是指公民、法人或者其他组织认为海关的具体行政行为侵犯其合法权益，而依法要求海关行政复议机关对该具体行政行为进行审查和处理的请求。

（一）行政相对人提出复议申请的形式

海关行政复议申请的形式就是指复议申请人向海关行政复议机关提出申请、表达意愿要求的方式方法。申请人申请海关行政复议，可以书面申请，也可以口头申请。申请人书面申请行政复议的，可以采取当面递交、邮寄、传真、电子邮件等方式递交行政复议书。海关行政复议机关应当通过海关公告栏、互联网门户网站公开接受行政复议书的地址、传真号码、互联网邮箱地址等，方便申请人选择不同的书面申请方式。申请人也可以口头申请行政复议，但对于口头的复议申请，应当要注意几个问题：（1）申请人应当亲自或委托他人到行政复议机关所在地提出复议申请，而不能采取诸如电话和“带口信”等不到现场或有失严肃的方式提出口头申请；（2）对申请人提出的口头申请，海关行政复议机关应当当场记录申请人的基本情况、行政复议请求、申请行政复议的主要事实、理由和时间。海关行政复议机关应当当场制作“行政复议申请记录”，并当场交由申请人签章确认，方可作为有效的行政复议申请材料。

（二）行政相对人提出复议申请应记载的内容

根据《海关行政复议办法》，申请人书面申请行政复议的，应当在行政复议申请书中载明下列的内容：（1）申请人基本情况，包括：公民的姓名、性别、年龄、工作单位、住所、身份证号码、邮政编码，法人或者其他组织的名称、住所、邮政编码和法定代表人或者主要负责人的姓名、职务；（2）被申请人的名称；（3）行政复议申请、申请行政复议的主要事实和理由；（4）申请人签名或者盖章；（5）申请行政复议的日期。

（三）行政相对人提出复议申请要求复议机关审查的内容

相对人在复议请求中有的要求撤销违法的具体行政行为，有的要求变更明显不当的具体行政行为，有的要求责令被申请人履行法律、法规和规章的职责，有的要求确认具体行政行为违法，有的要求责令被申请人赔偿损失。

二、海关行政复议机关的审查和受理

（一）海关行政复议机关的审查

海关行政复议机关的审查是指申请人提出海关行政复议申请后，海关复议机构应该对申请书进行的审查。根据《行政复议法》《海关行政复议办法》的规定，海关行政复议机关收到复议申请后，应当在5个工作日内进行审查。审查是准确受理案件的前提条件，海关行政复议机关对复议申请的审查主要包括以下内容。

1. 审查申请人是否适格

申请人是认为海关具体行政行为侵犯其合法权益的公民、法人或者其他组织，也就是说，申请人应当受到海关具体行政行为的影响。另外，公民作为申请人，不仅应该具有权利能力，而且还应该具有能够亲自进行行政复议的能力，即复议的行为能力。因此，无行为能力或者限制行为能力不能单独提起行政复议，如果要申请行政复议，应由其法定代理人代为申请。如果有申请权的公民死亡，其近亲属可以申请行政复议。法人或者其他组织作为申请人，依法申请行政复议的，应当由其法定代表人代为进行，如果法人或者其他组织终止的，承受其权力的法人或其他组织可以申请行政复议。在实践中，只要申请人主观上认为自己的合法权益受到具体行政行为的侵害就可以提出复议要求，至于客观上是否受到侵害还有待于复议机关的审查确定。

2. 审查相对人的复议申请是否在法定期限内

如果不对申请复议的期限加以限制，就会影响行政复议机关对复议案件进行正确、及时的处理，从而使国家的行政管理活动长时间处于不确定状态，影响正常的行政管理秩序。同时，法律要求权利人及时保护自己的权益，权利不可能处于无限期的保护状态。根据《行政复议法》第九条第一款的规定："公民、法人或者其他组织认为具体行政行为侵犯其合法权益的，可以自知道该具体行政行为之日起60日内提出行政复议申请；但是法律规定的申请期限超过60日的除外。"《海关行政复议办法》第二十三条也规定公民、法人或者其他组织认为具体行政行为侵犯其合法权益的，可以自知道该具体行政行为之日起60日内提出行政复议的申请。比如，某申请人2022年8月22日接到海关行政处罚决定书，签收了送达回证，如果要提起行政复议，就必须在2022年10月21日之前提出。如果复议期限最后一天遇到节假日，如周六、周日或者国庆、春节等，则要顺延到节假日完了之后的第一天。

为保障管理相对人正确行使复议申请权，在规定期限内及时启动行政复议程序，对确定"知道"具体行政行为发生的具体标准要准确理解。根据《行政复议法》的规定，知道具体行政行为发生之日应当是行政复议申请期限的起算时间点，即从该日之后的60日内，相对人有权提出复议申请。那么，如何判断管理相对人"知道"具体行政行为发生呢？在实践之中，根据具体行政行为作出方式的不同，判断管理相对人"知道"该行为的具体时间也有不同标准：如果海关以书面形式作出某一具体行政行为，则管理相对人接到该书面通知之日（即有关文书送达之日）就是其知道海关作出某具体行政行为之日，由于执法实践中海关绝大多数具体行政行为都是以书面形式作出的，该标准是认定管理相对人复议申请期限时间起点的一种主要方式。

例如，某海关于2019年10月14日对某公司作出行政处罚决定，“行政处罚决定书”于2019年10月18日送达①该公司，则某公司知道海关对其作出行政处罚决定这一具体行政行为的日期是2019年10月18日，而不是海关实际作出处罚决定的10月14日，某公司如果不服上述处罚决定，应自2019年10月18日起的60日内向作出处罚决定海关的上一级海关提出复议申请。所谓“应当知道”，是法律上的推定，是指不论行政相对人是否实际知道海关作出具体行政行为，只要客观上存在知道的条件和可能，海关就有权推定行政相对人“应当知道”具体行政行为已经作出这一事实。例如，某申请人向海关申请减免税，海关经审查认为其不符合有关减免税规定，没有向其发放“免表”，而申请人因此也没有进口该免税设备，而是按照一般贸易方式进口了该设备。但是，半年后该申请人以海关不批准其减免税并以从未告知其不予减免税为由向海关提起复议，海关复议机关认为该申请人按照一般贸易进口该设备的行为表明其已经知道了海关不批准其减免税申请的决定，复议期限从其按一般贸易进口该设备的行为起算，申请人的复议申请超出了复议期限(半年后)，决定不予受理。如果海关以口头方式作出具体行政行为，行政相对人则在接到口头通知之日就是其知道该具体行政行为作出之日。以口头通知方式对外作出具体行政行为，在海关执法中并不多见，这里也不做阐述。

我们在确定“60日”的起算点时一般以公民、法人或者其他组织受到法律文书或有证据的推定应当知道具体行政行为之日起计算。但在实践中注意一下特殊情况：(1) 如果当场作出的具体行政行为，申请人提起复议，以作出具体行政行为的这一天开始计算，如海关旅检现场作出的收缴决定等；(2) 海关的具体行政行为（包括作为与不作为）处于持续状态②的，提出行政复议申请的期限自该具体行政行为终了之日起计算；(3) 公民、法人或者其他组织因不可抗力或者其他正当理由③耽误法定申请期限的，申请期限自障碍消除之日起继续计算。(4) 公民、法人或者其他组织认为海关未依法履行法定职责保护人

① 海关法律文书送达方式除当面签收送达外还有留置送达、邮寄送达和公告送达。留置送达时，当送达人、见证人共同在送达回证上签字后就可以开始计算复议期限，也认定当事人应当“知道”具体行政行为内容；邮寄送达时，自受送达人在邮政签收单上签收之日起计算。没有邮政签收单的，自受送达人在送达回执上签名之日起计算；公告送达时，法律规定的公告期限届满的最后一天就是计算期限的日期，也认定当事人应当“知道”具体行政行为内容。如果公告送达的最后一天遇到节假日也要顺延。

② 所谓“持续状态”的具体行政行为，是指行为方式对外表现为处于连续或继续状态的具体行政行为，例如，海关依据《海关法》第六条规定对有走私犯罪嫌疑的当事人或者对涉嫌走私的货物、物品所采取的扣留措施，就是一种具有持续状态的具体行政行为。例如，某海关于2011年3月10日以涉嫌走私为由扣留了某公司一批进口货物，并向该公司出具了扣留凭单。该海关后经进一步调查发现，认定某公司走私证据不足，该海关遂于同年4月15日解除了对该公司上述进口货物的行政扣留措施。某公司如不服海关上述扣留决定，可在该海关解除扣留决定作出之日起的60日内向有管辖权的复议机关申请行政复议，而并非是在收到海关扣留凭单之日起的60日内申请复议。

③ 所谓不可抗力，是指不能遇见并且不能避免和克服的客观情况，如地震、火灾、水灾、战争等。所谓其他正当理由，是指不可抗力之外的其他可以延长期限的理由，比如申请人忽然患重病、法人正处于分立或者合并的阶段等。延长法定期限需要具有正当性，合乎情理，能够被社会大多数人接受。

身权利、财产权利，履行职责的期限有法律、行政法规或者海关规章的明确规定的，行政复议申请期限自规定的履行期限届满之日起计算，如果履行职责的期限没有明确的规定，自海关收到公民、法人或者其他组织要求履行职责的申请满60日起计算；（5）公民、法人或者其他组织在紧急情况下请求海关履行保护人身权、财产权的法定职责，海关不及时履行的，行政复议申请期限不受前述规定的限制；（6）海关如果在作出具体行政行为时没有告知申请人有关权利而事后补充告知的，要以事后补充告知的期限起算。

3. 审查复议申请是否有明确的被申请人

海关行政复议的被申请人是指作出申请人认为侵犯其合法权益的具体行政行为，并且由复议机关通知参加复议的行政主体。复议申请必须要有明确的对申请复议行为负责的主体，否则行政复议就无法进行，申请人的要求也无法实现。申请人的复议申请要有明确的被申请人，就是在提出复议申请时必须说明侵犯其合法权益的是哪一个海关，必须说明是对这个海关的哪一项具体行政行为不服。两者同时具备才能称为海关行政复议机关有明确的对象，也便于明确海关行政复议的管辖。

4. 审查复议申请是否有明确的复议要求和事实依据

所谓具体的复议要求，是指申请人申请复议的主张和要求，即申请人要求海关复议机关具体解决什么问题，提出保护自己合法权益的具体要求。如请求撤销违法的海关具体行政行为、请求变更不适当的海关具体行政行为、请求责成被申请人限期履行法定职责、请求确认具体行政行为违法、责令被申请人赔偿损失等。所谓事实根据，是指能够证明海关行政复议机关已经作出某种具体行政行为的材料，以及能够证明海关行政机关的具体行政行为已经侵犯其合法权益的材料。比如，行政处罚决定书、评估机构出示的损失证明等。

5. 审查复议申请是否属于海关行政复议范围

申请人只能对属于复议范围内的具体行政行为提出复议申请，即必须属于海关行政复议的范围。否则，不能申请海关行政复议，即使申请了，海关复议机关也可以不予受理。对于不属于海关行政复议的案件，海关行政机关应该告知申请人向享有管辖权的复议机关提起申请。

6. 审查复议申请是否属于海关复议机关管辖

根据有关法律、行政法规等关于海关行政复议机关管辖复议案件的权限划分，申请人必须向享有管辖权的海关行政复议机关申请复议，海关行政复议机关不得受理超出管辖权的复议案件。复议机关对不属于自己管辖权的，接受申请的海关应当移送有管辖权的海关。

7. 审查复议申请是否违反了《行政复议法》第十六条的规定

即公民、法人或者其他组织向人民法院提起行政诉讼，人民法院已经受理的，不得申请行政复议。如果公民、法人或者其他组织已经向人民法院起诉，海关行政机关对他们的复议申请不予受理。

8. 审查复议申请是否属于重复申请

即海关行政复议机关正在审理或者已经作出终局决定的案件再次申请复议的，不得受理。

（二）审查后的处理

海关行政复议机关收到复议申请后，应当在5个工作日内进行审查，并根据法律、法规的规定，对行政相对人的复议申请作出以下决定：

1. 立案受理

对于符合《行政复议法》《海关行政复议办法》规定的法定条件，且属于本机关受理的行政复议案件，应决定立案受理，海关行政复议机关应当制作“行政复议申请受理决定书”和“行政复议答复通知书”分别送达申请人和被申请人。案件自海关行政复议机关的复议机构收到申请之日起即为受理，复议机构收到复议申请的日期，属于直接从邮递渠道收取或者海关行政复议机关及其下属部门转来的，由复议机构签收章或者复议机构工作人员签字予以确认；属于当事人当面递交的，由复议机构经办人在申请书上注明收到日期，并交由递交人签字确认；申请人以传真、电子邮件方式递交行政复议书、证明材料的，海关行政复议机构不得以其未递交原件为由拒绝审理。海关行政复议机构审理申请人以传真、电子邮件方式提出行政复议申请后，应当告知申请人自收到“行政复议申请受理决定书”之日起10日内提交有关材料的原件。“行政复议申请受理决定书”应当载明受理日期、合议人员或者案件审理人员，告知申请人申请回避和申请举行听证的权利。“行政复议答复通知书”应当载明受理日期、提交答复的要求和合议人员或者案件审理人员，告知被申请人申请回避的权利。

海关行政机关一经受理复议申请，即产生了如下法律效果：

（1）就海关行政复议机关而言，受理行政复议申请后便开始了行政复议程序，行政复议机关对该案件行使行政复议权，负有以法定程序和期限审查并作出行政复议决定的义务。

（2）海关行政复议的申请人和被申请人的身份确立，开始享有一定的权利和履行相应的义务。如申请人自复议机关受理其复议申请开始不得随意再提起行政复议或者诉讼；就被申请人的原海关行政机关而言，其具体行政行为已成为行政复议的审查对象，原海关行政机关变更、撤销原具体行政行为要受到行政复议机关的监督。

2. 不予受理

对于不符合法定条件的复议案件，复议机关应决定不予受理，并制作“行政复议申请不予审理决定书”，以书面的形式告知申请人。“行政复议申请不予审理决定书”应当载明不予审理的理由和法律依据，告知申请人主张权利的其他途径。

海关复议机关所作出的不予受理决定有正当理由，申请人可以自收到不予受理决定书之日起或者行政复议期满之日起15日内，依法向人民法院起诉。如果海关行政复议机关所作出的不予受理决定无正当理由，申请人可以向该复议海关的上级海关提出复议申请，上级海关经审理认为申请符合法定受理条件的，应当责令原复议机关受理，并制作“责令受理行政复议申请通知书”。必要时，上一级海关也可以直接受理，并制作“直接受理行政复议申请决定书”，送达上述不予受理的复议机关。

3. 案件移送

对于符合《行政复议法》《海关行政复议办法》规定，但是不属于本海关管辖的行政复议申请，海关行政复议机关应当在审查期限内告知申请人向有管辖权的复议机关提出。口头告知的，应当记录告知的内容，并当场交由申请人签章确认；书面告知的，应当制作“行政复议告知书”并送达申请人。

4. 要求补正材料

行政复议申请材料不齐全或者表述不清楚的，海关行政复议机构可以自收到该行政复议申请之日起5日内书面通知申请人补正。补正通知应当载明以下事项：（1）行政复议申请书中需要修改、补充的具体内容；（2）需要补正的有关证明材料的具体类型及其证明对象；（3）补正期限，申请人应当在收到补正通知之日起10日内向海关行政复议机构提交需要补正的材料。补正申请材料所用时间不计入行政复议审理期限。申请人无正当理由逾期不补正的，视为其放弃行政复议申请。申请人有权在规定的期限内重新提出行政复议申请。

5. 答复申请人

根据《海关行政复议办法》第三十九条的规定，下列情况不视为申请复议，但应当有复议机关或者转由其他机关给予答复：（1）对海关工作人员的个人违法违纪行为进行的举报、控告或者对海关工作人员的态度、作风提出异议的；（2）对海关业务政策、作业制度、作业方式和程序提出异议的；（3）对海关工作效率提出异议的；（4）对行政处罚认定的事实、适用的法律及处罚决定没有异议，仅因经济上不能承受而请求减免处罚的；（5）不涉及海关具体行政行为，只对海关规章或其他规范性文件有异议的；（6）请求解答海关法律、法规、规章的。

三、海关行政复议的审理

海关行政复议案件的审理是指海关行政复议机关依法对复议案件进行全面审查的活动。海关行政复议机关对复议案件的审理是行政复议程序的核心，其主要任务是调查收集证据、审查证据、询问当事人和其他参与人等，以便海关复议机关对海关行政争议进行合理性和适当性审查的过程。

（一）审理前的准备

为了确保审理工作的顺利进行，以及保证其合法与公正，海关复议机构在受理复议案件后，开始审理前，应该做好一些准备工作。《行政复议法》《海关行政复议办法》对此做了规定。

1. 通知被申请人并由被申请人提出答复

根据《海关行政复议办法》的规定，复议机构应当自行政复议申请受理之日起7个工作日内，将行政复议申请书副本或者行政复议申请笔录复印件发送被申请人。被申请人应当自收到申请书副本或者行政复议申请笔录复印件之日起10日内，提出书面答复，并提交当初作出具体行政行为的证据、依据和其他有关材料。“行政复议答复书”应载明下列内容：(1) 被申请人名称、地址、法定代表人姓名及职务；(2) 被申请人作出具体行政行为的事实、证据及法律证据；(3) 对申请人的复议申请要求、事实、理由逐条进行答辩和进行必要的举证；(4) 对有关具体行政行为建议维持、变更、撤销或者确认违法，建议驳回行政复议申请，进行行政复议调解等答复意见；(5) 作出书面答复的时间。

"行政复议答复书"应当加盖被申请人的印章。被申请人提交的有关证据、依据和其他有关材料应当按照规定装订成卷。行政复议案件的答复工作由被申请人负责法制工作的机构具体负责。对海关总署作出的具体行政行为不服向海关总署申请行政复议的，由原承办具体行政行为有关事项的部门或者机构提出书面答复，并提交当初作出具体行政行为的证据、依据和其他有关材料。

2. 申请人、第三人查阅材料

《海关行政复议办法》第五十三条规定："申请人、第三人可以查阅被申请人提出的书面答复、提交的作出具体行政行为的证据、依据和其他有关材料，除涉及国家秘密、商业秘密、海关工作秘密或者个人隐私外，海关行政复议机关不得拒绝，并且应当为申请人、第三人查阅有关材料提供必要条件。有条件的海关行政复议机关应当设立专门的行政复议接待室或者案卷查阅室，配备相应的监控设备。"申请人、第三人查阅有关材料依照下列规定办理：(1) 申请人、第三人向海关行政复议机构提出阅卷要求；(2) 海关行政复议机构确定查阅时间后提前通知申请人或者第三人；(3) 查阅时，申请人、第三人应当出示身份证件；(4) 查阅时，海关行政复议机构工作人员应当在场；(5) 申请人、第三人可以摘抄查阅材料的内容；(6) 申请人、第三人不得涂改、毁损、拆换、取走、增添查阅的材料。

3. 确定复议人员

海关行政复议机关在受理复议案件后，应及时确定承办该复议案件的复议人员，并在规定的时间内通知有关当事人。海关行政复议案件实行合议制审理。合议人员为不少于3人的单数。合议人员由海关行政复议机构负责人指定的行政复议人员或者海关行政复议机构聘任或者特邀的其他具有专业知识的人员担任。被申请人所属人员不得担任合议人员。对海关总署作出的具体行政行为不服向海关总署申请行政复议的，原具体行政行为经办部门的人员不得担任合议人员。对于事实清楚、案情简单、争议不大的海关行政复议案件，也可以不适用合议制，但是应当由2名以上行政复议人员参加审理。海关行政复议机构负责人应当指定一名行政复议人员担任主审，具体负责对行政复议案件事实的审查，并且对所认定案件事实的真实性和适用法律的准确性承担主要责任。合议人员应当根据复议查明的事实，依据有关法律、行政法规和规章的规定，提出合议意见，并且对提出的合议意见的正确性负责。

申请人、第三人及其代理人、被申请人认为复议人员与本案有利害关系或者由其他关系可能影响公正审理的，有权申请复议人员回避。合议人员或者案件审理人员认为自己与本案有利害关系或者有其他关系的，应当主动申请回避。海关行政复议机构负责人也可以指令合议人员或者案件审理人员回避。复议人员的回避由复议机构负责人决定。复议机构负责人的回避由复议机关负责人决定。

复议案件的合议人员确定后，应当以书面形式或口头告知复议参加人[①]。复议参加人认为合议人员与案件有利害关系或有其他关系可能影响案件公正审理而申请有关人员回避的，应说明理由，经复议机关负责人批准，合议人员应该回避；合议人员认为自己与案件有利害关系或有其他关系可能影响案件公正审理的，应主动向复议机关负责人申请回避。因回避导致合议人员不足法定人数的，复议机构负责人应另行指定合议人员。

4. 同意或通知第三人参加复议

在海关行政复议机关审理行政复议案件期间，同申请复议的海关具体行政行为有利害关系的其他公民、法人或者其他组织，申请参加复议的，海关复议机关应及时作出是否同意其作为第三人参加复议的决定。海关复议机关认为必要的，也可以直接通知第三人参加复议。

（二）审理方式

《行政复议法》第二十二条规定："行政复议原则上采取书面审查的办法，但是申请人提出要求或者行政复议机关负责法制工作的机构认为有必要时，可以向有关组织和人员调查情况，听取申请人、被申请人和第三人的意见。"《行政复议法实施条例》第三十三条规定："行政复议机构认为必要时，可以实地调查核实证据；对重大、复杂的案件，申请人提出要求或者行政复议机构认为必要时，可以采取听证的方式审理。"此规定确定了我国的海关行政复议制度以书面审理为原则，以直接听证方式审理为补充的行政复议审理方式。

1. 书面审理

书面审理是指复议机关仅就复议当事人所提供的书面材料进行审查后即作出决定的一种审理方式。行政复议不同于行政诉讼，对程序性要求过高就会影响到其高效的价值目标的实现，没有必要进行当面审查，故书面方式审理复议案件较为可行。采取此种方法在程序上比较简单，不公开审理，不传唤申请人、被申请人、证人等到场，也不进行口头调查和辩论，只是就复议申请人在申请书上和被申请人在答复书上提出的事实、理由、请求和有关的证据资料经行审查。

2. 听证审理

行政复议以书面审理为主，但是在某些特殊情形下，复议机构可以向有关组织和人员调查情况，听取申请人、被申请人和第三人的意见。海关行政复议机构对于事实清楚、案情简单、争议不大的案件，可以采取书面审查的方式进行审理。但对于申请人、被申请人对事实争议较大，申请人具体行政行为适用依据有异议的，案件重大、复杂或者争议标的价值较大的以及申请人提出听证要求的复议案件，行政复议机构可以采取听证的方式审理，以保证复议决定的客观公正。因为书面审查的缺陷在于不公开，缺乏监督。

海关行政复议机构决定举行听证的，应当制发"行政复议听证通知书"，将举行听证的时间、地点、具体要求等事项通知申请人、被申请人和第三人。第三人不参加听证的，不影响听证的举行。听证可以在海关行政复议机构所在地举行，也可以在被申请人或者申请人所在地举行。行政复议听证应当公开举行，也可以在被申请人或者申请人所在地举

① 行政复议参加人是指依法参加行政复议活动，享有复议权利和义务，并且与复议行政争议或诉讼结果有利害关系的人。包括申请人、被申请人、复议第三人、共同复议人以及相当于当事人的代理人。

行。行政复议听证应当公开举行，涉及国家秘密、商业秘密、海关工作秘密或者个人隐私的除外。对人民群众广泛关注，有较大社会影响或者有利于法制宣传教育的行政复议案件的公开听证，海关行政复议机构可以有计划地组织群众旁听，也可以邀请有关立法机关、司法机关、监察部门、审计部门、新闻单位以及其他有关单位的人员参加旁听。

行政复议听证人员为不少于3人的单数，由海关行政复议机构负责人确定，并且指定其中一人为听证主持人。听证可以另行指定专人为记录员，行政复议听证应当按照以下程序进行：由主持人宣布听证开始，核对听证参加人身份，告知听证参加人的权利和义务；询问听证参加人是否申请听证人员以及记录员回避，申请回避的，按照《海关行政复议办法》第四十八条的规定办理；申请人宣读复议并且阐述主要理由；被申请人针对行政复议申请进行答辩，就作出具体行政行为依据的事实、理由和法律依据进行阐述，并且进行举证；第三人可以阐述意见；申请人、第三人对被申请人的举证可以进行质证或者举证反驳，被申请人对申请人、第三人的反证也可以进行质证和举证反驳；要求证人到场作证的，应当事先经海关行政复议机构统一并且提供证人身份等基本情况；听证主持人和其他听证人员进行询问；申请人、被申请人和第三人没有异议的证据和证明的事实，由主持人当场予以认定，有异议的并且与案件处理结果有关的事实和证据，由主持人当场或者事后经合议后认定；申请人、被申请人和第三人可以对案件事实、证据、适用法律等进行辩论；申请人、被申请人和第三人进行最后陈述；由申请人、被申请人和第三人对听证笔录内容进行确认，并且当场签名或者盖章；对听证笔录内容有异议的，可以当场更正并且签名或者盖章。

行政复议听证笔录和听证认定的事实应该作为海关行政复议机关作出行政复议决定的依据，行政复议参加人无法在举行听证时当场提交有关证据的，由主持人根据具体情况限定时间事后提交并且另行进行调查、质证或者再次进行听证；行政复议参加人提出的证据无法当场质证的，由支持人当场宣布事后进行调查、质证或者再次进行听证。行政复议参加人在听证后的举证未经质证或者未经海关行政复议机构重新调查认可的，不得作为作出行政复议决定的证据。

（三）审理内容

海关行政复议应该遵循全面审查原则，不仅可以对具体行政行为的合法性和适当性进行审查，而且必须全面审查具体行政行为所依据的事实和规范性文件，不受行政复议范围的限制。对于具体行政行为的合法性，主要审查具体行政行为的主体、程序、权限和内容是否符合法律的规定。对于具体行政行为的适当性或合理性，主要审查具体行政行为是否符合法定目的，是否具有正当动机，是否基于正当考虑，是否符合平等、比例原则等。

《行政复议法》规定，公民、法人或者其他组织认为行政机关的具体行政行为所依据的有关规定不合法，在对具体行政行为申请行政复议时一并向行政复议机关提起对该规定的审查申请。申请人在对具体行政行为提起行政复议申请时尚不知道该具体行政行为所依据的规定的，可以在海关行政复议机关作出行政复议决定前提出。按照《海关行政复议办法》的相关规定，申请人在向海关申请行政复议时，一并提出对有关规定的审查申请，海关行政复议机关对该规定有权处理的，应当在30日内依照下列程序处理：（1）依法确认该规定是否与法律、行政法规、行政规章相抵触；（2）依法确认该规定能否作为被申请人作出具体行政行为的依据；（3）书面告知申请人对该规定的审查结果。海关行政复议机关应当制作"抽象行政行为审查告知书"，并送达申请人、被申请人。海关行政复议机关对申请人申请审查的有关规定无权处理的，应当在7日内按照下列程序转送有权处理的上级海关或者其他行政机关依法处理：（1）转送有权处理的上级海关的，应当报告行政复议的有关情况，执行该规定的有关情况，对该规定的适用的意见；（2）转送有权处理的其他行政机关的，在转送函中应当说明行政复议的有关情况，请求确认该规定是否合法。有权处理的上级海关应当在60日之内依照下列程序处理：（1）依法确认该规定是否合法、有效；（2）依法确认该规定能否作为被申请人作出具体行政行为的依据；（3）制作抽象行政审查告知书，并且送达海关行政复议机关、申请人和被申请人。

（四）审理依据

审理依据是指复议机关在审理行政复议案件中所依据的判断标准。"行政复议审理的依据与行政诉讼审理的依据不同，在行政诉讼中审理依据受到了严格的限制，规章以下的行政法渊源不能成为诉讼审理的依据，规章仅是行政诉讼的参考，行政复议的审理依据较为宽泛，几乎所有的行政法正式渊源都是行政复议审理的依据。"① 海关行政复议以法律、行政法规、海关行政规章以及海关总署制定发布或直属海关制定发布的具有规范权利和义务内容的规范性文件为依据。

（五）证据规则

证据规则是指搜集证据、审查运用证据时所遵循的一系列规范的总称。证据规则包括取证规则、举证规则、补正规则、质证规则和认证规则。

1. 调查取证

调查取证是复议机构的重要职责之一，复议案件本身就是申请人与被申请人就有关事实认识不一致而导致的准司法行为，如果复议机构不对事实做调查，就没办法作出准确的决断。海关的复议案件一般都很复杂，涉及的具体行政行为种类繁多，单纯用书面审查的方式很难查明事实真相。因此，要作出正确的复议结论，有必要调查取证。根据《海关行政复议办法》第五十条至第五十二条，复议人员调查取证的方式主要有：对书证的复核及调取；对当事人陈述的复核及调取；复议案件的专门问题可以进行鉴定②；与复议案件有关的场所、货物、物品和运输工具可以进行勘验等。但无论对书证、物证的调取还是对当

---

① 关保英. 比较行政法学［M］. 北京：法律出版社，2008.

② 海关的鉴定主要是对海关监管货物、物品的化验鉴定，统称化验鉴定。对货物、物品的化验、鉴定是海关指定或者聘请具有专门知识的机构或人，就案件中某些专门性问题进行鉴别和判断的一种调查活动。化验鉴定一般包括：对货物物品属性价格的化验鉴定；对文物珍稀动植物及其复制品的鉴定；对违禁品、危险品的化验鉴定；对电子数据的鉴定等。化验鉴定的目的是查明案情，需要解决案件中的某些专门性问题。其意义在于验证某些货物、物品的真伪，并鉴别其产地、成分、含量、性能、用途、成分比例等，以便确定货物物品的属性，由此区分其是否属于禁止进出境的货物物品，限制进出口的货物、物品，应缴纳税款的货物、物品等。

事人陈述的复核及调取都必须遵循搜集证据规则，如收集、调取的证据材料要做到全面、客观，调取证据要按照法定程序调取，询问当事人及证人要尊重保护其人身权利，海关化验鉴定要遵循鉴定规则，勘验现场要仔细、全面等。

2. 举证责任

行政复议中的举证责任是指在行政复议中由谁承担提供证据证明案件事实的责任。如果负有举证责任的人举不出证据证明其主张，就要承担其主张不能成立的法律后果。

《行政复议法》虽然没有明确规定被申请人承担举证责任，但通过一些条文可以得出行政复议中由被申请人对具体行政行为的合法性与适当性负举证责任的制度。《行政复议法》第二十三条规定："被申请人应当自收到申请书副本或者申请笔录复印件之日起10日内，提出书面答复、提交当初作出具体行政行为的证据、依据和其他有关材料。"第二十八条又规定："被申请人不按照本法第二十三条的规定提出书面答复、提交当初作出具体行政行为的证据、依据和其他有关材料的，视为该具体行政行为没有证据、依据，决定撤销该具体行政行为。"被申请人主要应对以下事实提出证据予以证明：

（1）作出具体行政行为的事实根据。在行政复议中，原具体行政行为的所指向的公民、法人或者其他组织的行为是否合法，作出的具体行政行为是否有必要，以及条件是否具备等，都应由被申请人提供证据加以证明。

（2）适用法律、法规和其他规范性文件的依据，并提供证据证明适用这些法律、法规和规范性文件的正确性。

（3）作出具体行政行为符合法定程序的证据。违反法定程序作出的具体行政行为侵犯了行政管理程序的证据。违反法定程序作出的具体行政行为侵犯了行政管理相对人的合法权益。所以，被申请人应提供关于该具体行政行为程序合法的证据，包括有关通知书、送达回证、回执等。

（4）关于是否滥用职权的证据。滥用职权即行政机关违反行政权的设定目的行使行政权力。行政机关应根据法律的立法宗旨并结合行政管理的实际来解释其行使职权的目的。

（5）关于具体行政行为适当性的证据。根据《行政复议法》的规定，具体行政行为明显不当的，可以撤销或变更。所以被申请人应提供其具体行政行为适当性的证据。

（6）对于不履行或者拖延履行法定职责的，被申请人应提供存在合法事由或正当事由的证据。在行政复议中，如果被申请人不能举出确凿的证据，证明具体行政行为的合法性与适当性，那么被申请人就要承担不利的复议结果。

行政复议中，主要由被申请人负举证责任，但申请人也承担一定的证明义务。申请人主要应对下列事项承担举证责任：

（1）证明行政机关对其作出的具体行政行为的存在。如申请人不服行政处罚而申请复议，就应在提出复议时一并提交行政机关作出的行政处罚决定书。否则，复议机关就没有受案的根据。

（2）在被申请人不作为的案件中，申请人应证明其向行政机关提出申请的事实。

（3）在一并提起的行政赔偿申请中，申请人应证明因受被复议的具体行政行为的侵害而造成损失的事实。

（4）有关复议程序的事实。如申请人主张因不可抗力的其他正当理由耽误法定期限的，应就不可抗力和其他正当理由的情况负举证责任。

（六）海关行政复议申请的撤回、中止、终止

1. 海关行政复议申请的撤回

海关行政复议申请的撤回是指复议申请人提出复议申请后，行政复议机关作出复议决定之前，经行政复议机关同意撤回申请，不再要求行政复议机关作出裁决的意思表示。提出复议申请，是申请人的一项权利，申请人撤回自己的复议申请，实际上是对自己的申请权的处分，也是申请人的权利。《行政复议法》第二十五条规定，行政复议申请被复议机关受理后，在复议决定作出之前，申请人可以要求撤回行政复议申请，经说明理由，行政复议机关同意申请人撤回复议申请的，行政复议终止。因此，复议申请人对复议申请有处分权，既可以提出申请也可以取消申请，对此，复议机关应该予以保护。

《海关行政复议办法》第八十条规定："申请人在行政复议决定作出前自愿撤回行政复议申请的，经海关行政复议机构同意，可以撤回。申请人撤回行政复议申请的，不得再以同一事实和理由提出行政复议申请。但是，申请人能够证明撤回行政复议申请违背其真实意思表示的除外。"《海关行政复议办法》第八十一条规定："行政复议期间被申请人改变原具体行政行为，但是申请人未依法撤回行政复议申请的，不影响行政复议案件的审理。"据此，复议申请的撤回有两种情况：一是复议申请人在复议中认识到自己的申请难以成立，缺乏法律或实施的依据，没有成立的可能性，进而对具体行政行为由不同意转向认同，继续复议已无意义，因而主动请求撤回；二是由于被申请人撤销、变更了原具体行政行为，申请人接受此种变化，因而请求撤回。但是上述两种情况的撤回，申请人都应该向复议机关说明理由，复议机关对该理由进行审查后，有权决定是否同意复议申请的撤回，经审查同意的，可以撤销复议案件，终止行政复议行为；经审查不同意撤回的，复议机关应继续审理，并在法定的时间内作出审理决定。

2. 海关行政复议申请的中止

海关行政复议申请的中止是指在行政复议的过程中，由于法定条件的丧失，而暂时停止复议行为，在条件恢复以后，再继续审理的情况。根据《海关行政复议办法》第五十五条，行政复议因下列情形而中止：作为申请人的自然人死亡，其近亲属尚未确定是否参加行政复议的；作为申请人的自然人丧失参加行政复议能力，尚未确定法定代理人参加行政复议的；作为申请人的法人或者其他组织终止，尚未确定权利和义务的承受人的；作为申请人的自然人下落不明或者被宣告失踪的；申请人、被申请人因不可抗力，不能参加行政复议的；案件涉及法律适用问题，需要有权机关作出解释或者确认的；案件审理需要以其他案件的审理结果为依据，而其他案件尚未审结的；申请人对具体行政行为所依据的有关规定的审查申请，有权处理的海关、行政机关正在依法处理期间的；其他需要中止行政复议的情形。行政复议中止，海关行政复议机关应当制作《行政复议中止决定书》，并且送达申请人、被申请人和第三人。

3. 海关行政复议申请的终止

海关行政复议申请的终止是指在海关行政复议进行期间，由于发生了足以导致复议程序终止的客观原因，从而终止正在进行的海关行政复议的一项制度。《海关行政复议办法》第八十二条规定：“行政复议期间有下列情形之一的，行政复议终止：（一）申请人要求撤回行政复议申请，海关行政复议机构准予撤回的；（二）作为申请人的自然人死亡，没有近亲属或者其近亲属放弃行政复议权利的；（三）作为申请人的法人或者其他组织终止，其权利和义务的承受人放弃行政复议权利的；（四）申请人与被申请人达成和解，并且经海关行政复议机构准许的；（五）申请人对海关限制人身自由的行政强制措施不服申请行政复议后，因申请人同一违法行为涉嫌犯罪，该限制人身自由的行政强制措施变更为刑事拘留的，或者申请人对海关扣留财产的行政强制措施不服申请复议后，因申请人同一违法行为涉嫌犯罪，扣留财产的行政强制措施变更为刑事扣押的；（六）依照《海关行政复议办法》第五十五条第一款第（一）项、第（二）项、第（三）项规定中止行政复议，满60日行政复议中止的原因仍未消除的；（七）申请人以传真、电子邮件形式递交行政复议申请书后未在规定期限内提交有关材料的原件的。行政复议终止，海关行政复议机关应当制作《行政复议终止决定书》并且送达申请人、被申请人和第三人。”

（七）海关行政复议审理期限

根据《行政复议法》的规定，不服海关具体行政行为的复议，海关行政机关应当自收到复议申请书之日起60日内作出复议决定。《海关行政复议办法》第六十八条还规定了期限延长的具体情况，海关行政复议机关应当自受理复议申请60日内作出行政复议决定。但有下列情况之一的，经海关行政复议机关负责人批准，可以延长30日：（1）复议案件案情重大、复杂、疑难的；（2）决定举行行政复议听证的；（3）经申请人同意的；（4）有第三人参加行政复议的；（5）申请人、第三人提出新的事实或者证据需进一步调查的。海关行政复议机关延长复议期限，应当制作“延长行政复议审查期限通知书”，并且送达申请人、被申请人和第三人。

四、海关行政复议的决定

（一）海关行政复议决定的种类

海关行政复议案件经过审理后，复议人员应当形成审理意见或合议意见。这些意见经海关行政复议机关负责人同意或者经过海关案件审理委员会讨论通过后，成为海关行政复议机关最后的行政复议决定。根据《海关行政复议办法》的规定，海关行政复议机构提出案件处理意见，经海关行政复议机关负责人审查批准后，作出行政复议决定。

1. 决定维持

海关具体行政行为同时具备以下四个条件的，可决定维持具体行政行为：海关具体行政行为所认定的事实清楚、证据确凿；适用法律、法规等规范性文件正确；程序合法；内容适当。

2. 决定被申请人履行法定职责

海关行政复议机关经过审理后，认为被申请人的不作为行为违反了法律、行政法规、规章及有关的规范性文件，属于未履行法定职责的，应该作出责令其在规定的期限内履行法定职责的决定；法律、行政法规、海关规章未规定期限的，重新作出具体行政行为的期限为60日。

3. 决定撤销、变更或者确认该具体行政行为违法

根据《海关行政复议办法》相关规定，具体行政行为有下列情形之一的，海关行政复议机关应当决定撤销、变更或者确认该具体行政行为违法，决定撤销或者确认该具体行政行为违法的，可以责令被申请人在一定期限内重新作出具体行政行为：主要事实不清、证据不足的；适用依据错误的；违反法定程序的；超越或者滥用职权的；具体行政行为明显不当的。

被申请人未按照规定提出书面答复、提交当初作出具体行政行为的证据、依据和其他有关材料的，视为该具体行政行为没有证据、依据，海关行政复议机关应当决定撤销该具体行政行为。

具体行政行为有下列情形之一的，海关行政复议机关可以决定变更：（1）认定事实清楚、证据确凿、程序合法，但是明显不当或者适用依据错误的；（2）认定事实不清、证据不足，但是经海关行政复议机关审理查明事实清楚、证据确凿的。

根据《行政复议法实施条例》第五十一条及《海关行政复议办法》第七十五条，海关行政复议机关决定变更时要遵循“行政复议不利变更禁止原则”，即海关行政复议机关在申请人的行政复议请求范围内，不得作出对申请人更为不利的行政复议决定。“不利变更禁止原则”是指复议机关对申请人提交的复议案件，在作出处理决定是不能将申请人置于较行政复议之前更加不利的境地。也就是说，既不能加重申请人的法律责任，也不能减损申请人的既得利益，申请人的负担不得因行政复议而增加。这一原则的确立对消除当事人害怕因提出复议申请对自己不利的顾虑，确保申请人充分利用行政复议程序维护其合法权益，对提高行政复议工作质量起着积极的作用。“行政复议不利变更禁止原则”不是绝对的，而是相对的，即有例外的规定。即海关行政复议机关在下列情形下，可以作出不利变更决定：（1）不作出对申请人更为不利的具体行政行为将损害国家利益、社会公共利益或者他人合法权益的；（2）原具体行政行为适用法律依据错误，适用正确的法律依据需要依法作出对申请人更为不利的具体行政行为的；（3）被申请人查明新的事实，根据新的事实和有关法律、行政法规、海关规章的强制性规定，需要作出对申请人更为不利的具体行政行为的；（4）其他依照法律、行政法规或者海关规章规定应当作出对申请人更为不利的具体行政行为的。

4. 驳回复议申请决定

驳回复议申请决定是对申请人复议请求的否定，是对被复议行政行为或不作为行政行为的间接肯定。类似于维持决定，但具有维持决定所不能替代的功能和作用。驳回复议申请决定不同于复议申请不予受理，复议申请不予受理是否定当事人程序上的请求权，说明申请人不符合法律规定的复议申请条件，而驳回复议申请决定否定的是当事人的实体请求权，说明申请人的复议申请条件符合法律规定，只是其复议请求不能成立，故得不到法律的支持。《行政复议法实施条例》设立了驳回行政复议申请决定的方式，这是对《行政复议法》的创新，是为了克服实践中适用维持决定所引发的逻辑矛盾、填补传统行政复议决定方式的不足。驳回行政复议申请决定针对的是理由不成立的不作为行政复议申请以及不当受理的行政复议申请。具体适用情形如下：

（1）申请人认为原行政机关不履行法定职责而申请行政复议，复议机关经审查认为行政机关没有相应的法定职责，无法履行申请人的请求，复议机关因此驳回申请人的复议申请。

（2）申请人认为原行政机关不履行法定职责而申请行政复议，复议机关受理行政复议申请后，认为被申请人已经履行法定职责，没必要再通过行政复议继续“强迫”该行政机关履行职责，复议机关因此作出驳回复议申请的决定。

（3）复议机关在受理行政复议申请后，发现该行政复议申请不符合《行政复议法》以及《行政复议法实施条例》所规定的受理条件的，复议机关因此而作出驳回行政复议申请决定。

（二）海关行政复议决定书

海关行政复议机关作出不同种类的复议决定后，应当制作“行政复议决定书”。根据《海关行政复议办法》第七十七条的规定，海关行政复议机关作出行政复议决定，应当制作“行政复议决定书”。

“行政复议决定书”应当载明下列内容：申请人姓名、性别、年龄、职业、住址（法人或者其他组织的名称、地址，法定代表人或者主要负责人的姓名、职务）；第三人姓名、性别、年龄、职业、住址（法人或者其他组织的名称、地址，法定代表人或者主要负责人的姓名、职务）；被申请人名称、地址，法定代表人姓名；申请人申请复议的请求、事实和理由；被申请人答复的事实、理由、证据和依据；行政复议认定的事实和相应的证据；作出行政复议决定的具体理由和法律依据；行政复议决定的具体内容；不服行政复议决定向人民法院起诉的期限和具体管辖法院；作出行政复议决定的日期。“行政复议决定书”应当加盖海关行政复议机关的印章。

海关行政复议机关的复议决定作出后，应当向当事人送达“行政复议决定书”。根据《行政复议法》第四十条的规定，海关行政复议机关送达“行政复议决定书”，应当直接送交受送达人；本人不在的，交其同住的成年家属或者所在单位签收；本人已向复议机关指定代收人的，交代收人签收；受送达人是法人或者其他组织的，交其收发部门签收。受送达人拒绝接收复议决定书的，送达人应当要求有关人员到场，说明情况，在送达回证上记明拒收事由和日期，由送达人、见证人签名或者盖章，把“行政复议决定书”留在受送达人的住处或者收发部门，即视为送达。海关行政复议机关送达“行政复议决定书”，可以委托其他海关代为送达或者邮寄送达，如果无法直接送达的，可以公告送达。送达必须有回证，受送达人在回证上面注明收到的日期、签章。受送达人在送达回证上面的签收日期为送达日期，邮寄送达的，以挂号回执上注明的收件日期为送达日期。通过公告发送的，自发出公告之日起，经过 60 日，即视为送达。

“行政复议决定书”直接送达的，行政复议人员应当就行政复议认定的事实、证据、作出行政复议决定的理由、依据向申请人、被申请人和第三人作出说明；申请人、被申请人和第三人对“行政复议决定书”提出异议的，除告知其向人民法院起诉的权利外，应当就有关异议作出解答。“行政复议决定书”以其他方式送达的，申请人、被申请人和第三方就“行政复议决定书”有关内容向海关行政复议机构提出异议的，行政复议人员应当向申请人、被申请人和第三人作出说明。经申请人和第三人同意，海关行政复议机关可以通过出版物、海关门户网站、海关公告栏等方式公布生效的行政复议法律文书。“行政复议决定书”送达后，海关复议机关发现“行政复议决定书”有需要补充、更正内容，但是不影响行政复议决定的实质内容的，应当制作“行政复议决定补正通知书”，并且送达申请人、被申请人和第三人。

（三）海关行政复议决定的效力

行政复议一经送达即发生法律效力，如果法律规定行政复议裁决为终局裁决的，复议决定一经作出，即产生执行力。申请人拒不执行复议决定的，作出复议决定的机关可依法强制执行或申请法院强制执行。如果不是属于终局的行政复议，申请人对复议决定逾期不起诉又不履行的，复议机关可以申请法院强制执行，被申请人如果不履行或者无正当理由拖延履行海关行政复议决定的，上一级海关应当责令其限期履行。

五、海关行政复议和解和调解

（一）海关行政复议和解和调解概念

和解是指纠纷或争议的当事人以平等协商、相互让步、达成协议的方式消除彼此间的分歧、化解纠纷的过程。行政复议和解是指在行政复议过程中，当事人双方就争议标的的权利和义务关系，协议互相让步，以达成合意，从而终结行政复议程序的法律行为。海关行政复议调解是指在海关行政复议过程中，由海关复议机关根据行政争议当事人的申请，或根据复议案件的实际情况主动对当事人之间的行政争议所进行的居中协调。《行政复议法实施条例》第四十条规定：“公民、法人或者其他组织对行政机关行使法律、法规规定的自由裁量权作出的具体行政行为不服申请行政复议，申请人与被申请人在行政复议决定作出前可以自愿达成和解的，应当向行政复议机构提交书面和解协议；和解内容不损害社会公共利益和他人合法权益的，行政复议机构应当准许。”《行政复议法实施条例》第五十条规定：“行政复议机关可以按照自愿、合法的原则进行调解。”《行政复议法实施条例》有较多创新之处，行政复议和解与调解制度就是首创。1990年的《行政复议条例》规定：“复议机关审理复议案件，不适用调解”。在行政诉讼中，也是只有国家赔偿才适用调解制度。直到《行政复议法实施条例》的出台才开创了复议和解与调解的先河。《海关行政复议办法》第八十三条至第九十三条是关于行政复议和解与调解的规定。行政复议和解与调解制度有利于转变行政理念，由管制行政转向服务行政；有利于对高效深入解决行政纠纷，进而及时有效化解矛盾，保护行政相对人合法权益，减少行政诉讼等都具有很大的作用。

行政复议和解与调解制度的法理基础是行政机关拥有广泛的行政自由裁量权及自由裁量行为的存在。自由裁量行政行为是指行政法规范对行政行为的条件、范围和程序等方面的规定并不明确、具体，行政主体在遵守行政法规范的同时，还具有一定的选择、裁量余地，根据实际情况进行判断所做的行政行为。如行政机关基于行政裁量权，对作为与不作为、行为方式、处罚种类和幅度等都有自由选择的余地，在涉及自由裁量行政行为复议案件时，当然可以适用和解与调解。另外，行政复议实行和解与调解是处在复议机关的全面监督之下，即复议机关对相对人申请复议的行政行为在合法性审查的同时又可以合理性审查，合理性审查不仅决定了行政复议可以和解与调解，而且使行政复议和解与调解处在复议机关监督之下，不会损害社会公共利益和他人合法权益。对和解与调解的结果复议机关进行审查后，认为和解内容没有损害社会公共利益和他人合法权益，行政复议机关才会准许。

（二）海关行政复议和解与调解的适用范围

不是所有的行政复议案件都可以适用和解和调解结案，即适用和解和调解结案的复议案件的种类是有限的。根据《行政复议法实施条例》第四十条和第五十条、《海关行政复议办法》第八十三条和第八十八条，相对人对行政机关依据法律、法规规定的自由裁量权作出的具体行政行为不服申请行政复议的，可以和解或调解结案。自由裁量行政行为是行政主体对行政法律规范的适用有较大选择余地的行为，包括对行为的裁量、对幅度和种类的裁量、对性质认定的裁量以及对情节轻重的裁量等。根据《行政复议法实施条例》第五十条和《海关行政复议办法》第八十八条，对当事人之间的行政赔偿或者行政补偿纠纷引起的复议案件，可以调解结案。行政赔偿纠纷是指行政机关及其行政人员违法行使行政职权，侵犯了行政相对人的合法权益造成损害，而依法承担赔偿责任的纠纷。行政补偿纠纷是指因行政主体的合法行政行为造成行政相对人合法权益的损失，依法由行政主体对行政相对人所受的损失予以弥补而产生的纠纷。当事人因行政赔偿或者行政补偿事宜发生纠纷，争议的焦点主要在赔偿、补偿的具体数额、范围、程度等方面，是否应予以赔偿、补偿以及应在何种程度和范围内予以赔偿、补偿的问题，当事人具有自由处分的权利，行政复议机关可以居中进行调解，促成双方达成合意。

（三）海关行政复议和解和调解适用条件

海关行政复议和解和调解的适用条件：

（1）适用行政复议和解与调解制度结案，必须是法律、行政法规或者海关规章规定的自由裁量权的案件。如《海关行政处罚实施条例》第二十条规定：“运输、携带、邮寄国家禁止进出境的物品进出境，未向海关申报但没有以藏匿、伪装等方式逃避海关监管的，予以没收，或者责令退回，或者在海关监管下予以销毁或者进行技术处理。”该条规定了海关处理的四种方式，执法者可以根据具体案件情况，作出自由的选择。但是，有些情况下法律、行政法规和海关规章规定的是唯一的，没有选择余地，也就不能适用和解与调解，如《海关行政处罚实施条例》第十三条规定：“违反国家进出口管理规定，进出口国家禁止进出口的货物的，责令退运，处100万元以下罚款。”该条中“责令退运”是必须的，没有选择余地，海关也没有自由裁量权。

（2）海关行政复议机构无论是审查当事人提交的和解协议还是居中调解当事人纠纷，一定尊重当事人的意愿，一定是当事人的真实意思表示。只有当事人自愿，才能保证当事人的内心意思与效果意思以及表示行为相一致，方能使行政主体基于公益保护和私益维护的平衡点与相对人进行沟通。行政复议和解协议必须在纠纷双方当事人自愿的基础上达成的才有效；复议机关的复议调解必须以纠纷双方当事人的主动申请而启动，复议机关也可以主动询问当事人是否愿意调解，但复议机关不得强行调解，调解也不是复议程序的必经阶段，行政复议机关也不得强迫当事人接受调解结果。调解未达成协议或者调解书生效前一方反悔的，行政复议机关应当及时作出行政复议决定。

（3）和解内容不违反法律、行政法规或者海关规章的强制性规定。如纠纷双方当事人只能在法律规定的范围内达成和解或调解协议；和解或调解协议的内容必须符合法律规定；行政机关必须在法定权限内处分行政权。

（4）适用行政复议和解与调解制度结案，必须在海关复议机关作出复议决定之前。所谓“海关复议机关作出复议决定之前”是指复议机关正式制发复议决定书的时间，如果海关复议机关负责人在复议决定书上签字了，但还没有送达，视为未作出复议决定，当事人之间还可以和解，复议机关也可以主持调解。

（5）和解或调解协议不得损害国家利益、社会公共利益和他人合法权益。为了避免行政机关与行政相对人之间以签订行政契约的形式损害公共利益及其他利害关系人的相关利益，应当在缔约过程中公开拟订的和解协议，允许利害关系人就建议中的和解办法提出评论意见。行政机关必须在法定权限内处分行政权，通过和解与调解后行政机关撤销、变更或重新作出的行政行为不得损害社会公共利益和他人合法权益，否则这种和解与调解协议无效。[①]

（四）海关行政复议和解与调解程序

1. 海关行政复议和解程序

（1）提交书面协议。申请人和被申请人达成和解的，应当由当事人向海关行政复议机构提交书面和解协议。和解协议应当载明行政复议请求、事实、理由和达成和解的结果，并且由申请人和被申请人签字或者盖章。

（2）海关行政复议机构审查。海关行政复议机构应当对申请人和被申请人提交的和解协议进行审查，和解确属申请人和被申请人的真实意思表示，和解内容不违反法律、行政

---

① 公共利益是一定社会条件下或特定范围内不特定多数主体利益相一致的方面具有主体数量的不确定性、实体上的共享性等特征，利益表现为某个特定的（精神或者物质）客体对主体具有意义，并且为主体自己或者其他评价者直接认为、合理地假定或者承认对有关主体的存在有价值（有用、必要、值得追求）。所谓国家利益是指一个国家政治统治需要的满足。因此，国家利益往往侧重于国家的政治利益，主要是统治阶级的利益。国家利益主要包括国家的安全利益、外交利益、军事利益以及意识形态利益等，以维护统治阶级的政治统治为目的。社会利益的主要内容是经济利益和文化利益，以维护社会的自治和良性运转为目的，并且排斥国家的肆意干涉。社会是独立于国家的另一种自治的共同体，与追求政治利益的国家不同，社会以经济关系为核心，靠社会成员之间的文化纽带联结。

法规或者海关规章的强制性规定，不损害国家利益、社会公共利益和他人合法权益的，应当准许和解，并且终止行政复议案件的审理。

（3）制作“行政复议终止决定书”。海关行政复议机构准许和解并且终止行政复议的，应当在“行政复议终止决定书”中载明和解的内容。

（4）海关行政复议和解的期限为复议决定作出之前。

2. 海关行政复议调解程序

（1）征求申请人和被申请人是否同意进行调解的意愿。

（2）经申请人和被申请人同意后开始调解。

（3）听取申请人和被申请人的意见。

（4）提出调解方案。

（5）达成调解协议。

申请人和被申请人经调解达成协议的，海关行政复议机关应当制作“行政复议调解书”。“行政复议调解书”应当载明下列内容：申请人姓名、性别、年龄、职业、住址（法人或者其他组织的名称、地址，法定代表人或者主要负责人的姓名、职务）；被申请人名称、地址、法定代表人姓名；申请人申请行政复议的请求、事实和理由；被申请人答复的事实、理由、证据和依据；行政复议认定的事实和相应的证据；进行调解的基本情况；调解结果；申请人、被申请人履行调解书的义务；日期。“行政复议调解书”应当加盖海关行政复议机关的印章。

（五）海关行政复议和解与调解的效力

经海关行政复议机关准许和解的，行政复议和解书经双方当事人签字后，即具有法律效力。申请人和被申请人应当履行和解协议。经海关行政复议机关准许和解并且终止行政复议的，申请人以同一事实和理由再次申请行政复议的，不予受理。但是，申请人提出证据证明和解违反自愿原则或者和解内容违反法律、行政法规或者海关规章的强制性规定的除外。和解未达成协议或者和解书送达前一方反悔的，行政复议机关应当及时作出行政复议决定。当事人对行政复议和解决定不服的，可以向人民法院提起行政诉讼。

“行政复议调解书”经申请人、被申请人签字或者盖章，即具有法律效力。调解期间申请人或者被申请人明确提出不进行调解的，应当终止调解。终止调解后，申请人、被申请人再次请求海关行政复议机关主持调解的，应当准许。调解未达成协议或者行政复议调解书生效前一方反悔的，海关行政复议机关应当及时作出行政复议决定。

福建省中某机电进出口有限公司不服蛇口海关行政处罚决定行政复议案

（一）案情简介

2008 年 10 月 24 日，申请人福建省中某机电进出口有限公司委托深圳市玮某国际货运代理有限公司，以一般贸易方式向蛇口海关申报出口货物“PU 女鞋/KOKOMATE 牌/36~40 码 17592 双”。10 月 25 日，经蛇口海关现场查验，实际出口货物为“PU 女鞋/KOKOMATE 牌/36~40 码 7524 双”，多报少出 10068 双，另有水泥 3500 千克未申报出口。案件移交缉私部门处理。10 月 29 日，海关缉私部门受理此案并立案侦查。12 月 25 日，申请人缴纳抵押金 5 万元（开具了海关保证金、风险担保金、抵押金专用收据）后，涉案货物予以退运。

经调查，蛇口海关认为涉案货物水泥出口需办理出境货物通关单，申请人的行为影响了国家许可证件管理；申请人具备出口退税资格，PU 女鞋的出口退税率为 11%，其多报少出的行为影响了国家出口退税管理。海关遂根据《海关行政处罚实施条例》第十五条第（三）、（五）款规定及《行政处罚法》相关规定，对申请人作出罚款 4 万元的决定，并于 2009 年 12 月 23 日送达了行政处罚决定书［蛇关缉违字（2009）794 号］。

申请人不服，认为其多报少出不是由申请人的原因造成的，而是因为集装箱内的货物遭到盗窃所导致的，申请人并未实施任何违法违规行为，海关不应对其处罚，于 2010 年 2 月 4 日向深圳海关申请行政复议，请求撤销处罚决定并退还罚款。深圳海关受理此案，经书面审理和复议听证，认为申请人的行为已构成违反海关监管规定的行为，被申请人有权依法予以查处，原处罚决定认定事实清楚，适用法律法规正确，程序合法。但在量罚幅度方面，鉴于申请人的申报不实确实存在一定的客观原因，原处罚决定量罚偏重，至此，复议机关认为本案已经具备调解结案的条件和基础，逐进行了调解，决定对申请人改科处 5000 元。申请人和被申请人对调解结果均表示满意，没有再提出任何异议。

（二）法律分析

1. 本案涉及的复议主体：申请人是福建省中某机电进出口有限公司，其与深圳市玮某国际货运代理有限公司之间是委托关系；被申请人是蛇口海关；复议机关是蛇口海关的上一级海关，即深圳海关。

2. 本案程序合法。行政复议申请复议期限是收到行政决定后的 60 日内。申请人在 2009 年 12 月 23 日收到征税决定，在 2010 年 2 月 4 日向深圳海关申请行政复议，在法定的复议期限内提出复议；深圳海关为保证案件的准确审理，特举行复议听证；行政复议机关收到申请后的 60 日内作出了复议决定等。

3. 本案是一个比较典型的复议调解案件。复议调解需要遵守适用条件，按照相关法律法规的规定，按照自愿、合法的原则，对行使法定裁量权作出的具体行政行为、行政赔偿、行政补偿案件作出调解。本案符合上述条件，复议机关主动运用了调解，得到复议双方均满意的结果，达到了法律效果和社会效果的相统一。

第五节 海关行政复议的法律责任

一、海关行政复议机关的法律责任

海关行政复议机关的法律责任是指海关行政复议机关在行政复议过程中违反海关行政复议规定而承担的法律责任。根据《海关行政复议办法》第一百零六条的规定，海关行政复议机关、海关行政复议机构、行政复议人员有《行政复议法》第三十四条、第三十五条，《行政复议法实施条例》第六十四条规定情形的，依照《行政复议法》《行政复议法实施条例》的有关规定处理。《海关行政复议办法》第一百零八条规定："上级海关发现下级海关及有关工作人员有违反行政复议法、行政复议法实施条例和本办法规定的，应当制作《处理违法行为建议书》，向有关海关提出建议，该海关应当依照行政复议法和有关法律、行政法规的规定作出处理，并且将处理结果报告上级海关。海关行政复议机构发现有关海关及其工作人员有违反行政复议法、行政复议法实施条例和本办法规定的，应当制作《处理违法行为建议书》，向人事、监察部门提出对有关责任人员的处分建议，也可以将有关人员违法的事实材料直接转送人事、监察部门处理；接受转送的人事、监察部门应当依法处理，并且将处理结果通报转送的海关行政复议机构。"海关行政复议机关的法律责任是由海关行政复议机关的直接负责的主管人员和其他直接责任人员来承担的，依法可以给予其警告、记过、记大过的行政处分，他们所承担的是公务员法规规定的行政处分责任。

二、海关行政复议被申请人的法律责任

被申请人因为消极地对待复议活动及其他违法行为而应该承担的法律责任。比如说，不提交作出具体行政行为的证据、依据和其他有关材料；不履行行政复议决定或者无正当理由拖延履行行政复议决定的行为等。根据《海关行政复议办法》的规定，被申请人有《行政复议法》第三十六条和第三十七条、《行政复议法实施条例》第六十二条规定情形的，依照《行政复议法》《行政复议法实施条例》的有关规定处理。

第十六章 海关行政诉讼

第一节 海关行政诉讼的概念、原则

一、海关行政诉讼的概念

行政诉讼，顾名思义是有关行政的诉讼，即由人民法院主持解决行政纠纷的行为，是对行政的司法审查。其宪政理念是权利救济理念。行政诉讼与刑事诉讼、民事诉讼共同构成三大诉讼体系。其法律依据是《行政诉讼法》《最高人民法院关于适用〈中华人民共和国行政诉讼法〉的解释》（以下简称《行政诉讼法解释》）等。关于行政诉讼的概念，由于各国（地区）行政法与行政诉讼法理论、实践等环节的不尽相同而不同。例如，法国行政诉讼是指行政法院根据当事人的申请，对行政活动的合法性进行审查的一种制度；德国行政诉讼是指公民等对政府的行政行为不服，向行政法院起诉以求司法救济的法律制度；美国的行政诉讼一般称为司法审查，是指法院应对行政相对人的申请，审查行政机构行为的合法性，并作出相应裁决的活动；日本的行政诉讼称为行政案件诉讼，是指由于行政主体行使行政权，作出违法行为或者不作为并使国民的权益受到损害，国民可以向法院提起诉讼，请求审理行政厅的作为或者不作为的合法性，以排除违法状态、救济国民权益为主要目的的诉讼。根据相关法律、法规，我国的行政诉讼是指公民、法人或者其他组织对具有国家行政职权的机关和组织及其工作人员的行政行为不服而提起的诉讼。

在我国的法律体系中，《行政诉讼法》是一个部门法。1987 年 1 月 1 日生效的《治安管理处罚条例》开创了行政诉讼的先河，但其范围仅限于对治安处罚不服提起诉讼。1987 年 7 月 1 日《海关法》生效后，海关系统开始实行行政诉讼制度，其范围除包括不服行政处罚的诉讼外，增加了关于纳税争议的诉讼。1990 年《行政诉讼法》正式实施生效之后，海关行政诉讼范围扩大为海关行政管理相对人认为海关侵犯其人身权、财产权的所有具体行政行为；新修订的《行政诉讼法》进一步扩大行政诉讼范围，将受案中“具体行政行为”修改为“行政行为”；将相对人不服行政征收、征用决定及其补偿决定等均纳入行政诉讼；在原来受案范围中“申请行政机关保护人身权、财产权”后边加“等”字。由此，海关行政诉讼是指海关行政管理相对人认为海关的具体行政行为侵犯了其合法权益，依法以相应海关为被告向相应的人民法院起诉，由人民法院对海关相应行为进行审查并作出裁判的法律制度。海关行政诉讼的基础是行政诉讼制度，但海关行政诉讼有其自己的特点。

（一）海关行政诉讼的原告和被告是恒定的

海关行政诉讼的原告只能是认为海关和海关工作人员的具体行政行为侵犯其合法权益而依法起诉的公民、法人或者其他组织，一般表现为海关行政管理中的相对方；而海关行政诉讼的被告只能是作出被诉具体行政行为的海关。包括海关行政诉讼在内的所有行政诉讼的当事人双方的诉讼地位是恒定的，不允许行政主体作为原告起诉行政管理相对方。这个特点与民事诉讼和刑事诉讼不同。民事诉讼中诉讼双方当事人均为平等的民事主体，原被告不具有恒定性；而刑事诉讼，也存在着自诉案件中允许被告人作为被害人反诉自诉人。

（二）海关行政诉讼的受案范围是限定的

根据我国《行政诉讼法》和《行政诉讼法解释》的相关规定，行政诉讼受案范围限于法律、法规规定的具体行政行为，海关行政诉讼是解决特定范围内行政争议的活动。行政诉讼并不解决所有类型的行政争议，有的行政争议不属于人民法院行政诉讼的受案范围，而刑事诉讼和民事诉讼均无类似于行政诉讼的受案范围的限制。行政诉讼受案范围是指人民法院受理行政诉讼案件的具体范围。这一范围同时决定着司法机关对行政主体行为的监督范围，决定着受到行政主体侵害的公民、法人和其他组织诉讼的范围。

（三）海关行政诉讼案件不得以调解方式结案

我国《行政诉讼法》第六十条规定："人民法院审理行政案件，不适用调解。"但同时规定行政赔偿、补偿以及行政机关行使法律、法规规定的自由裁量权的案件就可以适用调解。意指除了行政赔偿案件、补偿以及行政机关行使法律、法规规定的自由裁量权的案件之外的其他行政诉讼案件，人民法院不得以调解方式结案。在行政诉讼中排除调解的理由是因为在行政诉讼案件中被告是依法行使国家行政职权的行政机关，其作出的具体行政行为是法律赋予的权利，是代表国家行使职权，因此，作为被告的行政机关应当依法行政，没有随意处分的权力。人民法院审理行政案件的任务是以事实为根据，以法律为准绳，对行政机关的具体行政行为进行审查，判定具体行政行为是否合法适当，并作出判决。在民事案件审理中，法院一般会在当事人中居中调解，对调解不成或不愿调解的案件才下达判决书。

（四）海关行政诉讼案件举证责任倒置

举证责任，是指在诉讼中应该由谁来担负提出证据并用证据来证明事实的责任。因此，举证责任也叫证明责任。行政诉讼举证责任是指在行政诉讼中应该由谁来担负提出证据，并用证据来证明事实的责任。具体包括行政诉讼举证主体、举证责任分配以及举证内容等。

所谓举证责任倒置，在德国法上是指"反方向行使"，在这个意义上不是说"本来由此方当事人承担的证明责任转换给彼方当事人承担"，而是指"应由此方当事人承担的证明责任被免除，由彼方当事人对本来的证明责任对象从相反的方向承担证明责任"。《行政诉讼法》第三十四条第一款明确规定："被告对作出的行政行为负有举证责任，应当提供作出该行政行为的证据和所依据的规范性文件。"因此，我国行政诉讼举证分配原则是举证责任倒置。

我国行政诉讼举证实行举证责任倒置的理由是：作出具体行政行为的包括海关在内的行政机关和相对人之间信息不对等、权力不对等，如果按照"谁主张、谁举证"是诉讼举证分配，必然倒置不利于行政相对人的后果，也无法保证司法公正。进行举证责任倒置规定显然是基于行政主体应当"依法行政"或者说应当依法履行法律赋予的国家职权，不得超越职权和滥用职权违法行政的原理。

我国法律规定包括海关在内的行政机关对作出的具体行政行为负有举证责任，并不免除原告的举证责任。在我国，行政诉讼原告承担基础的举证责任，目的在于证明起诉符合《行政诉讼法》的起诉条件即可。《行政诉讼法》第三十七条、第三十八条规定，原告对下列事项承担举证责任：(1) 在起诉被告不作为的案件中，证明其提出申请的事实；(2) 在行政赔偿、补偿案件中，证明因受被诉行为侵害而造成损失的事实；(3) 原告可以提供证明行政行为违法的证据。可见，原告在行政诉讼中也承担举证责任，但其承担的责任仅限于证明其符合起诉条件。

二、海关行政诉讼的基本原则

海关行政诉讼的基本原则是指在整个海关行政诉讼过程或者在海关行政诉讼的主要阶段，对人民法院审理海关行政案件和当事人参与海关行政诉讼活动起指导作用的准则。一般认为诉讼的基本原则应该由法律明确规定，我国行政诉讼作为三大诉讼的一种，对行政诉讼的基本原则也作了一般的规定。[①] 比如，人民法院依法独立行使审判权原则；以事实为根据，以法律为准绳原则；回避、辩论、合议、公开审判、两审终审原则；当事人法律地位平等、使用本民族语言文字进行诉讼原则；人民检察院对诉讼实行法律监督原则等。与此同时，《行政诉讼法》又规定了其独特的原则，具体如下：

(一) 当事人选择复议原则

根据《行政诉讼法》第四十四条第一款，对属于人民法院受案范围的行政案件，在法律、法规没有明确规定必须经过复议的情况下，当事人对具体行政行为不服时，既可以先向上一级行政机关或者法律规定的特定机关申请复议，对复议决定不服，再向法院起诉，也可以不经复议直接向法院起诉。简言之，在我国，复议原则上不是进行行政诉讼的必经程序，是否经过复议，由当事人自己选择。但根据《行政诉讼法》第四十四条第二款，法律、法规规定应当先向行政机关申请复议，对申请复议不服再向人民法院起诉的，依照法律、法规的规定。例如，根据《海关法》的相关规定，海关行政诉讼具有一项特有原则，

① 参见《行政诉讼法》第三条至第十条。

即海关纳税争议行政复议前置原则。[①]《海关法》作出上述规定主要是考虑到海关征管行为往往涉及进出口货物商品归类、完税价格审定、税率适用及原产地认定等多方面复杂的海关技术和专业知识，其中许多领域还涉及我国已加入国际公约所确定的权利和义务，例如《WTO估价协议》《原产地规则协定》以及世界海关组织统一遵守的《商品名称及编码协调制度》等，上述问题具有较强的专业性和技术性。对于海关税收征管行为所引发的纳税争议，如果允许管理相对人直接向法院提起行政诉讼，势必会给法院的案件审理工作造成很大难度，同时也不利于提高行政效率。

（二）合法性审查原则

《行政诉讼法》第六条规定："人民法院审理行政案件，对行政行为是否合法进行审查。"根据《行政诉讼法》第七十四条第二款第（二）项的规定，被告改变原违法行政行为，原告仍要求确认原行政行为违法的，人民法院判决确认违法。这些规定是对行政诉讼的定性，同时也确立了人民法院对具体行政行为进行合法审查这一行政诉讼的独特原则。它表明海关行政诉讼审查的重点应该是海关作出的具体行政行为；它表明法院在海关行政诉讼中，原则上只对被诉具体行政行为的合法性进行审查。

人民法院原则上只能对被诉具体行政行为进行审查，但根据《行政诉讼法》第五十三条，相对人认为行政行为所依据的国务院部门和地方人民政府及其部门制定的规范性文件不合法，在对行政行为起诉时，可以一并请求对该规范性文件进行审查。即人民法院审理行政案件时将具体行政行为的审查放在中心地位，同时对规章以下其他规范性文件进行附带审查。

人民法院原则上只能对被诉具体行政行为的合法性进行审查，不审查具体行政行为的合理性。根据《行政诉讼法》第七十七条的规定，行政处罚明显不当，人民法院可以判决变更。《行政处罚法》第五条规定："行政处罚遵循公正、公开的原则。设定和实施行政处罚必须以事实为根据，与违法行为的事实、性质、情节以及社会危害程度相当……"据此，如果行政处罚的轻重与案件的事实和情节明显不相适应，人民法院可以判决变更，所谓"可以"，是指人民法院有权判决变更，也可以判决维持，这要根据案件的具体情况而定。

第三，争诉不停止执行原则。这是为保持行政管理的连续性和法律的执行力而作出的规定。海关行政诉讼中，海关作出的具体行政行为并不因原告的起诉而停止执行。《行政

① 2005年3月14日，天某贸易有限公司（以下简称天某公司）以一般贸易方式向某海关申报进口螺纹钢管一批，海关经审查有关单证发现，天某公司的申报价格与海关掌握的同期进口价格及国际市场行情有较大差异，遂对上述价格的真实性和准确性产生怀疑。天某公司按海关的要求补充填写"价格申报表"并提供能够证明其申报价格符合成交价格条件的相关证据和资料后仍未消除海关对其申报价格真实性的怀疑。为此，海关启动估价程序，并据此对天某公司作出征收关税及代征进口环节增值税的税款缴款书。天某公司不服海关征税决定，在收到税款缴款书的次日即向某海关所在地的中级人民法院提起行政诉讼。法院收到起诉书后经审查认为，天某公司与某海关基于税收征管行为所产生的行政争议属于纳税争议范畴，相对人应先向复议机关申请行政复议，对复议决定不服的，再依法向人民法院提起诉讼，即适用复议前置程序，即天某公司径行起诉的做法不符合《行政诉讼法》和《海关法》的有关规定。

诉讼法》第五十六条规定："诉讼期间，不停止行政行为的执行。"起诉不停止执行原则，是指在行政诉讼中，原行政处理决定并不因原告提起诉讼而停止执行。这一规定，是以国家意志先定力为理论基础的。国家行政机关的决定一经作出，就可以推定为合法，具有国家意志的法律效力。确立国家意志先定力，使行政机关在执法中作出的处理决定，具有确定力和执行力，有利于国家行政机关顺利地行使职权，以保证行政机关管理的连续性，保障社会和公众利益的实现。当然，争诉不停止执行原则不是绝对的，在特定条件下可以停止执行。根据《行政诉讼法》第五十六条的规定，以下四种情况争诉停止执行：一是被告认为需要停止执行的，如海关行政管理相对人起诉后作为被告的海关经反思认为作出的行政行为确实不当，如不停止执行会给原告造成损失的，被告可以主动提出停止执行；二是原告或者利害关系人申请停止执行，人民法院认为该行政行为的执行会造成难以弥补的损失，并且停止执行不损害国家利益、社会公共利益的；三是人民法院认为该行政行为的执行会给国家利益、社会公共利益造成重大损害的；四是法律、法规规定停止执行的。当事人对停止执行或者不停止执行的裁定不服的，可以申请复议一次。

第二节　海关行政诉讼的受案范围

一、海关行政诉讼的受案范围的概念

海关行政诉讼受案范围是指人民法院受理海关行政诉讼案件的范围。这一范围决定着人民法院对海关行政行为的监督范围，决定着受到行政主体侵害的相对人诉权的范围，也决定着行政终局裁决权的范围。在我国，行政诉讼的受案范围由《行政诉讼法》和其他法律、法规以及司法解释的规定来确立。海关行政诉讼的受案范围，对不同的主体有不同的意义，对于人民法院来说，海关行政诉讼的受案范围标志着法院审查行政行为的可得性，即意味着人民法院对哪些海关行政案件拥有司法管辖权，只有在海关行政诉讼受案范围内的案件，人民法院才有权进行审理并作出判决；对于海关行政相对人而言，海关行政诉讼受案范围意味着他们可以提起海关行政诉讼的可能性。如果相对人对超出海关行政诉讼受案范围的案件提起海关行政诉讼，法院将不予受理；对于海关而言，海关行政诉讼的受案范围则意味着自己的行政行为受人民法院干预的程度。对受案范围内的海关行政行为，相应海关有义务接受司法机关的审查和监督。

我国《行政诉讼法》第二条明确规定，公民、法人或者其他组织认为行政机关工作人员的行政行为侵犯其合法权益，有权向人民法院提起诉讼。该条即以概括的方式确立了行政诉讼受案的基本标准，即总体上限于具体行政行为。《行政诉讼法》第十二条、第十三条分别采用肯定和否定列举的方式对我国行政诉讼的方式加以阐述。除了法律法规的规定以外，海关行政诉讼的受案范围更多地取决于我国政治、经济、文化以及法治水平的实际情况，它应当符合我国法治发展的现状，符合人民法院与行政机关在受理行政案件上的合理分公，还应该最大限度地保护公民、法人或者其他组织的合法权益，同时要适应我国行政诉讼制度发展水平的实际情况。海关对进出关境活动的当事人作出的大部分具体行政行

为都可以形成行政诉讼。

二、海关行政诉讼的受案范围

《行政诉讼法》第十二条、第十三条分别采用肯定和否定列举的方式对我国行政诉讼的受案范围做了规定。海关行政诉讼受案范围必须遵循《行政诉讼法》的规则，也包括了肯定范围和否定范围。

（一）肯定范围

海关行政诉讼的受案范围与海关行政复议的范围基本一致，其肯定范围大致包括：

1. 对海关行政处罚不服可以提起行政诉讼

海关行政处罚是行政处罚的一种，是海关对违反海关行政法律、法规的行政违法行为人实施的警告、罚款、没收财产、吊销许可证、暂停或取消报关企业报关权等具体行政行为。被处罚者对海关行政处罚行为不服可以依法提起行政诉讼。相关案例如下：

某年 10 月 15 日，当事人郑某持“往来港澳通行证”，经某口岸选择绿色通道出境前往澳门。某海关关员经检查发现，当事人携带澳门旅游娱乐有限公司赌博“筹码”46 枚（面值港币 194710 元），未向海关申报。海关当即扣留上述“筹码”，并于 10 月 24 日以“携带专用赌具出境、违反国家进出境物品管理规定”为由，依据《海关法》及《海关行政处罚实施条例》的有关规定，对当事人作出没收在扣“筹码”的行政处罚决定。郑某不服，向海关总署申请复议。2006 年 1 月 9 日，海关总署作出维持原海关具体行政行为的复议决定。郑某不服行政复议决定，基于同一事实和理由向某市中级人民法院提起了行政诉讼。

2. 对海关作出的收缴、扣留、收取担保、检查和查验、稽查①、收取滞纳金、保证金等行政强制行为不服的可以提起诉讼

海关为履行进出关境监督管理职能（包括对违反《海关法》行为的调查、稽查；征收或减免关税；进行海关统计；知识产权的海关保护等）依法有采取扣留、查验、查封货物、物品、运输工具、有关账册、对当事人进行人身检查、扣留当事人、冻结走私嫌疑人款项、划拨纳税义务人款项等采取行政强制措施的权力。当事人对海关的这类行为不服可以依法提起诉讼。相关案例如下：

某年 9 月 20 日，旅客张某丽乘坐晚班飞机由泰国飞抵北京首都国际机场，选择走无申报通道过关。当班旅检关员将其截停，询问其是否有需要申报的物品。张某丽表示自己去泰国旅游，未携带任何需要申报的物品进境。旅检关员随即对其行李物品进行了检查，发现一瓶洋酒，性状可疑：酒液中混杂着其他物质且呈现出分离状态。凭以往查获过在酒瓶中夹藏液状可卡因的经验，旅检关员对这瓶酒产生怀疑，遂在现场初步对酒液进行了检验，但根据检验结果无法明确判断是否含有可卡因，需送交北京市公安局毒品检测中心进

---

① 海关稽查是指海关自进出口货物放行之日起 3 年内或者在保税货物、减免税进口货物的海关监管期限内，对被稽查人的会计账簿、会计凭证、报关单证以及其他有关资料和有关进出口货物进行核查，监督被稽查人进出口活动的真实性和合法性。

行进一步化验检测。旅检部门将该案移交缉私局。由于当时已近午夜，送交北京市毒品检测中心化验需待次日上午，经请示首都机场海关关长批准，当晚 11 时 15 分，首都机场海关制发“扣留决定书”，对张某丽实施扣留，并告知其享有的救济权利。张某丽情绪激动，表示了极大的不满，拒绝在“扣留决定书”上签字，缉私局有关工作人员在注明这一情况后，将其送入扣留室，并通知了张某丽的家属。次日上午 9 时许，北京市公安局毒品检测中心检测排除了酒液中含有可卡因的可能。得到这一检测结果，首都机场海关立即于当日 9 时 20 分制发了“海关解除扣留走私犯罪嫌疑人决定书”，解除了对张某丽的扣留。张不服向北京海关提起行政复议申请并附带行政赔偿请求。北京海关作出维持原具体行政行为，同时作出不予赔偿的决定。如果张对此复议决定不服，当然可以向首都机场所在地中级人民法院提起行政诉讼。

3. 对海关归类①、估价②、确定原产地③、适用税率、汇率、减免税、追补税等不服引起的纳税争议提起行政诉讼

所谓纳税争议，是指海关管理相对人主要是纳税义务人不服海关履行税收征管职能所作具体行政行为而引发的行政争议。海关纳税争议所涉范围比较广泛，根据《中华人民共和国进出口关税条例》第六十四条的规定，纳税义务人、担保人对海关确定纳税义务人、确定完税价格、商品归类、确定原产地、税率或者汇率适用、减征或者免征税款、补税、退税、征收滞纳金、确定税款计征方式以及确定纳税地点等不服而提出质疑的都属于纳税争议范畴。由于《海关法》赋予海关有收取关税的权力，所以纳税争议是海关执法争议中比较典型和常见的争议。随着我国对外贸易的不断发展和规模的扩大，进出口企业在货物

---

① 海关进出口货物商品归类是指在《商品名称及编码协调制度公约》商品分类目录体系下，以《中华人民共和国进出口税则》为基础，按照《进出口税则商品及品目注释》、《中华人民共和国进出口税则本国子目注释》以及海关总署发布的关于商品归类的行政裁定、商品归类决定的要求，确定进出口货物商品编码的活动。《协调制度》（Harmonized Commodity Nomenclatrue and Coding System，HS）是《商品名称及编码协调制度公约》的附件。是目前国际贸易商品分类的一种“标准语言”，是一部完整、系统、通用的国际贸易商品分类体系。它将国际贸易中的商品按类、章、品目、子目进行分类。《协调制度》共 21 类，基本按社会生产的分工区分，如农业、化工业、纺织工业、冶金工业等。“类”别下共分为 97 章，基本上按商品的属性或用途来分类。目前，采用《协调制度》的国家和地区所占的国际贸易量占全球国际贸易总量的 98%。

② 海关估价是指一国海关为了征收关税，根据本国关税法律规定的统一的估价准则，确定某一进出口货物和物品的完税价格的作业程序。进口货物的完税价格，由海关以该货物的成交价格为基础审查确定，成交价格不能确定时，海关依据法定程序、法定方法审查确定该货物的完税价格。

③ 进出口商品的原产地是指作为商品而进入国际贸易流通的货物的来源，即商品的产生地、生产地、制造或产生实质改变的加工地。原产地证书是出口商应进口商要求而提供的、由公证机构或政府或出口商出具的证明货物原产地或制造地的一种证明文件。原产地证书是贸易关系人交接货物、结算货款、索赔理赔、进口国通关验收、征收关税的有效凭证，它还是出口国享受配额待遇、进口国对不同出口国实行不同贸易政策的凭证。审核确定进口货物原产地是海关的重要职能。海关有权要求进口货物的收货人提交该进口货物的原产地证书，并予以审验；必要时，可以请求该货物出口国（地区）的有关机构对该货物的原产地进行核查。根据对外贸易经营者提出的书面申请，海关可以依照《海关法》的规定，对将要进口的货物的原产地预先作出确定原产地的行政裁定，并对外公布。进口相同的货物，应当适用相同的行政裁定。

通关及后续管理等环节不服海关税收征管决定所引发的纳税争议数量逐年增加，成为海关行政执法争议中的主要类型。据海关总署统计，2010年全国海关复议案件总数289件，纳税争议类案件占217件，占复议案件总数的75.09%，所占比例最多。根据《中华人民共和国进出口关税条例》第六十四条和《海关法》第六十四条，纳税争议是复议前置，即义务人、担保人对海关确定纳税义务人、确定完税价格、商品归类、确定原产地、税率、补税等有异议的，应当缴纳税款，并可以依法向上一级海关申请复议，对复议决定不服的，可以依法向人民法院提起诉讼。

4. 认为行政机关侵犯法律规定的经营自主权的

海关在进出口环节行使监督管理职能，一般与企事业单位的经营自主权不发生冲突。但实践中，海关在征收、减免关税；查缉走私；稽查等工作中，有可能因越权、不当行政而干预企业经营自主权，在此情况下当事人可以提起诉讼。

5. 对申请设立保税仓海关不予批准等行政许可的事项不服提起行政诉讼

《行政许可法》将“行政许可”定义为：行政机关根据公民、法人或者是其他组织的申请，经依法审查，准许其从事特定活动的行为。而具体到“海关行政许可”，则是指海关根据公民、法人或者是其他组织的申请，经依法审查，准许其从事与海关进出境监督管理相关的特定活动的行为，如报关企业注册登记，报关员资格核准及注册登记，出口监管仓库、保税仓库设立审批，进出境运输工具改、兼营境内运输审批、海关监管货物仓储审批、免税商店设立审批、进出口货物免验审批、获准入境定居旅客安家物品审批，进境货物直接退运核准，高新技术企业适用海关便捷通关措施审批等。申请许可人对海关作出的不予登记、不予批准等具体行为不服可以提起行政诉讼。

6. 对海关作出的责令退运、不予放行货物、责令改正、责令拆毁、企业分类等行政决定不服可以提起行政诉讼

行政决定是指具有行政权能的组织运用行政权，针对特定相对人设定、变更或消灭权利和义务所作的单方行政行为。一个行为要构成行政决定，必须具备行政权能的存在、行政权的实际运用、法律效果的存在和表示行为的存在四个条件。海关行政相对人对海关作出的责令退运、不予放行货物、责令改正、责令拆毁、企业分类等具体行为不服可以提起行政诉讼。

7. 对海关未依法采取知识产权保护措施，没有依法履行保护其人身权、财产权行为，没有按照规定公开信息等不作为行为不服提起行政诉讼

行政不作为是指行政主体及行政公务人员在其所属的职责权限范围内，负有积极实施法定行为义务，在法定合理期限内应当作为也可能作为的情况下而实际不为的违法行为。根据《行政诉讼法》第十二条，行政不作为的表现形式是“不予答复”或“拒绝履行”，意指行政不作为不仅包括程序上的不作为，还包括实体上的不作为。海关执法实践中可能不作为违法表现形式，具体如：海关依法扣留走私罪嫌疑人，在扣留期间就有义务保证被扣留人的健康和人身安全，否则就构成不作为；海关扣留有违法嫌疑的货物、物品，在扣留期间就有义务保证被扣留货物、物品安全，否则就构成不作为；海关受理了相对人申请海关信息公开的申请，但经审查相对人要求公开的信息是依法豁免公开的信息，海关拒绝公开等。相对人对海关的上述不作为行为不服可以提起行政诉讼。

8. 认为海关违法要求履行义务的

海关作为国家进出关境管理机关，对进出关境当事人有权要求其就进出境货物、物品和运输工具向海关申报，接受查验，缴纳关税、接受对违法嫌疑的稽查或调查。在上述过程中海关可以要求当事人依法作出一系列行为，比如，申报时要求提供单证资料，查验时要求搬离货物，稽查时要求提供账册资料，调查时要求配合检查询问等。当事人认为海关要求其履行义务没有法律依据的，可以提起行政诉讼。

9. 认为海关侵犯其他人身权、财产权的

此项概括地涵盖了上述 8 项以外的可能侵犯公民、法人、其他组织合法权益的海关行政行为。海关的职责是监督管理货物、物品、运输工具进出关境，进出关境活动当事人对海关具体行政行为有异议，都会与货物、物品、运输工具的进出口以及是否缴纳关税有关，当然都会涉及当事人的人身权或财产权。诸如纳税减免争议，认为海关关员态度恶劣或检查不文明，海关拖延检查、验放等都可归入此类。

（二）否定范围

根据《行政诉讼法》第十三条以及《行政诉讼法解释》第一条第一款的规定，海关行政诉讼受案否定范围大致包括：

1. 国防、外交等国家行为

《行政诉讼法》第十三条第一款规定，行政相对人就国防、外交等行为提起的诉讼不予受理。国家行为是指国务院、中央军事委员会、国防部、外交部等根据宪法、法律的授权，以国家的名义实施的有关国防和外交事务的行为，以及经宪法、法律授权的国家机关宣布紧急状态、实施戒严和总动员等行为。如在外交事务中与国外海关及相关海关组织之间的交往与签约就属于国家行为。国家行为是一种政治行为；国家行为的后果由国家承担；国家行为的实施关系国家的整体利益和国际声誉。

国防、外交等国家行为不纳入行政诉讼范围是各国行政诉讼制度的通例。如法国早在 1822 年就确立了行政法院不监督政治行为的原则；美国 1946 年的《行政程序法》也明文排除了对这种行为的司法复审。我国《行政诉讼法》也将其排除在行政诉讼的受案范围之外，其主要原因是：

（1）国防、外交等国家行为不仅仅涉及相对人的利益，而且涉及国家和民族的整体利益，即使这种行为会影响某些相对人的利益，也要服从国家的整体利益，不能因为利害关系人的受损而使国家行为无效。

（2）国家行为是以国家对内、对外基本政策为依据，以国际政治斗争形势为转移，法院很难判断。

（3）国家行为为主权行为。它不是行政机关以自己的名义对单个、特定对象实施的具体行政行为，而是宪法、法律授权的特定主体，代表整个国家，以国家的名义实施的行为。其权力具有国家的整体性和统一性，因而不属于人民法院的司法审查范围。国家行为的失误通常只有有关领导人承担政治责任，而政治责任通常由立法机关予以追究。

相关案例如下：

大连中某金矿业有限公司诉上海外高桥港区海关履行法定职责行政诉讼案

（一）案情简介

2005年1月29日，大连中某金矿业有限公司（以下简称大连中某公司）向上海外高桥港区海关（以下简称外港海关）申报出口至德国22927千克炉用碳电极（出口报关单号515036661），外港海关于1月31日对该批货物进行了查验。因涉嫌出口敏感物项商品，外港海关要求大连中某公司提供出口许可证或货物不属于管制范围的相关证明。由于大连中某公司无法提供上述许可证或货物不属于管制范围的相关证明，外港海关于1月31日决定暂不放行，并向其送达"进出口货物暂不放行通知单"。大连中某公司于2007年4月12日申请要求办理退关退货手续，外港海关根据外交部、海关总署函件，拒绝大连中某公司要求。

（二）法律分析

2008年1月10日，大连中某公司因要求外港海关履行为其办理退关退货手续法定职责提起了行政诉讼，认为外港海关自2005年1月31日起查扣申报货物，在2年多的时间内迟迟不予答复，也不办理退关退货手续，其行为属于行政不作为，请求法院判令外港海关立即为其办理退关退货手续。2008年3月21日，上海市第一中级人民法院开庭审理了本案，认为外港海关拒绝为大连中某公司办理退关退货手续系依据外交部及海关总署函件要求所实施的行为，应视为与国防、外交有关的国家行为。根据《行政诉讼法》第十二条第（一）项的规定，该行为不属于人民法院行政诉讼受案范围，于2008年3月31日作出裁定，驳回大连中某公司起诉。

2. 抽象行政行为

抽象行政行为是指行政机关针对不特定对象发布的能反复适用的具有普遍约束力的规范性文件。它包括国务院制定的行政法规，国务院各部、各委员会、中国人民银行、审计署和具有行政管理职能的直属机构制定的部门规章，省、自治区、直辖市的人民政府以及省、自治区的人民政府所在地的市、经济特区所在地的市和经国务院批准的较大的市的人民政府制定的地方政府规章，各级人民政府及其工作部门发布的具有普遍约束力的决定、命令等行政规定。如海关总署制定部门规章的行为。

我国《行政诉讼法》第十三条第（二）项明确规定人民法院不受理公民、法人或者其他组织对行政法规、规章或者行政机关制定、发布的具有普遍约束力的决定、命令提起的诉讼，即人民法院不受理针对抽象行政行为提起的诉讼。立法机关作此限定主要基于两方面考虑：

（1）我国《宪法》及有关法律已对抽象行政行为设有救济途径。根据《立法法》的规定，人民代表大会及其常务委员会有权撤销同级行政机关或下级行政机关的决定、命令等行政行为，上级行政机关有权撤销下级行政机关的决定、命令，以上除行使撤销权力外，还可行使监督和审查的权力。

（2）法院的承受能力有限。抽象行政行为是一种在一定范围内具有普遍约束力的行为规则，它的行政相对人是不特定的公民、法人或其他组织。如果将抽象行政行为纳入行政诉讼的受案范围，任何人都可以对抽象行政行为提起诉讼，在实践中也难以操作，法院会出现诉讼膨胀的现象。

3. 内部人事管理行为

内部行政行为是指行政机关对其系统内部事务进行组织、管理过程中所作的只对行政组织内部产生法律效力的行政行为。内部行政行为一般可以分两类：一类是上下级行政机关之间或者同级行政机关之间的工作关系；一类表现为行政机关与其工作人员之间基于职务所形成的关系，如行政处分、人事任免等内部人事管理关系，如海关内部工作人员的考核、奖励、任免、处分等。我国《行政诉讼法》第十三条第（三）项规定，当公民、法人或者其他组织就“行政机关对行政机关工作人员的奖惩、任免等决定”① 向法院提起行政诉讼时，法院不予受理。可见，行政机关内部人事管理关系不属于行政诉讼受案范围，行政机关所属工作人员如果对行政机关以上的决定不服，只能向该行政机关或者其上一级行政机关或者监察机关、人事机关提出申请，寻求行政救济。

在我国，《行政诉讼法》明确规定内部人事管理行为不可诉，其主要原因是：一是行政机关对其公务员权利和义务的决定，数量多，涉及面广，此类争议又涉及行政政策、行政内部纪律、内部制度等问题，法院不熟悉行政机关内部事务，并缺乏具体的争议处理手段，司法审查有一定难度；二是我国有关法律法规对内部人事管理行为已规定了相应的救济手段和途径，所以不必通过行政诉讼方式解决因此发生的纠纷；三是内部人事管理行为对政府机关外部的公民、法人或者其他组织不存在权利和义务关系，属于机关自身建设的问题。

莫某楠、邱某、李某咛、唐某明与南宁海关招录公务员纠纷行政复议诉讼案

（一）案情简介

莫某楠、邱某、李某咛、唐某明参加了2009年国家公务员考试，报考了南宁海关并通过了笔试和面试，进入了录用程序中的体检环节。南宁海关根据国家公务员局的文件要求，按照《公务员录用体检通用标准（试行）》和体检操作手册，委托解放军第三零三医院对上述人员进行体检。根据解放军第三零三医院出具的体检结论，上述人员不符合《公务员录用体检通用标准（试行）》规定的录用标准，南宁海关告知上述人员因体检不合格，其不能进入下一轮公务员录用考核程序。

① 《行政诉讼法》第十三条第（三）项所言的“行政机关对工作人员的奖惩、任免等决定”，笔者认为，其主要包括奖励、记功、表彰、警告、记过、记大过、降级、撤职、停职检查、开除等决定；此外，还应包括工资、福利、待遇及职称评定、住房分配等。

2009年5月26日，莫某楠、邱某、李某吖向南宁市青秀区人民法院提起行政诉讼，以南宁海关作为被告，以解放军第三零三医院作为第三人。起诉人莫某楠、邱某、李某吖请求法院：(1) 依法判定第三人出具的体检报告无效、违法；(2) 判令第三人重新作出起诉人体检合格的体检报告；(3) 依法认定被告人取消起诉人进入下一轮考核程序资格的具体行政行为违法；(4) 依法撤销被告不允许起诉人进入考核的具体行政行为，准予起诉人进入考核程序；(5) 被告承担本案的诉讼费用。青秀区人民法院经审查认为，起诉人请求事项不属于人民法院行政诉讼的受案范围，根据最高人民法院关于《行政诉讼法》第四十一条第四项的规定，于6月2日作出“行政裁定书”裁定不予受理。7月8日，莫某楠、邱某不服青秀区人民法院一审行政裁定，向南宁市中级人民法院提起上诉，请求裁定撤销一审法院作出的“行政裁定书”，并指令一审法院受理该案或者直接审理该案。10月9日，南宁市中级人民法院认为南宁海关不是招录机关，不是该案适格被告，并作出终审裁定，驳回上诉，维持原裁定。

（二）法律分析

1. 本案属于可复议、可诉讼的行为。根据《行政复议法》《行政诉讼法》的相关规定，不可申请行政复议和诉讼的事项主要有：抽象行政行为、内部行政行为、居间行为、国家行为和最终裁决行为等。莫某楠、邱某、李某吖、唐某明等人认为海关以其体检不合格为由而取消海关公务员录用资格的行为侵犯了他们权益而复议和诉讼，不属于《行政复议法》《行政诉讼法》所规定的不可申请行政复议和诉讼的事项。因此，本案是可复议、可诉讼的行为。

2. 本案的适格被告应该是海关总署。《公务员法》第二十二条①规定，中央机关及其直属机构公务员的录用，由中央公务员主管部门负责组织；《公务员法》第二十九条②规定，招录机关根据考试成绩确定考察人选，并对其报考资格进行复审、考察和体检；《公务员录用规定（试行）》第十一条③规定招录机关按照公务员主管部门的要求，承担本机关公务员录用的有关工作。招录机关在公务员主管部门的组织之下，具体开展录用公务员的相关工作，是对作为行政相对人的报考人员作出具体行政行为的行政机关。根据《行政复议法》和《行政诉讼法》的相关规定，提起行政复议和诉讼的，作出具体行为的行政机关是行政复议的被申请人、行政诉讼的被告。从本案来看，中央公务员主管部门作为组织者仅负责组织，不承担相关具体工作，因此不是招录机关；根据2009年全国海关考试录用公务员的公告，2009年度考试录用公务员的工作是由海关总署按照公务员主管部门的要求统一组织实施开展，南宁海关根据海关总署的规定和要求开展相关工作。据此，海关总署是海关公务员的招录机关，南宁海关是海关公务员招录工作的具体实施机关，报考人员与海关发生公务员的招录纠纷而引起的行政复议和行政诉讼应当以海关总署作为被申请人或被告。

---

① 现行《公务员法》第二十三条。

② 现行《公务员法》第三十一条。

③ 现行《公务员录用规定》第十二条。

4. 刑事司法行为

根据《行政诉讼法解释》第一条第一款的规定，公安、国家安全等机关依照《中华人民共和国刑事诉讼法》的明确授权实施的行为不可诉。这类行为既包括这些机关在刑事案件的立案侦查中所采取的拘传、取保候审、监视居住、拘留、逮捕等刑事强制措施，也包括在侦查过程中为搜集、取得证据而采取的诸如勘验、搜查、扣押物证书证、鉴定、冻结存款汇款、保外就医等行为。如海关缉私警察依据《中华人民共和国刑事诉讼法》规定对走私犯罪嫌疑人所实施的拘传、取保候审、监视居住、拘留、逮捕、勘验、检查行为，搜查、扣押行为等就属于刑事司法行为。

刑事司法行为之所以排除在行政诉讼的受案范围之外，主要基于以下两个理由：

（1）我国《中华人民共和国刑事诉讼法》已经授权检察机关对刑事司法行为进行了监督。例如新修订的《中华人民共和国刑事诉讼法》第一百条规定："人民检察院在审查批准逮捕工作中，如果发现公安机关的侦查活动有违法情况，应当通知公安机关予以纠正，公安机关应当将纠正情况通知人民检察院。"第二百七十六条规定："人民检察院对执行机关执行刑罚的活动是否合法实行监督。如果发现有违法的情况，应当通知执行机关纠正。"

（2）我国《中华人民共和国国家赔偿法》（以下简称《国家赔偿法》）也对因违法刑事司法行为而受损害的受害人规定了获得救济的制度。

5. 最高人民法院《行政诉讼法解释》第一条第二款将调解行为和法律规定的仲裁行为排除在行政诉讼受案范围之外

行政调解行为是指由国家行政机关主持的，以争议双方自愿为原则，通过行政机关的调停、斡旋等活动，促成民事争议双方当事人互让以达成协议，从而解决争议的行政活动方式。所谓"仲裁行为"，是指行政主体以第三人的身份对平等民事主体间的民事纠纷进行裁断的法律制度。

行政调解行为虽然也是包括海关在内的行政机关的活动，但是却不是具体行政行为，因为行政调解所遵循的是"自愿原则"，双方当事人如果对调解协议不满意的，也不能以行政机关为被告提起行政诉讼，而应将原始的民事争议交人民法院裁判。对于仲裁行为也不能提起诉讼，因为：劳动争议仲裁委员会虽然是具有行政性的仲裁机构，与所在地的劳动部门有从属关系，但它是由政府劳动主管部门、工会以及用人单位三方面代表组成，并不是行政机关；劳动争议仲裁仅是诉讼的前置程序，并不是一裁终局，对于仲裁结果不服，双方当事人可以向人民法院提起民事诉讼，没有必要以仲裁委员会为被告，提起行政诉讼。

6. 重复处理行为

除了上述不可诉行为之外，最高人民法院《行政诉讼法解释》第一条还将重复处理行为，不具有强制力的行政指导行为，对公民、法人或者其他组织的权利和义务不产生实际影响的行为等均排除在行政诉讼受案范围之外。所谓重复处理行为，是指利害关系人对已经确定（通常为已过申请复议和起诉期限）行政行为提起申诉，有关行政机关维持原行政行为的行为。行政机关对当事人提出的不服申诉请求的驳回，实际上是告知当事人前一个具体行政行为的正确性，是对前一个具体行政行为所确定的权利和义务状态的维持，该重复处理行为不可诉。这主要考虑：一是重复处理行为没有对当事人的权利和义务产生新的影响；二是尊重《行政复议法》和《行政诉讼法》对时效的规定；三是为了行政法律关系的稳定，进而保证行政行为的公信力。

第三节　海关行政诉讼的管辖

一、海关行政诉讼管辖的概念

海关行政诉讼管辖是指人民法院受理第一审海关行政案件的分工与权限。这种分工带来两个方面的后果：一是对法院来说，它确定了上下级人民法院之间对受理第一审海关行政案件的权限，确定了同级人民法院之间对受理第一审海关行政案件的分工；二是对当事人来说，它确定了发生争议后到哪一级哪一个法院去起诉和应诉的问题。

确定海关行政诉讼的管辖主要依据下列原则。

（一）有利于人民法院公正审理海关行政案件的原则

我国《行政诉讼法》以及相关司法解释在确定管辖时，基于海关事务的专业性较强，涉及的法律关系较为复杂，为了提高审判质量，减少和避免行政干预审判权的现象，《行政诉讼法》提高了海关行政案件审判的审级，规定第一审海关行政案件由中级人民法院审理。而且，分别规定了中级、高级以及最高人民法院受理一审海关行政案件的条件，避免了上下级法院间审判负担畸轻畸重的局面。

（二）便于当事人参加诉讼的原则

例如，在地域管辖中，确定因不动产提起的行政诉讼，由不动产所在地的人民法院管辖的特别规定；确定对限制人身自由的行政强制措施不服提起的行政诉讼，由被告所在地或者原告所在地的人民法院管辖的特别规定均体现了此原则。

（三）最后，原则性与灵活性相结合的原则

我国《行政诉讼法》在规定管辖权问题时，允许人民法院根据需要或出现的特定情况作灵活处理。如上级法院有权提审下级法院管辖的第一审行政案件，也可以把自己管辖的第一审行政案件，认为需要的移交下级法院审理。下级人民法院对其管辖的第一审行政案件，认为需要由上级人民法院审判的，可以报请上级法院决定。

二、海关行政诉讼管辖的种类

海关行政诉讼管辖的种类，依照不同的标准可以作不同的划分，其中依据是否有法律规定为标准而划分为法定管辖与裁定管辖。法定管辖是法律明确规定第一审行政案件由哪一个法院行使管辖权。法定管辖又可以分为级别管辖和地域管辖。裁定管辖是由法院作出裁定和决定，以确定具体案件的管辖。依据管辖决定方式的不同，裁定管辖又可分为指导管辖、移送管辖和管辖权转移。

（一）法定管辖

1. 级别管辖

海关行政诉讼的级别管辖是指上下级法院之间受理第一审海关行政案件的分工与权限。在我国，人民法院分为四级，自上而下分别为最高人民法院、高级人民法院、中级人民法院和基层人民法院。根据我国《行政诉讼法》第十四条的规定，基层人民法院管辖第一审行政案件。根据《行政诉讼法》第十五条的规定，中级人民法院具体管辖海关处理的案件。也就是说，通常第一审行政案件由基层人民法院管辖。但基于海关的业务种类繁多、专业性较强，特别是有关纳税争议的案件，基层人民法院审理这类案件有一定困难，而且海关处理的案件多具有一定的涉外因素，涉及国家主权和利益，要求案件审理者有较高的政策水平和法律水平。因此，一审海关行政诉讼案件由中级人民法院管辖，有利于提高海关类诉讼案件的办案质量。本辖区重大、复杂的第一审海关行政案件或海关二审行政案件由高级人民法院审理。全国范围内重大、复杂的海关行政案件或由高级人民法院一审后上诉的海关行政案件由最高人民法院审理。

当事人王某不服海关没收其入境携带印刷品行政诉讼案

（一）案情简介

2015年8月5日，当事人王某乘飞机从境外返回国内，入境时随身携带一本境外出版物（印刷品）未向海关审报，某海关旅检现场关员经检查发现，该书具有歪曲中国共产党党史、历史事件及攻击中共某领导人的内容，遂将该书依法查扣。后经进一步审查，某海关认定王某所携带书籍属于对中国政治、经济、文化、道德有害内容的印刷品，根据“禁止进出境物品表”及《中华人民共和国海关对个人携带和邮寄印刷品及音像制品进出境管理规定》的规定，上述印刷品属于禁止进出境物品。2015年12月16日，该海关对王某作出行政处罚决定，以携带禁止进出境印刷品未向海关申报为由，依据《海关法》第八十二条第一款第一项及《海关行政处罚实施条例》第七条第二款、第九条第一款第一项的规定，没收涉案书籍。王某不服某海关上述行政处罚决定，于2016年1月3日向某市中级人民法院提起诉讼。原告称，其入境时所携带的书籍属于学术著作，并非国家明令禁止进境的非法出版物。境外印刷品入境是否需要申报，海关未作规定，也没有开设受理此类业务的窗口，被告作出没收该书的处罚决定缺乏事实根据和法律依据，请法院依法予以撤销。

（二）法律分析

某市中级人民法院经审理认为，海关作为国家进出关境的监督管理机关，享有依法对进出境货物、物品征收关税，查缉走私和办理其他海关业务的法定职责。根据《海关行政处罚实施条例》《中华人民共和国海关对个人携带和邮寄印刷品及音像制品进出境管理规定》的规定，进出境旅客对其携带的行李物品，有依法向海关如实申报并接受查验的义务。海关有权对旅客携带的印刷品是否属于禁止进出境物品进行审定。被告某海关没收原告入境携带印刷品的行政处罚决定认定事实清楚，适用法律正确，程序合法，应当予以维持。2016年6月19日，某市中级人民法院一审判决维持某海关上述处罚决定。王某不服一审判决，随后向某省高级人民法院提出上诉。该高级人民法院经审理认为，海关依法有权对入境旅客携带的印刷品作通过检验，并有权对通关旅客携带的印刷品是否属于禁止进境物品进行审定。王某携带书籍未申报入境事实清楚。某海关依法扣留上述书籍后，依据《海关法》及《海关行政处罚实施条例》的有关规定，作出没收涉案书籍的行政处罚规定，认定事实清楚，适用法律正确，程序合法。2016年11月24日，该高级人民法院对该案作出终审判决：驳回上诉，维持一审判决。

2. 地域管辖

海关行政诉讼的地域管辖是指同级人民法院之间在各自辖区内受理第一审海关行政案件的分工和权限。参照《行政诉讼法》的相关规定，确定海关行政诉讼地域管辖的一般规则有：一般的海关行政案件由最初作出具体行政行为的海关所在地的中级人民法院管辖，即由被告所在地的中级人民法院管辖；经过复议的海关行政诉讼案件，海关复议机关改变原具体行政行为的①，既可以由复议机关所在地法院管辖，也可以由最初作出具体行政行为的行政机关所在地法院管辖。复议机关维持原具体行政行为的，应由最初作出具体行政行为的行政机关所在地的法院管辖（见表16.1）。

表16.1 行政诉讼案件管辖

案件类型	复议结果	地域管辖法院
未经复议	—	作出具体行政行为海关所在地中级人民法院
经过复议	复议未改变原行为	作出具体行政行为海关所在地中级人民法院
	复议改变原行为	作出具体行政行为海关所在地中级人民法院或被申请海关的复议机关所在地中级人民法院

对于一般地域管辖的例外，《行政诉讼法》第十九条、第二十条、第二十一条专门作出了有关特殊地域管辖的规定。依据这些规定，公民对限制人身自由的行政处罚和行政强制措施不服提起的诉讼由被告所在地或者原告所在地②的人民法院管辖；因不动产提起的行政诉讼，由不动产所在地的人民法院管辖；两个以上人民法院都有管辖权的案件，原告

① 根据《行政诉讼法解释》第二十二条，具有下列情形的复议决定是属于《行政诉讼法》规定的“改变原具体行政行为”：改变原具体行政行为所认定的主要事实和证据的，改变原具体行政行为所适用的规范依据且对定性产生影响的，撤销、部分撤销或者变更原具体行政行为处理结果的。

② 原告所在地包括原告户籍所在地、最后连续居住满一年的经常居住地和原告被限制人身自由地。

可以选择其中一个人民法院提起诉讼。原告向两个以上有管辖权的人民法院提起诉讼的，由最先收到起诉状的人民法院管辖。

（二）裁定管辖

海关行政诉讼的裁定管辖是指在特殊情况下，人民法院依照《行政诉讼法》的有关规定，自由裁定具体海关行政案件由哪一级或哪一个人民法院管辖。根据《行政诉讼法》第二十二条、第二十三条、第二十四条，海关行政诉讼裁定管辖具体包括移送管辖、指定管辖和管辖权的移转。

1. 移送管辖

海关行政诉讼移送管辖是指人民法院对已受理的海关行政案件经审查发现不属于本法院管辖时，将案件移送有管辖权的人民法院管辖的一种法律制度。海关行政诉讼移送管辖应当具备三个条件：一是移送案件的人民法院对案件已经受理；二是移送法院发现自身对已经受理的案件没有管辖权；三是受移送的人民法院对该案件确有管辖权。例如，海关具体行政行为作出地的中级人民法院受理一起海关行政案件后，发现案件非常重大、复杂，属于高级人民法院管辖范围，于是将该案件移送高级人民法院审理。

2. 指定管辖

海关行政诉讼指定管辖是指上级人民法院用裁定的方式，将某一案件交由某个下级人民法院进行管辖的法律制度。指定管辖适用下列情形：一是由于特殊原因（如因回避、审理专业能力、审判人数不够等），使有管辖权的法院不能行使管辖权，由上级人民法院指定下级人民法院中的某一个人民法院管辖；二是同级人民法院因管辖权冲突发生争议，双方不能协商解决。注意，这里管辖权发生争议是指人民法院之间对案件的管辖权问题发生争议，而不是当事人与人民法院之间对管辖权问题发生争议。

3. 管辖权的转移

海关行政诉讼管辖权的转移，又称为海关行政诉讼转移管辖，是指经上级人民法院决定或同意，将第一审行政案件的审判权转移给上级人民法院，即上级法院提审本应由下级法院审理的案件；或者由上级人民法院将本应由自己审理的海关行政案件移交给下级人民法院审理。下级人民法院认为自己管辖的一审海关行政案件需要由上级人民法院审理的，可以报上级人民法院决定。海关行政诉讼管辖权的转移也应当同时满足三项条件：其一，必须是人民法院已受理的案件；其二，移交的法院对此案具有管辖权；其三，移交法院与接受移交人民法院之间具有上下级监督关系。

第四节 海关行政诉讼的参加人

一、海关行政诉讼的参加人概述

海关行政诉讼参加人是指因起诉、应诉以及参加到行政诉讼活动中或者与诉讼争议的海关具体行政行为有利害关系的人及代理其参加诉讼的人。海关行政诉讼的参加人具体包括海关行政诉讼的原告、海关行政诉讼的被告、海关行政诉讼第三人、海关行政诉讼共同诉讼人及海关行政诉讼的代理人等。海关行政诉讼参加人与海关行政诉讼参与人不同，前者指与海关诉讼的客体有某种联系而参加到海关诉讼过程中，后者指所有参与到诉讼过程的证人、鉴定人、翻译人员等。所以，海关行政诉讼参与人的范围比海关行政诉讼参加人的范围要宽泛得多。行政诉讼主体见图 16. 1。

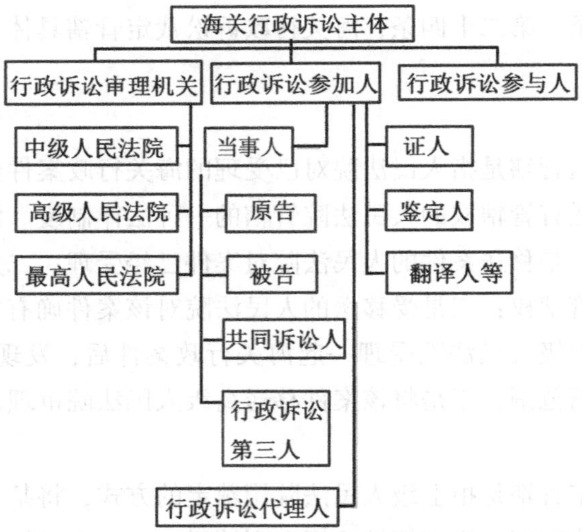

图 16. 1　行政诉讼主体

二、海关行政诉讼的原告

海关行政诉讼的原告是指认为海关的具体行政行为侵犯了自己的合法权益，而以作出具体行政行为的海关为被告向人民法院提起诉讼，要求撤销或改变该行政行为的进出关境的个人和组织。根据《行政诉讼法》第二十五条，享有海关行政诉讼原告的法定条件：

（1）海关行政诉讼的原告必须是海关行政法律关系中与海关相对应的一方当事人，即海关行政相对人。只有海关行政相对人才能成为海关行政诉讼的原告。

（2）海关行政诉讼原告必须是与海关具体行政行为有法律上的利害关系，认为自己的合法权益受到海关具体行政行为的侵犯。所谓“法律上的利害关系”，是指法律上的利益，是起诉人通过诉讼期望获得法律保护的利益，包括切身的利害关系、现实的利害关系、直接的利害关系。《行政诉讼法解释》第十二条对“利害关系”又做了扩充解释，认为具体行政行为涉及相邻权或公平竞争权的、与行政复议决定有法律上的利害关系或行政复议程序中被追加为第三人、要求主管机关依法追究加害人法律责任的等情形均认定为与案件有“利害关系”。这里所谓“合法权益侵犯”只是原告起诉时的一种“认为”，其合法权益是否实际被侵犯有待开庭审理作出裁判后才能得出结论。原告合法权益是否受到侵犯不影响原告资格的取得。

（3）海关行政诉讼的原告必须以自己的名义提起海关行政诉讼。这点构成原告与诉讼代理人的区别。

行政诉讼原告资格有时会转移。根据《行政诉讼法》第二十五条，行政行为相对人以及其他与行政行为有利害关系的公民、法人或其他组织有权提起诉讼，即具有原告资格；有权提起诉讼的公民死亡，其近亲属可以提起诉讼；有权提起诉讼的法人或者其他组织终止，承受其权利的法人或其他组织可以提起诉讼。所以，提起海关行政诉讼的公民死亡，其近亲属可以提起诉讼；有权提起诉讼的法人或其他组织终止，承受其权利的法人或者其他组织可以提起诉讼。

三、海关行政诉讼的被告

海关行政诉讼的被告是指被原告依法起诉指控其实施了侵犯原告合法权益的具体行政行为，而由人民法院通知应诉的海关行政管理机关。这个概念明确了作为海关行政诉讼的被告应具备三个条件。一是海关行政诉讼的被告必须是海关行政管理机关，具备行政执法资格。具体包括海关和有关国家机关。作为国家进出境的监督管理机关，海关依法对进出境履行监督管理职能，体现国家意志。所以海关是海关行政诉讼被告的主要组成部分。但是《海关法》还赋予了其他有关国家机关一定范围内海关事务的管理权。具体包括对海关执法活动享有监督管理权的监督机关，如监察、审计等机关以及与海关监管业务有关的工商行政、公安等机关。二是海关行政诉讼被告必须实施了被原告指控侵犯其合法权益的具体行政行为。三是海关行政诉讼被告必须由人民法院通知参加到海关行政诉讼中来。

由于海关行政诉讼案件存在复议选择型和复议前置型（纳税争议），有些海关行政行为经过了行政复议，有些在复议期间即被取消，所以，海关行政诉讼被告的确定因上述情形而变得复杂。参照《行政诉讼法》《行政诉讼法解释》以及海关规章等的规定，海关行政诉讼被告具体可分为如下情形：一是当原告未申请行政复议而直接向人民法院提起诉讼时，被告应当是作出具体行政行为的海关；二是经上级海关复议后不服复议结果而提起海关行政诉讼的案件，复议机关决定维持原行政行为的，作出原行政行为的行政机关和复议机关是共同被告；复议机关改变原行政行为的，复议机关是被告；对海关复议机关不作为不服提起诉讼的，应当以复议机关为被告；三是由法律法规授权的其他国家机关作出海关具体行政行为，相对人提起诉讼的，相应的国家机关是被告；四是下级海关经上级海关批准后以自己的名义作出具体行政行为的，以作出批准的上级海关为被告；五是经直属海关关长或者其授权的隶属海关关长批准后作出的具体行政行为，以直属海关为被告；六是海关设立的派出机构、内设机构或者其他组织，在授权范围内或超出授权范围对外以自己名义作出具体行政行为的，以实施该行为的派出机构或内设机构为被告。但未经法律、行政法规授权，对外以自己名义作出具体行政行为的，以设立派出机构或内设机构的海关为被告（见表16.2）。

表 16.2 海关派出机构或内设机构成为被告情形

授权	名义	是否越权	诉讼被告
无	不管何种名义	不管是否越权	所属行政机关
有	行政机构	无越权	该行政机构
		超出授权范围	
		超出授权种类	所属行政机关

四、海关行政诉讼第三人

海关行政诉讼第三人是指与提起诉讼的海关作出的具体行政行为有利害关系，在诉讼过程中自己申请参加，或由人民法院通知其参加诉讼的公民、法人或其他组织。这个概念明确了海关行政诉讼第三人的构成要件：

(1) 海关行政诉讼第三人必须同被诉的海关具体行政行为有利害关系，即人民法院对行政主体被诉具体行政行为的审查结果会影响到他的利益，第三人介入诉讼为维护自己的利益。例如，海关行政处罚的被处罚人不服处罚决定提起行政诉讼，受害人可以作为第三人参加诉讼；海关与非行政机关共同署名作出的具体行政行为如果被诉，不能作为被告的非行政机关可以作为第三人参加诉讼。

(2) 海关行政诉讼第三人必须参加到原被告已经展开但尚未结束的海关行政诉讼中来。

(3) 海关行政诉讼第三人参加诉讼可以是主动向人民法院提出申请经人民法院准许而参加，也可以是由人民法院依职权通知其参加。

(4) 海关行政诉讼第三人必须是原被告以外的诉讼参加人，他既非原告，也非被告，具有独立的法律地位。

海关行政诉讼第三人在海关行政诉讼中有权提出与本案有关的诉讼主张，对人民法院的一审判决不服，有权提起上诉。例如，在沿海航行的船舶运载国家禁运或限制出入境的货物，无合法证明，被海关查获，并认定承运人构成走私行为而予以处罚。承运人不服海关行政处罚的，可作为原告提起行政诉讼，而船载货物的物主则是行政诉讼中的第三人。第三人可依申请或由人民法院通知参加行政诉讼。

五、海关行政诉讼的代理人

海关行政诉讼代理人，是代理海关行政诉讼当事人实施海关行政诉讼行为的人。依据《行政诉讼法》的规定，并根据代理权限的产生方式不同，可以将海关行政诉讼代理人分为法定代理人和委托代理人。

（一）法定代理人

法定代理人是根据法律的规定，代替无诉讼能力的公民进行诉讼活动的人。法定代理人一般是对被代理人负有保护和监督责任的监护人。因为法定代理人所代理的被代理人是无诉讼能力的自然人，所以在行政诉讼中，法定代理人只能代理未成年人、精神病人等无诉讼能力的原告或第三人的个人进行诉讼，而不适用于法人、其他组织的原告或作为被告的行政主体。

（二）委托代理人

委托代理人是指基于被代理人的委托授权而发生的诉讼代理活动中，受当事人或法定代理人的委托而代为进行诉讼行为的人。根据《行政诉讼法》第三十一条，当事人、法定代理人可以委托1~2名代理人参加诉讼，具体包括律师、社会团体、提起诉讼的公民的近亲属或者所在单位推荐的人，以及经人民法院许可的其他公民，可以受委托为诉讼代理人。代理诉讼的律师享有《中华人民共和国律师法》规定的诉讼权利。

下面通过一个案例说明行政诉讼当事人。

上海蒙某仓储有限公司诉上海海关行政许可决定及海关总署复议诉讼案①

（一）案情简介

当事人上海蒙某仓储有限公司（以下简称蒙某仓储公司）于2012年11月14日起，先后获得上海海关颁发的“批准设立监管场所决定书”和“海关监管场所注册登记证书”，在上海市外高桥地区从事外贸危险品商品的存储业务，有关证书有效期至2017年4月14日。因业务发展需要，2017年4月17日，蒙某仓储公司向上海海关提出两项申请，要求延续海关监管场所许可，并变更监管场所面积，上海海关经审查认为，因其申请已超过海关监管场所行政许可有效期，蒙某仓储公司已不符合提出申请的条件，故于2017年4月25日决定对其两项申请不予受理。蒙某仓储公司不服，向海关总署申请行政复议。海关总署于2017年9月20日作出行政复议决定，维持了上海海关的决定。蒙某仓储公司不服，向上海市第二中级人民法院提起行政诉讼，上海市第二中级人民法院判决驳回其诉讼请求，蒙某仓储公司不服，向上海市高级人民法院提起上诉称，其根据国家法律规定及上海海关的相关管理规范要求，投入巨额资金完成了监管场所的技术改造，因世界经济不景气，为降低经营成本，化解风险，上诉人与上海海关相关部门进行了多次沟通并提出书面申请，要求对场所进行分割改造，并申请许可延期及监管点面积变更，但上海海关却以超期为由作出不予受理决定，致使上诉人的业务经营面临困境。故请求法院判令上海海关受理上诉人提出的相关监管场所许可申请。

① 2019年上海法院行政争议实质解决十大案例。

（二）法律分析

通过案例，根据相关法律法规，可以认定本案诉讼主体：

（1）本案是经过复议再诉讼的案件。复议申请人是蒙某仓储公司，复议被申请人是上海海关，复议机关是海关总署。

（2）复议申请人（蒙某仓储公司）不服复议决定，提起行政诉讼和提起上诉。本案的原告是蒙某仓储公司，本案的被告是上海海关，本案的第三人是海关总署。审理中，海关总署及上海海关负责人或代理人出庭应诉，并与上诉人进行充分沟通。在法院主持下，通过一系列协调化解工作，本案上诉人撤回上诉。

第五节 海关行政诉讼证据

一、海关行政诉讼证据的概述

所谓证据，是能够证明一项主张事实存在或不存在的根据、依据或者凭据。证据在社会生活的许多领域均起着重要的作用。譬如，历史学家在研究和探索历史事件的真相时，必须千方百计收集有关的各种证据（史料），然后再根据这些史料去“重建”或“再现”历史事件的本来面目；医生诊断病情必须以各种症状为根据，这些症状也就是证据。而我们所说的证据是法律意义上使用的，证据对于法律事务来说不是万能的，但是没有证据却是万万不能的，证据是案件的生命、是案件的灵魂。无论行政执法、司法还是仲裁等法的适用过程无不在搜集证据的基础上适用法律。诉讼证据是证据的一种，是诉讼法上的一个专门术语，是指通过法定的诉讼程序，由司法机关基于特定的证明目的使用的并能够反映案件事实的材料或者手段。证据是诉讼的核心，是构筑“诉讼大厦”的“脊梁”和“基石”。行政诉讼证据是诉讼证据的一种，是行政诉讼中用以证明被审查的具体行政行为是否合法和是否侵犯行政相对人合法权益的客观材料。俗话说“打官司打的就是证据”，行政诉讼证据对行政诉讼的结果起着至关重要的作用，行政诉讼的每一道程序都离不开证据，人民法院通过举证、取证、质证及认证等审判环节，在查清案件事实的基础上，将相关法律规范适用于该事实，并作出裁判，从而完成全部诉讼活动。海关行政诉讼证据是行政诉讼证据的一种，是海关行政诉讼中用以证明海关具体行政行为是否合法和是否侵犯行政相对人合法权益的客观材料。海关行政诉讼证据有以下特点：海关行政诉讼证据提供的责任主要由被诉海关承担；海关行政诉讼证据证明的对象主要是海关具体行政行为的合法性；海关行政诉讼证据主要来源于海关在被诉具体行政行为程序中搜集的证据材料。

行政诉讼证据制度与民事诉讼证据、刑事诉讼证据制度之间的区别对照表见表 16.3。

表 16.3 三大诉讼的举证责任、证明对象、证据来源比较

比较内容	行政诉讼	民事诉讼	刑事诉讼
举证责任	主要由被告承担	谁主张谁举证	主要由检察机关
证明对象	主要是被诉具体行政行为合法性	主要是原被告双方所主张的事实	主要是被告是否有罪或何罪事实
证据来源	主要来源于海关被诉的行为程序中	主要来源于当事人从事的民事活动中	侦查机关通过侦查获得

根据《行政诉讼法》第三十三条，行政诉讼证据种类主要有书证、物证、视听资料、证人证言、当事人的陈述、鉴定结论、勘验笔录和现场笔录等。根据《行政诉讼法》第三十三条第二款，以上种类证据经法庭审查属实，才能作为定案的根据。

二、海关行政诉讼证据规则

我国司法改革的目标是司法公正、司法效率、司法独立。而司法公正的实现与完善的证据制度在内的现代司法制度是分不开的，它要求法官及诉讼参与人必须遵循统一且明确具体的证据规则，以便于查清案件事实，进而实现全部的司法公正。广义的证据规则是关于哪些材料可以作为证据、证据的收集、审查判断以及如何运用证据证明案件待证明事实的法律规范的总和。诉讼法意义上的证据规则是诉讼过程中取证、举证、质证、认证活动的法律规范和准则。《行政诉讼法》《行政诉讼法解释》是我国行政诉讼证据规则的主要载体。其主要规则包括取证规则、举证规则、质证规则、认证规则。

（一）取证规则

取证是司法的首要环节。行政诉讼取证规则是人民法院、行政主体及其相对人和其他利害关系人收集、调取证据所应遵循的程序、方法和应满足的条件。由于目前我国还没有统一的行政程序法，行政程序中的取证缺乏明确一致的规定。根据《行政诉讼法》《行政诉讼法解释》《最高人民法院关于行政诉讼证据若干问题的规定》，行政诉讼取证规则主要有以下内容。

1. 取证时限规则

根据《最高人民法院关于行政诉讼证据若干问题的规定》第三条及第六十条第一项，在行政诉讼中，被告及其诉讼代理人不得自行向原告和证人收集证据；被告在作出行政行为之后自行收集的证据不能作为行政行为合法的依据。可见，被告收集证据，一般应在作出行政行为之前的行政程序中进行。这是对被告取证时限上的要求。该规则不约束原告、第三人。

2. 证据形式要件规则

证据的形式要件是指证据在形式上所应满足的条件。证据形式应该说是审查判断证据可采信的重要内容和途径。证据材料能否被采用，除内容因素外，一定程度上也取决于证

据形式是否符合法定条件。证据形式是在取证过程中形成的。比如，“书证”应调取原件或与原件核对无误的复印件、照片、节录本；应当注明出处并经核对无异后加盖印章；报表、图纸、账册、科技文献应有说明材料；询问、陈述、谈话类笔录，应当由执法人员、被询问人、陈述人、谈话人签名或盖章。“物证”应调取原物，确有困难的可以调取与原物核对无误的复制件或该物证的照片。“电子证据”应调取原始载体或复制件；注明制作方法、制作时间、证明对象、制作人等；声音资料应附有该声音内容的文字记录。“鉴定结论”应当载明委托人和委托鉴定的事项、向鉴定部门提交的相关材料、鉴定的依据和使用的科学技术手段、鉴定部门和鉴定人鉴定资格的说明，并应有鉴定人的签名和鉴定部门的盖章。“现场笔录”形式上应当载明时间、地点和事件等内容，并由执法人员和当事人签名。当事人拒绝签名或者不能签名的，应当注明原因。有其他人在现场的，可由其他人签名。法律、法规和规章对现场笔录的制作形式另有规定的，从其规定等。

3. 法院取证规则

行政诉讼证据在一般情况下，应当由当事人自己提供，但在以下情况下由法院调取证据：(1) 被调取的证据所证明的事实涉及国家利益、公共利益或者他人合法权益的；(2) 被调取的证据所证明的是程序性事项的，如追加当事人、回避、中止、终结诉讼等；(3) 由有关部门保存需由法院调取的证据、涉密证据以及因客观原因当事人不能自行收集的证据，依原告或第三人的申请而调取。可见，法院调取证据的范围、权限受到严格限制，如依申请的取证被严格地限定于依原告或第三人的申请取证，绝对不能依被告的申请举证。这是法院在诉讼活动中所扮演的居中裁判角色所决定的。

4. 证据保全规则

证据保全是指在证据可能灭失或以后难于取得的情况下，由法院应当事人申请或依职权，对证据进行的固定和保护。作为取证活动的重要环节，证据保全是搜集证据的工作中不可分割的组成部分。证据保全的目的是对已经发现或者提取的证据加以妥善固定和保管，防止其被损毁或者灭失，以确保证据的客观性。当事人向人民法院申请保全证据的，应当在举证期限届满前以书面形式提出，并说明证据的名称和地点、保全的内容和范围、申请保全的理由等事项。人民法院可以要求其提供相应的担保。法律、司法解释规定诉前保全证据的，依照其规定办理。人民法院保全证据可以根据具体情况，采取查封、扣押、拍照、录音、录像、复制、鉴定、勘验①、制作询问笔录等保全措施。人民法院保全证据时，可以要求当事人或者其诉讼代理人到场。

（二）举证规则

行政诉讼举证，就是指行政诉讼的当事人向法庭提供证据，证明被诉具体行政行为或事实损害行为、损害行为与损害结果的因果关系是否存在、是否合法、是否应承担行政赔偿责任、承担何种赔偿责任的诉讼活动。取证是为诉讼做准备的，能否进行诉讼还必须向审判机关举证，举证是司法证明的第二阶段，即第二道工序，没有举证就没有诉讼，举证

---

① 勘验是司法或行政执法人员凭借感觉，包括听觉、视觉、嗅觉和触觉以及专门调查工具对案件相关场所进行观察、检验以收集证据的活动。

是启动诉讼的活动。在行政诉讼中，原告、被告和第三人以及辩护人、代理人都是举证的主体；举证的重点是举证责任的分配与举证时限的限制。

举证责任是指由法律预先规定的，在行政诉讼案件的真实情况难以确定的情况下，由一方当事人提供证据予以证明，如提供不出证明相应事实情况的证据则承担败诉风险和不利后果的制度。根据《行政诉讼法》第三十四条、第六十七条以及《行政诉讼法解释》第三十四条的规定，被告对其作出的具体行政行为负有举证责任；被告举证的范围是作出具体行政行为的证据和所依据的规范性文件；举证的时间是在收到起诉状副本之日起15日内，因不可抗力或客观上不能控制的其他正当事由不能如期提供的，应在举证期限届满前提出延期举证申请，法院准许的，应在正当事由消除后15日内提供证据；逾期提供的，视为没有相应证据。由于行政行为具有一定的专业性和单方性特点，所以被告负有举证责任，有利于保护原告的诉权，有利于充分发挥行政主体的举证优势，有利于促进行政主体依法行政。

被告负有举证责任，并不意味着行政诉讼中原告不负任何举证责任。因为行政诉讼中除了作出具体行政行为的事实和依据需要证明之外，还存在其他的事项也需要证明，而对这部分举证责任，《行政诉讼法》就没有规定全部分配给被告。后来的《行政诉讼法解释》和《最高人民法院关于行政诉讼证据若干问题的规定》都规定了一些要求原告举证的事项：原告应当提供其符合起诉条件的相应证据材料；在起诉被告不作为案件中，证明其提出申请的事实；当原告提出行政赔偿的诉讼请求时，应当对被诉行政行为造成损害的事实提供证据。原告或第三人应在开庭审理前或法院指定的交换证据[①]日提供证据，因正当事由申请延期，法院准许的，可以在法庭调查中提供，逾期提供的，视为放弃举证权利。在一审程序中无正当事由未提供，而于二审程序中提供的证据，法院不予接纳。对需要鉴定的事项负有举证责任的当事人，在举证期限内无正当理由不提出鉴定申请、不预交鉴定费用或者拒不提供相关材料，致使对案件争议的事实无法通过鉴定结论予以认定的，应当对该事实承担举证不能的法律后果。相对人举证责任环节及内容见表16.4。

表16.4　相对人举证责任环节及内容

举证责任环节	内容
初步证明责任	证明自己符合起诉条件
申请证明责任	在依申请行为中应证明自己提出过申请
损害证明责任	证明自己遭受损害的事实

行政诉讼中的补充证据也是举证制度的一部分，是指案件已有证据尚不足以证明案件待证事实，当事人依法主动或应人民法院要求补充相关证据，从而证明案件待证事实的诉讼活动。《行政诉讼法》第三十六条赋予了人民法院要求当事人或准许当事人提供或者补

① 证据交换，又称证据展示，是诉讼双方在庭前并在法院主持下相互展示、披露各自掌握的与案件有关的证据以及其他信息。对证据数量较多或比较复杂的案件，人民法院可以组织证据交换，并将情况记录在卷。

充证据的权利。但行政诉讼中的补充举证，原则上都是当事人自愿、主动补充的。只有在极其特殊的情况下，法院才有权要求当事人提供或者补充证据。这些证据所证明的，主要是当事人之间虽无争议，但涉及国家利益、公共利益或者他人合法权益的事实。前述“批准延期举证”本身是补充证据的一部分。在司法实践中，补充证据还适用以下情形：

（1）被告作出具体行政行为时已经收集的证据，因不可抗力等正当事由不能提供的。

（2）被告作出具体行政行为时已经收集的证据，应当向人民法院提供而没有提供的。如只提供对自己有利的证据，而没有提供对自己不利的证据；只提供了复印件，而未提供证据材料的原件和原物；某项证据的成立，要有其他证据佐证，而当事人并未提供这类证据等。

（3）当事人一方或双方提出了在行政程序中没有提出的待证事实。

（4）原告和第三人在诉讼过程中提出了其在被告实施行政行为过程中没有提出的反驳理由或者证据的，经法院同意，被告可以在第一审程序中补充相应的证据。被告在二审中向法庭提交在一审中所没有提交的证据，原则上不能作为二审法院撤销或者变更一审裁判的根据。但是，如果被告在二审中提出的证据是它在一审中应当被准予延期提供而未获准许的证据，则法庭经过质证之后仍然可能将其采纳。

（5）当事人追加诉讼请求不明确。

（6）当事人提供的证据有瑕疵，如证言含混不清、物证不够完整、视听音像资料不清晰等。

当事人各方举证期限及其举证内容见表16.5。

表16.5　当事人各方举证期限及其举证内容

举证期限	举证内容	
	原告或第三人	被告
一般期限	开庭前或交换证据之日前举证，否则视为放弃举证权利，未必导致败诉	收到起诉书副本后15日内举证，否则视为行政行为没有相应证据，直接导致败诉
一审补充	①因正当事由申请延期提供证据的，经法院准许可在法庭调查中提供 ②提出在行政程序中未提出的证据或理由经法院准许可以补充，但提出在行政程序中应被告合法要求应提出而不提出的证据，一般不予采纳	①因正当事由需延期举证的应在收到起诉状副本15日内向法院书面提出，经准许在该事由消除后15日内举证 ②被告及其代理人作出具体行政行为之后收集的证据不能用于认定行为合法，但一审中原告或第三人提出行政程序中未提出的理由或证据，被告经法院准许可补充
二审补充	①提出一审无正当事由未提供的证据，不予接纳 ②提出在举证期限届满后发现的，或在一审中应获延期但未被准许的，或一审中申请调取而未获准许或未取得的证据，经质证可以作为定案根据	①提交在一审中未提交的证据，不能作为撤销或变更一审裁判的根据 ②提出一审中应获延期但未被准许的证据，经过质证可以作为定案根据

（三）质证规则

质证，在美国被称为 Cross Examination，指的是当事人在法官的主持下，在证据交换或庭审中，围绕对方展示的证据的真实性、关联性、合法性与证明力的有无、证明力的大小等问题展开的辨认、质询、说明、解释以确定证据效力的活动。质证是对行政诉讼证据加以全面审查的关键环节，是法官审查证据的可采性、寻找可定案证据的重要途径，也是认证的前期准备。对于质证问题，《最高人民法院关于民事诉讼证据的若干规定》既规定了各种证据的共同质证规则，也规定了某些证据如书证、物证、证人、视听资料、鉴定结论等单独的质证规则。

行政诉讼质证对象分以下几种情况：

（1）一般情况下的质证对象。原则上，所有证据都应当在法庭上出示并经庭审质证。未经庭审质证的证据，不能作为定案的依据，但当事人在庭前证据交换过程中没有争议并记录在卷的证据，经审判人员在庭审中说明后，可以直接作为定案的依据，无须再行质证。

（2）二审中的质证对象。在二审程序中，法庭对当事人提供的新证据应当进行质证，当事人对一审认定的证据仍有争议的，法庭也应当进行质证。

（3）再审中的质证对象。在再审程序中，法庭对当事人提供的新证据应当进行质证，因原生效裁判认定事实的证据不足而提起再审所涉及的主要证据，法庭也应当进行质证。

（4）缺席判决时的质证。对于被告经合法传唤无正当理由拒不到庭，法院决定实行缺席判决的案件，被告所提供的证据原则上不能作为定案依据，但当事人在庭前交换证据中没有争议的证据除外。

（5）涉密证据的质证。涉及国家秘密、商业秘密和个人隐私或者法律规定的其他应当保密的证据，不得在开庭时公开质证。

（6）法院调取证据的质证。对于法院依申请调取的证据，应当由申请调取证据的当事人在庭审中出示，并由当事人质证，法庭不参与质证；对于法院依职权调取的证据，无须进行质证，而是由法庭出示该证据并就调取该证据的情况进行说明，听取当事人的意见即可。

质证的方式是多样的。经法庭准许，当事人及其代理人可以就证据问题相互发问，也可以向证人、鉴定人或者勘验人发问。当事人及其代理人相互发问，或者向证人、鉴定人、勘验人发问时，发问的内容应当与案件事实有关联，不得采用引诱、威胁、侮辱等语言或者方式。当事人质证的内容是围绕证据的关联性、合法性和真实性，针对证据有无证明效力以及证明效力大小进行质证。法庭质证阶段及质证主要规则见表 16. 6。

表 16.6 法庭质证阶段及质证主要规则

一般质证原则	未经庭审质证的证据不能作为定案依据，但当事人在庭前证据交换过程中无争议的除外
缺席证据质证	被告无正当理由拒不到庭，其证据不能作为定案依据，但当事人在庭前交换证据中无争议的除外
涉密证据质证	涉及国家秘密、商业秘密、个人隐私或其他应保密的证据，不得在开庭时公开质证
调取证据质证	依申请调取证据由当事人质证；依职权调取的证据可由法庭进行说明并听取当事人意见
二审中的质证	二审中对当事人依法提供的新证据，对一审认定的证据仍有争议的，均应进行质证
再审中的质证	再审中对当事人依法提供的新证据，或作为引起再审依据的证据，均应进行质证

（四）认证规则

认证，就是证据的认定，是指法官在审判过程中对诉讼双方提供的证据或者法官自行收集的证据进行审查评判，确认其证据效力的活动。行政诉讼认证的标准是从证据三大属性——客观性、合法性、关联性角度进行综合审查判断，即法官对证据证明力进行判断的过程。判断的内容包括证据有无证明力以及证明力大小。认证与取证、举证、质证相对应，是整个司法活动的一个阶段和环节，是司法证明活动的终端。

判断证据有无证明力，主要体现在证据有无效力。行政诉讼的无效证据主要包括完全无效的证据、部分无效的证据和没有独立证明力的证据。无效证据是没有任何证明力，不能证明当事人任何诉讼主张的证据。如以偷拍、偷录、窃听等手段获取侵害他人合法权益的证据；以利诱、欺诈、胁迫、暴力等不正当手段获取的证据；当事人无正当事由超出举证期限提供的证据；在我国领域外或者在我国港澳台地区形成的未办理法定证明手续的证据；不能正确表达意志的证人提供的证言等。部分无效的证据可以证明原告的诉讼主张但不能被用于证明被告诉讼主张的证据，即这类证据可以证明被诉具体行政行为的违法性，但不能证明其合法性。如由原告或者第三人在诉讼程序中提供的、被告在行政程序中并未作为具体行政行为依据的证据以及复议机关在复议程序中收集和补充的证据是有效的，而被告及其诉讼代理人在作出具体行政行为之后或者在诉讼程序中自行收集的证据以及被告在行政程序中非法剥夺公民、法人或者其他组织依法享有的陈述、申辩或者听证权利所采用的证据等是无效证据。没有独立证明力的证据又称“补强证据”，是指某一证据不能被用于单独定案，而是可以与其他证据予以佐证补强的情况下，才能作为定案证据。如未成年人所作的与其年龄和智力状况不相适应的证言、应当出庭作证而无正当理由不出庭作证的证人证言、难以识别是否经过修改的视听资料、无法与原件原物核对的复制件或者复制品等。证据完全无效、部分无效的具体条件见表 16.7。

表 16.7　证据完全无效、部分无效的具体条件

完全无效证据	严重违反法定程序收集的证据
	以利诱、欺诈、胁迫、暴力等不正当手段获取的证据
	以偷拍、偷录、窃听等手段获取侵害他人合法权益的证据
	以违反法律禁止性规定或者侵犯他人合法权益的方法取得的证据
部分无效（不利被告）证据	被告在行政程序中非法剥夺相对人依法享有的陈述、申辩或听证权利所获得的证据
	复议机关在复议程序中收集和补充的证据，或者原机关在复议程序中未向复议机关提交的证据
	被告及其代理人在作出具体行政行为后或在诉讼程序中自行收集的证据
	原告或者第三人在诉讼程序中提供的、被告在行政程序中未作为具体行政行为依据的证据

法官对证据证明力大小的认定，应遵循下列规则：国家机关以及其他职能部门依职权制作的公文文书优于其他书证；鉴定结论、现场笔录、勘验笔录、档案材料以及经过公证或者登记的书证优于其他书证、视听资料和证人证言；原件、原物优于复制件、复制品；法定鉴定部门的鉴定结论优于其他鉴定部门的鉴定结论；法庭主持勘验所制作的勘验笔录优于其他部门主持勘验所制作的勘验笔录；原始证据优于传来证据；其他证人证言优于与当事人有亲属关系或者其他密切关系的证人提供的对该当事人有利的证言；出庭作证的证人证言优于未出庭作证的证人证言；数个种类不同、内容一致的证据优于一个孤立的证据。

法院在认定证据证明力时，能够当庭认定的应当当庭认定，不能当庭认定的应当在合议庭合议时认定。法庭发现当庭认定的证据有误，如果在庭审结束前发现错误的，应当重新进行认定；如果庭审结束后宣判前发现错误的，可以在裁判文书中予以更正并说明理由，也可以再次开庭予以认定；有新的证据材料可能推翻已认定的证据的，应当再次开庭予以认定。

司法认知是证据学上的一个基本问题。所谓司法认知，也称审判上的认知，是指法院以宣告的形式直接认定某一个事实的真实性，以消除当事人无谓的争议，确保审判顺利进行的一种诉讼证明方式。英美法系和大陆法系国家关于司法认知的认识都是极为深入的。司法认知是举证责任的例外情形，当事人在其主张可因属自然规律、众所周知的事实使法官无须进一步认定时，司法认知制度的优势便显示出来了。

第六节　海关行政诉讼程序

海关行政诉讼程序，是指法律规定的，人民法院解决海关行政案件必须遵循的行为方式、步骤、顺序、期限等的总称。我国行政诉讼程序总体上包括第一审程序、第二审程序、审判监督程序。海关行政诉讼同样也包括三个方面的程序。

一、海关行政诉讼一审程序

海关行政诉讼一审程序，是指人民法院对某一海关行政案件第一次审理时必须遵循的程序。一审程序是海关行政诉讼的基本程序，是全部审判的基础。海关行政诉讼一审自立案起到作出判决、裁定止，具体程序和有关规定如下：

（一）起诉与受理

行政诉讼程序的发生及人民法院依法行使行政审判权力，是从起诉人提起诉讼，人民法院对案件的受理开始的。起诉是利害关系人的诉讼行为，受理是人民法院的诉讼行为，只有在这两种诉讼行为相结合的情况下才能启动行政诉讼程序。起诉和受理，是海关行政诉讼程序的开始阶段，是一审程序发生的前提，原被告取得相应的诉讼地位，审理期限开始计算。

1. 起诉

海关行政诉讼的起诉是指海关行政相对人认为海关行政机关的具体行政行为侵犯了其合法权益，向人民法院提起诉讼，依法请求人民法院对海关具体行政行为进行审查并保护自己合法权益的诉讼行为。参照《行政诉讼法》第四十九条的规定，相对人提起海关行政诉讼必须具备下列条件。

（1）原告必须是认为海关具体行政行为侵犯了自己合法权益的公民、法人或其他组织。

（2）必须有明确的被告，即提起行政诉讼时应指明是哪个海关或哪些行政主体的具体行政行为侵犯了其合法权益。

（3）有具体的诉讼请求和事实根据。具体的诉讼请求是指原告对被告提出的具体的权利主张和人民法院作出何种判决的要求，如要求法院确认海关具体行政行为违法或撤销、变更具体行政行为或者要求海关履行法定职责。事实根据是指原告向法院起诉时明确提出诉讼请求所依据的事实情况和根据。

（4）属于人民法院的受案范围和受诉人民法院管辖。

2. 受理

海关行政诉讼的受理，是指人民法院组成合议庭对海关行政诉讼原告的起诉行为是否符合法律规定起诉要件进行审查后，分别作出予以立案、不予受理或者裁定驳回起诉的行为。人民法院接到海关行政诉讼起诉状后7日内审查完毕，作出如下处理。（1）当事人的起诉符合条件的，法院决定受理，予以立案。（2）当事人的起诉不符合条件的，法院裁定不予受理。（3）法院在7日内不能决定是否应当受理的，先予受理，受理后经审查认为其不符合起诉条件的，再裁定驳回起诉。（4）接受但不审理。接受案件的法院与审理案件的法院发生分离，即出现移送管辖与移转管辖的问题。移送管辖是指法院接受当事人起诉后，发现该案件不属于自己管辖，将其移送到有管辖权的法院审理；移转管辖是指法院接受的案件属于自己管辖，但并不直接审理该案件，而是将其移交给下级法院审理，或者该案件被其上级法院提审。如果受诉法院对当事人的起诉在法定期限内既不立案也不作出裁定，起诉人可以向上一级法院申诉或者起诉。上一级法院对符合受理条件起诉应予立案，可以自行审理也可以移交或者指定下级法院审理。法院受理案件的各种情形见表 16.8。

表 16.8 法院受理案件的各种情形

对应情形	行政诉讼
审查期限	接到诉状后 7 日内，存在先予受理的情况
予以受理	符合条件的予以受理
不予受理	不符合条件的裁定不予受理，对该裁定 10 日内可上诉
只受不理	①无管辖权法院应移送至有管辖权法院，不得再次移送 ②上级法院可以决定将案件管辖权在上下级法院之间移转
应理不理	向上一级法院申诉或起诉，后者可指令其立案受理或继续审理

诉讼期间，不停止原海关具体行政行为的执行。但是，如被告即海关行政管理机关认为需要停止执行的，停止原海关具体行政行为；原告申请停止执行，人民法院认为该行政行为的执行会造成难以弥补的损失，并且停止执行不损害社会公共利益，裁定停止执行；法律、法规规定停止执行的，停止原海关具体行政行为的执行。停止执行不能理解为撤销或改变决定，而是对原海关具体行政行为决定执行的冻结状态。

（二）庭前准备

庭前准备是开庭审理的一个重要阶段，也是诉讼的必经环节。其主要内容包括：

（1）送达起诉状和答辩状。人民法院在立案之日起 5 日内，将起诉状副本发送被告。被告应在收到起诉状副本之日起 15 日内向法院提交作出具体行政行为的证据和所依据的规范性文件，并提交答辩状。人民法院在收到答辩状之日起 5 日内，将答辩状副本发送原告。被告不提出答辩状的，不影响人民法院审理。

（2）组成合议庭。我国的行政审判组织包括行政审判庭、合议庭、审判委员会。合议庭是行政审判的基本组织。合议庭由院长或行政审判庭庭长指定合议庭中审判员 1 人担任审判长。院长或庭长参加合议庭时由院长或庭长担任审判长。合议庭依照法律规定由 3 人以上的单数审判员或审判员和人民陪审员组成。

（3）审查诉讼材料。核心是对当事人双方的基本情况、原告诉讼请求、被告的行政行为表现形式及法律依据、被告答辩情况、案件事实依据及理由等进行了解，从而掌握当事人争执的焦点。法院可以决定当事人补充证据，可以决定是否需要做鉴定和证据是否保全；对案件存疑的地方可以进一步调查；如果发现当事人不够资格，有权确认、更换和追加当事人。

（4）通知与案件有利害关系的其他诉讼主体参加诉讼等开庭准备工作。通知当事人准备开庭，公告开庭日期、地点并通知当事人。

已经受理的案件在下列情况下，法院认定为“撤诉”，不进入开庭审理阶段：

（1）海关行政诉讼原告自愿放弃起诉权，法院审查同意后，可准许其撤诉，为自愿申请撤诉；

（2）海关行政诉讼原告经法院两次合法传唤，原告无正当理由拒不到庭，视为申请撤诉；

（3）海关行政管理机关改变其所作的具体行政行为，原告同意并申请撤诉的，人民法院也可裁定撤诉。《最高人民法院关于认真贯彻执行〈关于行政诉讼撤诉若干问题的规定〉的通知》（法发〔2008〕9号）规定，人民法院经审查认为被诉海关具体行政行为违法或者明显不当，可以根据案件的具体情况，建议被诉海关改变其所作的具体行政行为，主动赔偿或补偿原告损失，原告同意后可申请撤诉。①

（三）开庭审理

海关行政诉讼一审程序中，人民法院不得进行书面审理，一律实行开庭审理。开庭审理，简称“庭审”，是指所有诉讼参与人在法院合议庭主持下，依法定程序对当事人之间行政争议案件进行审理，查明案件事实，适用相应法律、法规，并最终作出裁判的活动。开庭审理的程序主要为：宣布开庭、法庭调查、法庭辩论、合议庭评议、宣告判决五个阶段。开庭审理的方式有公开审理和不公开审理两种。对涉及国家秘密、个人隐私和涉及未成年人、商业秘密的案件，在开庭审理时，只允许当事人和人民法院通知到庭的其他诉讼参与人参加，不允许旁听和采访报道。在司法实践中，公开审理是原则，不公开审理是例外。

1. 宣布开庭

在此环节主要人员是书记员和审判长。书记员：宣布当事人及其诉讼代理人入庭；书记员宣布法庭纪律；宣布全体起立，请审判长、审判员、陪审员入庭；向审判长报告当事人及其诉讼代理人的出庭情况。审判长：核对当事人及其诉讼代理人的身份，并询问各方当事人对于对方出庭人员有无异议；宣布身份无误并对对方出庭人员没有异议的当事人宣布可以参加本案诉讼；宣布案由及开始庭审；说明不公开审理的理由；宣布缺席审理②，并说明传票送达合法和缺席审理的依据；宣布无独立请求权的第三人经人民法院传票传唤，无正当理由拒不到庭的，不影响案件的审理；宣布合议庭组成人员、书记员名单；告知当事人有关的诉讼权利和义务，询问各方当事人是否申请回避。当事人提出申请回避的，合议庭应当宣布休庭；当事人申请回避的理由不能成立的，由审判长在重新开庭时宣布予以驳回，记入笔录。当事人对驳回回避申请的决定不服，申请复议的，不影响案件的开庭；当事人申请回避的理由成立，决定回避的，由审判长宣布延期审理。

2. 法庭调查

法庭调查是法院在诉讼当事人和诉讼参与人的参加下，核实和审查证据，查明案件真相的诉讼阶段。法庭调查的内容是：由原告宣读起诉状，被告宣读答辩状；当事人陈述和

---

① 《最高人民法院关于行政诉讼撤诉若干问题的规定》由最高人民法院审判委员会第1441次会议通过，于2008年2月1日起施行。

② 缺席判决是在法院开庭审理时，当事人一方经法院合法传唤无正当理由拒绝不到庭，法院继续审理并经合议庭合议后作出裁判的诉讼活动。

询问当事人；询问证人、审查证人证言；询问鉴定人、勘验人，审查鉴定结论、勘验笔录；审查书证、物证及视听资料。法庭调查的目的是审查证据。当事人可以申请出示自己拥有的证据或将证据提交法庭，也可以申请人民法院要求对方当事人出示证据，还可以要求重新鉴定、调查或勘验，是否准许，由人民法院决定。法院在法庭调查期间也可以针对调查中出现的新情况要求当事人出示或补充证据。合议庭认为案件事实已经查清，审判长即可宣布法庭调查结束，进入辩论环节。

3. 法庭辩论

法庭辩论是指在审判人员的主持下，当事人及其代理人对法庭调查的事实、证据，提出和陈述自己观点的阶段。法庭辩论由审判长主持，任何发言须经审判长许可。辩论时，审判长有权制止当事人重复陈述或陈述与案件无关的内容，包括侮辱、攻击、谩骂对方的言论。辩论中提出与案件有关的新的事实、证据，由合议庭决定停止辩论，恢复法庭调查。法庭辩论的顺序是，先由原告及其诉讼代理人发言，再由被告及其诉讼代理人答辩，然后双方互相辩论。第三人参加诉讼的，应在原被告发言之后再发言。法庭辩论结束后，由审判长依照最后原告、被告、第三人的顺序依次征询各方最后意见。审判长认为应该查明的事实已辩论清楚，即可宣告结束辩论，宣布休庭，进入评议环节。

4. 合议庭评议

合议庭评议是指合议庭根据经过庭审认定的证据，确认案件事实，适用法律、法规和参照规章，最终形成法院对案件的判决。评议时，合议庭成员可平等地表达自己对案件处理的意见。当合议庭成员意见不一致时，适用少数服从多数的原则，按多数意见作出裁决。评议过程应制作评议笔录，评议中的不同意见必须如实记入笔录，由合议庭全体人员签名。对于重大、疑难的行政案件，则由院长提交审判委员会讨论决定。

5. 公开宣告判决

宣判阶段是开庭审理的最后步骤。经过法庭调查、法庭辩论和合议庭评议，法院基本能够正确认定事实，可以依法公开作出判决。海关行政案件无论是否公开审理，都要公开宣判。能够当庭宣判的，由审判长在休庭结束、恢复开庭后，当庭宣判，并在一定工作日内向当事人发放判决书。不能当庭判决需要报审委会讨论决定的案件，应定期判决，并在宣判后立即发给当事人判决书。在宣读判决后，法庭还应告知上诉的权利、期限及上诉法院。公开宣告判决后，由审判长宣布闭庭。

海关行政诉讼参加人或其他参与人在行政诉讼活动中，如果有伪造、隐藏、毁灭证据；以暴力、威胁或者其他方法阻碍人民法院工作人员执行职务或者扰乱人民法院工作秩序等违法行为的，人民法院可以根据情节轻重，采取训诫、责令其悔过、处 10000 元以下罚款、15 日以下拘留的处罚措施；构成犯罪的，依法追究刑事责任。

二、海关行政诉讼的二审程序

二审程序又称“上诉程序”。海关行政诉讼二审程序，是指一审法院作出裁判后，诉讼当事人不服，在法定期限内提请一审法院的上一级法院重新进行审理并作出裁判的程序。我国实行两审终审制，因此二审又称终身程序。海关行政诉讼二审程序因海关行政诉讼当事人的上诉而发生，并不是每一个海关行政案件的必经程序。二审程序有利于当事人进一步寻求救济，有利于上级法院对下级法院的监督，有利于正确、及时、彻底地解决行政争议。

（一）海关行政诉讼二审程序的提起

提起海关行政诉讼二审程序，必须符合如下条件：

1. 主体适格

提起海关行政诉讼二审程序的主体称上诉人和被上诉人。海关行政诉讼一审程序中原告、被告、第三人及其法定代理人、法人和其他组织的法定代表人，都有资格提起上诉；委托代理人必须经被代理人的特别授权，才能以被代理人的名义提起上诉。被上诉人必须是提起上诉的当事人的对方当事人。第一审人民法院作出判决和裁定后，海关行政诉讼双方当事人均提起上诉的，上诉各方均为上诉人。诉讼当事人中一部分提出上诉，没有提出上诉的对方当事人则为被上诉人，其他当事人依原审诉讼地位列明。

2. 对象适格

海关行政诉讼上诉必须针对发生法律效力的海关一审行政判决、裁定。对超过上诉期限、已经发生法律效力的海关一审行政诉讼上诉案件的判决或高级人民法院对海关行政诉讼上诉案件的判决和裁定以及最高人民法院关于海关行政诉讼案件的判决和裁定，当事人不得提起上诉；除起诉不予受理、驳回异议以及管辖异议的裁定外，法律规定对海关行政诉讼一审中的其他裁定都不能提起上诉。

3. 程序适格

海关行政诉讼上诉必须在法定期限内以法定的方式提起。海关行政诉讼当事人不服人民法院的第一审判决的，有权在判决书送达之日起 15 日内向上一级人民法院提起上诉（裁定则为 10 日）；当事人逾期不上诉的，即丧失上诉权。上诉向上一级人民法院提出。海关行政诉讼上诉必须递交上诉状。海关行政诉讼上诉状一般包括如下内容：当事人姓名、法人或其他组织的名称及其法定代表人的姓名、原审人民法院的名称、案件编号和案由、上诉请求和理由。在递交上诉状的同时还必须交纳诉讼费用。

（二）海关行政诉讼二审程序的受理

上诉请求是由不服一审人民法院未生效判决的当事人在法定上诉期限内向上一级人民法院提起。具体到海关行政诉讼，则由不服中级人民法院或高级人民法院一审未生效判决的海关行政诉讼当事人向相应的高级人民法院提起。并案审理的案件，判决后一人或者部分人上诉的，可以分开审理的未上诉的当事人在法律文书中可以不列出；不分开审理的则可以将未上诉的当事人列出。当事人原则上应向原审人民法院提交上诉状，并按照对方当事人人数提供副本。海关行政诉讼当事人直接向二审人民法院提出上诉状的，第二审人民法院应当在 5 日内将上诉状移交原审人民法院。原审人民法院接到上诉状的，应当在 5 日内将上诉状副本发送对方当事人或代表人，并告知在收到上诉状副本之日 15 日内提出答辩状。原审人民法院在收到上诉状和答辩状后，应当在 5 日内连同案卷、诉状和证据，报送第二审人民法院。第二审人民法院收到全部案卷、诉状和证据后，经审查将符合法律规定上诉条件的应受理。

（三）海关行政诉讼二审程序的审理

由于二审和一审的是同一海关行政诉讼案件，诉讼当事人没有改变，只是称谓发生变化，因而当事人双方的诉讼主张与第一审有密切联系。此时上诉人不仅要求撤销或变更第一审裁判，而且要求第二审人民法院确认自己的合法权益。一审是二审的基础，二审是一审的继续。两者适用的程序基本相同。但海关行政诉讼第二审也有自己的特点：一是审理上诉案件一律由审判员组成合议庭。二是二审案件可以实行书面审理。即二审法院只对当事人所提出的诉状、答辩状以及其他的书面材料和证据进行审查，认为事实已经清楚，不需要诉讼人参加出庭，也不向社会公开。当事人对原审人民法院认定的事实有争议或二审人民法院认为原审人民法院认定的事实不清楚的，二审法院都应当开庭审理。可见，二审开庭审理是原则，书面审理是例外。

海关行政诉讼二审程序的审理过程中，海关行政管理机关不得改变被诉具体行政行为。原因在于，二审程序中，海关具体行政行为已为法院所审查，无论合法与否，已经得到国家审判权的确认，海关行政管理机关对此已失去了处分权。上诉人如因海关机关改变原来具体行政行为而撤回上诉的，人民法院一律不予准许。海关行政相对人在海关行政诉讼二审期间提出海关行政赔偿请求的，二审法院可以进行调解；调解不成的，应告知当事人另行起诉。

根据《行政诉讼法》第八十八条的规定，人民法院审理海关行政诉讼上诉案件，应当在收到3个月内作出终审判决。这一规定表明：海关行政诉讼二审案件的审理，同样有时间限制，不能超过3个月；需要延长的，由最高人民法院批准；海关行政诉讼二审判决是终审判决，即发生法律效力的判决。海关行政诉讼当事人对二审判决仍有异议的，不能再提起上诉，只能通过海关行政诉讼审判监督程序提出申诉，但申诉期间不停止原海关行政诉讼判决或裁定的执行。

上诉人认为自己的上诉理由不充分等理由可以提出上诉撤回请求，但撤回申请时间必须在受理上诉后至宣告二审裁判前；撤回上诉必须递交撤诉状；必须得到二审法院准许(法院以裁定书方式准允，不准允时书面和口头均可)。下列情形下人民法院不得准许撤回上诉：发现海关行政管理机关对海关行政相对人有胁迫的情况或迫于海关行政诉讼威力息事宁人而对上诉人做了违法让步的；在二审程序中，海关行政管理机关不得改变原具体行政行为，如果上诉人因海关行政管理机关改变了原海关具体行政行为而申请撤诉的；海关行政诉讼双方当事人都提出上诉，而只有一方当事人提出撤回上诉的；海关行政诉讼原审人民法院的裁判确有错误，应予以纠正或者发回重审的。上诉撤回后将产生以下法律后果：一是上诉人丧失对该案件的上诉权，不得再进行上诉；二是第一审裁判立即发生法律效力；三是上诉费用将由上诉人承担。

三、海关行政诉讼的审判监督程序

为防止个别案件经过二审审理后仍可能发生错误判决、裁定，致使行政相对人的合法权益得不到保护，或者行政机关依法行政作出的合法行政行为不能保证其有效性，影响国家利益或社会公共利益，《行政诉讼法》与《中华人民共和国刑事诉讼法》、《中华人民共和国民事诉讼法》一样，规定了审判监督程序。因此，行政诉讼审判程序并不是每一个行政案件的必经程序，只有对已经发生法律效力且被认为是违反法律、法规的，才能适用审判监督程序。

（一）海关行政诉讼审判监督程序概述

海关行政诉讼审判监督程序是指法院根据当事人的申请、检察机关的抗诉或法院自己发现已经发生法律效力的海关行政诉讼判决、裁定确有错误的，依法对案件进行再审并作出裁判的一种诉讼程序。海关行政诉讼审判监督程序包括再审程序和提审程序。其中，再审程序又分为上级法院的指令再审和本院审判委员会决定的自行再审；提审是指上级法院直接审理认为确有错误的下级法院已发生法律效力的判决、裁定的诉讼程序。海关行政诉讼审判监督程序不是通常的审理程序，不是每一个海关行政诉讼案件的必经程序，它是海关行政诉讼案件一审和二审以外的不具有审级性质的一种特殊程序。与一审和二审程序相比，现行海关行政诉讼审判监督程序有如下五个特点。第一，海关行政审判监督程序不是法院审理海关行政诉讼的必经程序，而是法院进行海关行政审判监督的一种方式。第二，提起海关行政审判监督程序的理由须具有法定性。根据《行政诉讼法》第九十一条，将“证据不足”“适用法律、法规错误”“违反法定程序”等列为提起海关行政审判监督程序的“违反法律、法规规定”的情形。第三，启动海关行政审判监督程序的主体具有多元性，为与生效判决具有法律上利害关系的当事人。具体包括原告、被告、二审上诉人、被上诉人、一审二审人民法院判决其承担行政或民事责任的第三人等。第四，海关行政诉讼审判监督程序依具体情况适用海关行政诉讼一审或二审程序。当发生法律效力的海关行政诉讼判决、裁定是由第一审人民法院作出的或错误维持一审不予受理裁定的二审案件，按照第一审程序审理；发生法律效力的海关行政诉讼判决、裁定是由第二审人民法院作出的或指令再审或提审案件，按照第二审程序审理。第五，海关行政再审案件均应另行组成合议庭。

海关行政诉讼审判监督程序的存在有其重要意义。第一，体现了人民司法工作实事求是、有错必纠的原则。海关行政诉讼审判监督程序是人民法院行政审判机构的一项补救制度，其基础是审判权，目的是纠正已发生法律效力而确有错误或者违反法律、法规规定的海关行政案件裁判。第二，体现了保护国家、集体、公民、法人和其他组织合法权益的立法宗旨。第三，体现了人民法院内部监督机制的完善，体现了对审判人员工作的监督和促进原则。通过审判监督程序对错误裁判的纠正，有利于监督和指导人民法院的审判工作，提高审判人员的法律素质和工作水平。

（二）海关行政诉讼审判监督程序的提起

1. 海关行政诉讼审判监督程序提起的条件

海关行政诉讼审判监督程序作为纠正生效海关行政诉讼判决、裁定的错误所设的一个具有补救性质的特殊程序，其提起必须符合一定的条件：依照《行政诉讼法》的规定，海关行政诉讼审判监督程序提起的条件有三个：

（1）实质条件。已经生效的海关行政诉讼判决、裁定违反法律法规的规定。

（2）形式要件。人民法院作出的海关行政诉讼判决、裁定已经发生效力。

（3）主体要件。提起海关行政诉讼审判监督程序的主体必须是有海关行政诉讼审判监督的组织。除人民检察院、人民法院外，任何机关和个人都不能直接提起海关行政诉讼审判监督程序发生。

2. 海关行政诉讼审判监督程序提起的途径和方式

根据有权提起审判监督程序的主体不同，提起海关行政诉讼审判监督程序的途径和方式有三种：

（1）人民法院院长通过审判委员会讨论决定再审。参照《行政诉讼法》的相关规定，人民法院院长对本院已经发生法律效力的海关行政诉讼判决、裁定，发现违反法律、法规规定认为有需要再审的，应当提交审判委员会决定是否再审。

（2）上级人民法院有权提审或指令再审。上级人民法院对下级人民法院已经发生法律效力的海关行政诉讼判决、裁定，发现违反法律、法规规定的，有权提审或者指令下级人民法院再审。

（3）人民检察院提出抗诉。人民检察院对人民法院已经发生法律效力的海关行政诉讼判决、裁定，发现违反法律、法规规定的，有权按照海关行政诉讼审判监督程序提出抗诉。

（三）海关行政诉讼审判监督程序的审理

1. 裁定中止原判的执行

按照审判监督程序决定再审的案件，应当裁定中止原海关行政诉讼判决或裁定的执行。根据《行政诉讼法解释》的相关规定，按照审判监督程序决定再审的海关行政诉讼案件，应当裁定中止原海关行政诉讼判决的执行；情况紧急的可以将中止执行的裁定口头通知负责执行的人民法院或作出生效判决、裁定的人民法院，但应当在口头通知后 10 日内发出裁定书。

海关行政案件进入审判监督程序就面临对已生效的错误的海关行政诉讼判决应如何处理的问题。如果继续执行错误判决，可能产生难以弥补的损失；如果停止执行，撤销原判决，有违对法律文书执行力的尊重，是在没有法定程序审理的情况下对“发现错误”的提前确认；如果裁定中止原判的执行，则其效力尚未消失，需通过再审程序最终确认后决定撤销还是维持。因此，按照海关行政诉讼审判监督程序决定再审或提审的案件，不必先将原海关行政诉讼判决撤销，而应当由实施再审或提审的人民法院在新的判决中确定是否撤销。中止原海关行政诉讼判决的裁定是人民法院的司法文书，裁定书由人民法院院长署名，加盖人民法院印章。

2. 另行组成合议庭

人民法院审理再审海关行政诉讼案件，应当另行组成合议庭。所谓“另行组成合议庭”，是指原审理海关行政诉讼案件的合议庭组成人员都应该更换，而不能只更换一个审判长或部分审判员。这是为了防止审判人员先入为主，从而达到公正审判的目的。原来是海关行政诉讼一审案件的，按照第一审程序另行组成合议庭；原来是海关行政诉讼二审案件的，按照二审程序另行组成合议庭。最高人民法院和上级人民法院提审的案件，不论哪一级，对再审案件都应按照第二审程序依法组成合议庭审理。

3. 再审分别适用第一审、第二审的审理程序

因为海关行政诉讼再审只是纠正确有违法的已发生法律效力的海关行政诉讼判决、裁定及行政赔偿调解协议，因而海关行政诉讼再审没有独立的审判程序，是根据原来案件审判的不同情况，分别适用海关行政诉讼第一审程序和第二审程序。人民法院按照海关行政审判监督程序再审的海关行政诉讼案件，发生法律效力的判决、裁定是由第一审法院作出的，按照第一审程序审理，对所作判决、裁定，当事人可以上诉。发生法律效力的判决、裁定是由第二审法院作出的，按照第二审程序审理，所作的判决、裁定，是发生法律效力的判决、裁定，不能再上诉。最高人民法院和上级人民法院提起的海关行政诉讼提审案件，按照第二审程序审理，所作的判决、裁定是发生法律效力的判决、裁定，当事人也不能再上诉。

海关行政诉讼再审案件按第一审程序审理，审理期限为 6 个月。按照第二审程序审理的，审理期限为 3 个月。因特殊情况需要延长审理期限的，分别按《行政诉讼法》第八十一条、第八十八条的规定审理。

审理行政诉讼案件的审级比较见表 16. 9。

表 16. 9　审理行政诉讼案件的审级比较

比较项	一审	二审	再审
提起人	具备原告资格的人	一审当事人及其代理人	法院、检察院、当事人
对象	具体行政行为	①未生效的一审判决 ②驳回起诉、不予受理、管辖权异议的裁定	①生效判决或裁定 ②特定情况下的行政赔偿调解书
提出期限	一般应于行政行为之日起 6 个月内提出	判决 15 日内，裁定 10 日内	当事人申请应在裁判生效后 6 个月内，其他方式无期限要求
审理方式	开庭审理，原则上应公开进行	事实清楚的可以书面审理	按原审方式进行
审理期限	6 个月；需延长报高院批准，高院报最高院批准	3 个月；需延长报高院批准，高院报最高院批准	一审再审是 6 个月；二审再审是 3 个月
判决效力	不是生效判决，当事人可上诉	是生效判决，但可能通过再审推翻	一审重审仍可上诉，二审重审最后生效（由上级提审的一审再审视为二审重审）

第七节 海关行政诉讼裁判

一、海关行政诉讼裁判概述

海关行政诉讼裁判是指人民法院就其所受理的行政诉讼案件本身，按照法定程序进行审查后，所作出的特定判断和意思表示，以及对与行政案件审理相关事项的处置。行政诉讼裁判制度是行政诉讼制度中最关键、最重要的部分之一，《行政诉讼法》中所有的规定都是围绕能够作出公正、合法、合理的裁判展开的。行政诉讼裁判包括行政判决、行政裁定和行政决定。

“行政诉讼判决”是指人民法院审理其受理的行政案件终结时，根据审理所查清的事实，按照相关法律，以国家审判机关的名义，依照法定程序就被诉具体行政行为合法性及相关行政争议，作出的结论性处理决定和强制性的裁判。

“行政诉讼裁定”是指人民法院审理或执行行政诉讼案件过程中，就程序等相关问题所作的对诉讼参与人发生法律效果的意思表示。行政诉讼裁定包括不予受理；驳回起诉；管辖异议；终结诉讼；中止诉讼；移送或者指定管辖；诉讼期间停止具体行政行为的执行或者驳回停止执行的申请；财产保全；先行给付；准予或不准予撤诉；补正判决书的笔误；中止或者终结执行；提审、指令再审或者发回重审；准许或者不准许执行行政机关的具体行政行为等。

“行政诉讼决定”就是人民法院为了保证行政诉讼的顺利进行，就某些特定事项作出的司法行为。行政诉讼决定包括有关回避的决定；对妨害行政诉讼行为采取司法强制措施的决定；有关诉讼期限的决定；审判委员会对已生效的行政案件的裁判认为应当再审的决定；有关执行程序和诉讼费用的减免决定等。

行政诉讼判决是人民法院行政诉讼裁判过程中行使裁判权最为核心和根本的体现，也是整个行政诉讼制度的最终体现，更是司法权与行政权相互关系的集中体现。法院依法对海关行政案件进行判决，对包括海关在内的海关行政管理机关的行政行为，客观上提出严格的要求。海关行政管理机关要保证自己作出的海关具体行政行为的合法性和有效性，确保每一个具体行政行为的作出必须有确凿的证据、正确的法律依据和遵循法定程序作出，必须依法定职权作出并保证不是滥用职权。由于法院的判决还表现出司法机关强制要求海关行政管理机关履行法定职责的权力和对海关行政处罚显失公正的司法变更权，这对海关行政管理机关拖延履行职责乃至无视海关行政相对人的要求、不履行法定职责以及在自由裁量幅度内掌握的随意性，都是一种实际的、有效的、有力的限制和监督。

行政诉讼判决、行政诉讼裁定、行政诉讼决定的比较见表 16.10

表 16.10 判决、裁定、决定的比较

比较项	行政诉讼判决	行政诉讼裁定	行政诉讼决定
适用条件	对被诉具体行政行为合法与否、对当事人系争纠纷的权利和义务关系所作出的实体判断	对诉讼当事人的诉讼权利和义务所作出的程序性判断	是人民法院为了确保行政诉讼的顺利进行，为了维护诉讼秩序而作出的相关判定
具体形式	一审判决（维持、撤销、履行、确认、驳回诉讼请求） 二审判决（维持原判、改判）	可以上诉的裁定（驳回起诉、不予受理、管辖权异议等） 不可以上诉的裁定（中止诉讼、终结诉讼、先予执行、财产保全、移送或指定管辖等）	回避、妨害诉讼行为采取强制措施、诉讼期限等

二、海关行政诉讼一审判决

一审判决是指人民法院适用第一审程序所作出的判决，也包括在审判监督程序中适用第一审程序作出的判决。一审案件经过法庭调查、法庭辩论和当事人的最后陈述，合议庭认为该海关行政诉讼案件事实已经清楚，双方当事人对自己诉讼理由的陈述已经充分，有关证据材料已全部核实，有关法律、行政法规依据已经全部明确，有关参照的行政规章已经明了并且其中相互不一致的规定也通过有关部门作出了有效解释或裁定，经过合议庭成员按民主集中制进行合议，根据《行政诉讼法》的有关规定，可以作出维持判决、驳回判决、撤销判决、履行判决、变更判决、确认判决、赔偿判决等不同类型的判决。其中可以独立适用的是前六种判决类型，而赔偿判决类型除了在单独提起的行政诉讼中外，不得单独适用，一般在撤销判决、变更判决、确认判决之后被附带适用。

为防止法院对案件审理、判决拖延时间过长，既影响海关行政相对人的合法权益不能及时得到维护，也可能影响到海关行政管理机关的工作效率，参照《行政诉讼法》的相关规定，对海关行政诉讼的判决期限可以规定人民法院应当在立案之日起 3 个月内作出第一审海关行政诉讼判决。有特殊情形需要延长的，由高级人民法院批准；高级人民法院审理第一审海关行政案件需要延长的，由最高人民法院批准。判决种类对原告、被告的影响见表 16.11。

表 16.11　判决种类对原告、被告的影响

判决类型	影响
被告胜诉	主判决：驳回判决
原告胜诉	针对不作为的主判决：履行判决
	针对作为的主判决：撤销判决
	针对特殊情况的主判决：变更判决
	变种判决：确认判决
	附带判决：赔偿判决

（一）撤销判决

《行政诉讼法》第七十条是关于撤销判决的规定。撤销判决是指人民法院经过审查，认为被诉海关具体行政行为属于下列六种情形之一的，作出对原海关具体行政行为予以撤销的判决：（1）原海关具体行政行为作出的主要证据不足；（2）该海关具体行政行为所适用的法律、法规错误；（3）原海关具体行政行为的作出违反法定程序；（4）原海关具体行政行为的作出超越了原海关行政管理机关的职权范围；（5）作出该海关具体行政行为属于海关行政管理机关滥用职权；（6）行政行为明显不当的。

撤销判决包括三种形式：（1）判决全部撤销，适用于整个具体行政行为全部违法或具体行政行为部分违法但具体行政行为不可分；（2）判决部分撤销，适用于具体行政行为部分违法，且具体行政行为可撤销，人民法院只作出撤销违法部分的判决；（3）判决部分撤销并同时判决作出原决定的海关行政管理机关重新作出具体行政行为，适用于违法具体行政行为撤销后尚需被告对具体行政行为所涉及的事项作出处理的情形，在该种判决情形下，相应海关行政管理机关应遵循“重做不得雷同”原则，即被告不得以同一事实和理由，作出与原海关具体行政行为基本相同的具体行政行为。但是，如果人民法院以违法法定程序为由，判决撤销海关具体行政行为的，海关重新作出具体行政行为时可以作出与原海关具体行政行为基本相同的行政行为。对于经过海关行政复议决定维持原海关具体行政行为的，人民法院判决撤销原海关具体行政行为的，海关复议决定自然无效；海关复议决定改变原海关具体行政行为错误，人民法院判决撤销海关复议决定的同时，应当责令海关复议机关重新作出复议决定。

（二）履行判决

《行政诉讼法》第七十二条是关于履行判决的规定，履行判决适用于原告起诉被告不履行法定职责的案件，其内容表现为法院对被告不履行或者拖延履行或违法拒绝履行法定职责的情况，判决其在一定期限内履行。该判决主要适用于认为符合法定条件申请海关行政管理机关颁发许可证和执照，相应海关行政管理机关拒绝颁发或者不予答复的；申请海关履行保护人身权、财产权的法定职责，海关拒绝履行或不予答复的等海关行政管理机关被认定不履行或拖延履行法定职责的情形。人民法院经过审理，确认海关未履行或拖延履行法定职责的，判决其在一定期限内履行。

（三）变更判决

《行政诉讼法》第七十七条是关于变更判决的规定。变更判决是指人民法院作出改变被诉海关具体行政行为的判决。该判决适用于原海关行政处罚或者其他行政行为涉及款额的确定、认定显失公正或错误的情形。人民法院审理海关行政案件不得加重对海关行政相对人的处罚，但利害关系人同为原告，且诉求相反的除外。人民法院审理海关行政诉讼案件不得对海关未予处罚的人直接给予海关行政处罚。

在行政诉讼中，法院只审查被诉具体行政行为的合法性而不审查其合理性。但是，一个严重不合理、不适当、不公正的行政行为，就应视为一个不合法的行为。“显失公正”的行政处罚，就是十分不公正、严重不公正的行政处罚，就是一个严重的合理性问题，法律上可以认定为不合法的行政行为，法院也就有权审查、变更这种行为，这并不违背合法性审查原则。

（四）给付判决

《行政诉讼法》第七十三条是关于给付判决的规定。给付判决是指具有公法上请求权的公民、法人或者其他组织对行政机关不履行给付义务的行为不服提起行政诉讼，人民法院判令行政机关依法承担给付义务的判决。给付判决适用的条件：

（1）被告（海关）负有给付义务并未履行给付义务；

（2）原告有给付请求权；

（3）被告未履行给付义务没有法律规定或认可的理由；

（4）判决被告履行给付义务对原告仍有意义。

（五）驳回诉讼请求判决

《行政诉讼法》第六十九条是关于驳回原告诉讼请求判决的规定。驳回诉讼请求判决，即判决驳回原告的诉讼请求，是指人民法院经审理认为，原告的诉讼请求依法不能成立，但又不适宜对被诉具体行政行为作出维持判决的，直接作出否定原告诉讼请求的一种判决方式。驳回诉讼请求判决适用于：

（1）起诉被告不作为理由不能成立的。起诉不作为意味着原告指控被告没有履行法定职责，而起诉不作为不能成立，意味着被告本来就不需要“履行”原告所指称的某种“职责”，或者被告实际上已经履行有关职责了，因此原告的诉讼请求不能得到法院的支持。由于不作为本来就是什么也没有做，法院不可能判决维持一个本不存在的行为，因而只能将驳回原告的诉讼请求作为一种变通的选择。

（2）被诉具体行政行为合法但存在合理性问题的。由于被诉行为是合法的，因此法院绝不可能判决将其撤销；而由于它又是不合理的，因此法院也不应将其维持，否则被告受到了维持判决的羁束，甚至无法将被诉行为变更得更加合理一些，只能使被诉行为继续维持这种合法但不合理的尴尬状态。因此，法院此时只能选择驳回原告的诉讼请求，这样做既否定了原告要撤销被诉行为的请求，但又不完全肯定这个行为，留待被告自己或者其他有权机关解决其合理性问题。

（3）被诉具体行政行为合法，但因法律、政策变化需要变更或者废止的。一个必须变更或者废止的行为，就是一个原本合法但现在已经不再合法的行为，如果法院判决维持这个行为就意味着要将这个行为的不合法状态继续下去；如果法院判决撤销这个行为，则由于撤销判决具有溯及力，该行为原本合法存在的效力也将被清除掉。因此，法院面对这种情况也只能选择折中办法，即判决驳回原告的诉讼请求，被诉行为留待被告自己或者其他有权机关变更或者废止。

（六）确认判决

《行政诉讼法》第七十四条、《行政诉讼法解释》第七十四条至第七十六条是关于确认判决的规定。确认判决就是人民法院审理行政案件终结时，针对被诉具体行政行为的合法性所作出的判决。人民法院经审理认为被诉行政行为违法，但又不适宜判决撤销或履行判决，转而作出被诉行政行为违法的判决。确认判决包括确认合法或有效判决和确认违法无效判决。人民法院经审理认为被诉具体行政行为具有下列情形的，可以作出确认违法判决：

（1）被告不履行法定职责，但判决责令其履行法定职责已无实际意义（被告不履行法定职责已给原告带来损失或被告此时再履行其职责已经无济于事）的情况；

（2）被诉具体行政行为违法，但不具有可撤销内容（被诉具体行政行为已被执行并且无法恢复原状）的；

（3）被诉具体行政行为依法不成立或者无效的情况；

（4）被诉具体行政行为违法，但撤销该行为将给国家利益或者公共利益造成重大损失的，法院也应当转而作出确认违法判决，并责令被诉行政机关采取相应的补救措施，造成损害的应当依法判决被告承担赔偿责任；

（5）行政行为程序轻微违法，但对原告权利不产生实际影响的。

（七）赔偿判决

即人民法院作出责令海关行政管理机关作出行政赔偿的判决。赔偿判决可以单独作出，也可以同其他判决一并作出。赔偿判决适用条件：被诉的海关具体行政行为是违法的；原告在起诉之后到一审庭审结束之前提出了赔偿请求；海关具体行政行为侵犯了公民、法人或其他组织的合法权益并给其造成损害。

人民法院在审理海关行政案件中，认为海关行政管理机关主管人员、直接责任人员违反政纪的，应当将有关材料移送该行政机关或者上一级海关，其他行政机关或监察、人事机关；认为有犯罪行为的，应当将有关材料移送公安、检察机关。

三、海关行政诉讼二审程序的判决

二审程序又称“上诉程序”。我国实行两审终审制，因此二审判决就是终审判决。海关行政诉讼二审程序是指上级人民法院依照法律规定，基于当事人在法定限制内对海关行政诉讼一审判决所提起的上诉，对尚未生效的海关一审行政判决或裁定进行审理的程序。二审判决就是人民法院适用第二审程序审理案件所作出的判决。海关行政诉讼二审程序因海关行政诉讼当事人的依法上诉而发生，并不是每一个海关行政案件的必经程序。依据《行政诉讼法》第八十九条的规定，二审判决类型主要有驳回上诉、维持原判和依法改判。除此之外，第二审法院可以裁定①撤销原判，发回重审。

（一）判决驳回上诉，维持原判

二审法院经过审理，认为海关行政诉讼一审判决认定事实无误，适用法律、法规正确，并认可其合法性的，判决确认其法律效力，驳回海关行政诉讼当事人的上诉。

（二）依法改判

也就是第二审人民法院用判决的形式直接改正一审判决的形式。该种判决适用于海关行政诉讼二审法院认为海关行政诉讼一审判决认定事实清楚，但适用法律、法规存在错误的情况。

（三）裁定撤销原判，依法改判或发回重审

人民法院对于海关行政诉讼一审判决认定事实不清，证据不足，或者由于违反法定程序可能影响海关行政诉讼案件正确审理的案件，法院可以在查清事实后改判或者发回重审。二审中发回重审的情形有：（1）一审判决认定事实不清，证据不足，或者由于违反法定程序可能影响海关行政诉讼案件正确审理的案件；（2）一审遗漏必须参加的当事人或漏判必须判决的诉讼请求，则必须发回重审；（3）一审遗漏的是赔偿请求，第二审人民法院经审理认为依法应当予以赔偿的，在确认被诉具体行政行为违法的同时，可以就行政赔偿问题进行调解；调解不成的，应当就行政赔偿部分发回重审。一审遗漏的是赔偿请求，第二审人民法院经审查认为依法不应当予以赔偿的，应当判决驳回行政赔偿请求。

我国行政诉讼案件实行两审终审制，上诉案件一经判决即发生法律效力。虽然当事人认为判决存在错误，还可以申诉，但申诉期间不停止判决的执行。因此，一般而言，海关行政诉讼二审判决一经作出，诉讼程序即告结束。这里之所以用“一般”，是因为《行政诉讼法》规定对二审法院经审理的上诉案件，裁定发回原海关行政诉讼一审人民法院重审的，当事人对重审案件的判决、裁定，还可以如同普通海关一审案件一样提出上诉，由上一级人民法院重新进行二审。

四、海关行政诉讼再审案件的裁判

《行政诉讼法》第九十条至第九十三条是关于再审的相关规定。同时根据《行政诉讼法解释》第九十条至第九十三条，对海关行政诉讼再审案件分别作出如下判决。

① 二审中的裁定与通常意义的解决程序性问题的裁定不同，它与二审判决一样，都是二审结束后对一审判决的评价。

（一）裁定执行原审生效判决

再审法院经过审理，认为原审生效判决正确的，应当裁定撤销此前作出的“关于中止原判决”的裁定，继续执行原判决。

（二）撤销原审判决，发回重审

人民法院审理海关行政诉讼再审案件，发现海关行政诉讼生效裁判有下列情形之一的，应当裁定发回作出生效判决、裁定的人民法院重新审理：（1）审理本案的审判人员、书记员应当回避而未回避的；（2）依法应当开庭审理而未开庭即作出判决的；（3）未经合法传唤当事人而缺席判决的；（4）其他违反法定程序可能影响案件正确裁判的。

（三）撤销原审判决，依法改判或发回重审

人民法院审理海关行政诉讼再审案件，认为原生效海关行政诉讼判决、裁定确有错误的，撤销原生效判决或裁定的同时，可以对生效判决、裁定的内容作出相应的裁决，也可以裁定撤销生效判决或裁定，发回生效判决、裁定的人民法院重新审理。

人民法院审理海关行政诉讼再审，对原审法院受理、不予受理或驳回起诉错误的，应当分情况作出如下处理：（1）再审法院认为二审法院维持一审不予受理裁定错误的，应当同时撤销一审和二审法院的裁定，指令一审法院受理案件；（2）再审法院认为二审法院维持一审驳回起诉裁定错误的，应当同时撤销一审和二审法院的裁定，指令一审法院继续审理案件；（3）当事人对生效管辖异议裁定的申诉不影响受案法院的管辖和审理，如果法院已经作出了生效判决，当事人对驳回管辖异议的裁定和判决一并申诉的，法院经查发现管辖错误但生效判决正确的，不再改变管辖；如果发现管辖裁定与生效判决均错误的，则应当按照审判监督程序决定再审。

人民法院对海关行政诉讼再审案件的判决，同样应该公开进行。作出再审判决的法院，可以委托原审法院代为宣判。

第十七章　海关行政赔偿

第一节　海关行政赔偿概述

一、海关行政赔偿的界定

（一）国家赔偿与行政赔偿

国家赔偿制度的法律依据是1994年5月12日第八届全国人民代表大会常务委员会第七次会议通过，2012年根据第十一届全国人民代表大会常务委员会第十四次会议的决定进行修订的《国家赔偿法》。该法第二条规定："国家机关和国家机关工作人员行使职权，有本法规定的侵犯公民、法人和其他组织合法权益的情形，造成损害的，受害人有依照本法取得国家赔偿的权利。"根据该条可知，国家赔偿是指国家机关及其工作人员在行使职权的过程中，侵犯公民、法人或者其他组织的合法权益并造成损害，由国家承担赔偿责任的法律制度。对于这一概念，可以做如下解释：

第一，国家赔偿是由国家承担法律责任。虽然侵权行为是由不同的国家机关或者机关工作人员实施的，但是，承担责任的主体不是这些机关和工作人员，而是国家。但是，国家作为虚拟的、抽象的责任主体，不可能履行具体的赔偿义务，一般由具体的国家机关承担赔偿义务，形成"国家责任，机关赔偿"的特殊形式。国家对受害人给予的赔偿费用来自国库，即最终支付赔偿费用的是国家。

第二，国家赔偿是对国家机关及其工作人员的行为承担责任。其中，国家机关是指国家行政机关、审判机关、检察机关、军队保卫部门、监狱管理机关；工作人员是指上述机关中履行职务的公务人员。此外，法律、法规授权的组织、行政机关委托的组织和人员行使职权造成的损害，国家也应当依法给予赔偿。

第三，国家赔偿是对前述机关及其工作人员行使职权的行为承担责任。意味着国家对国家机关及其工作人员的民事行为和个人行为造成的损害不给予赔偿，只对职务行为承担赔偿责任。此外，根据修订后的《国家赔偿法》，不管是违法行使职权造成损害还是在法定情形下合法行使职权造成损害，国家均应承担赔偿责任。

根据《国家赔偿法》的规定，国家赔偿分为行政赔偿和司法赔偿。行政赔偿是指行政机关及其工作人员在行使行政职权过程中侵犯公民、法人或者其他组织的合法权益并造成损害，由国家承担赔偿责任的法律制度。司法赔偿是指司法机关及其工作人员在行使司法权的过程中侵犯公民、法人或者其他组织的合法权益并造成损害，由国家承担赔偿责任的法律制度。司法赔偿又分为刑事司法赔偿与民事司法赔偿、行政司法赔偿。刑事司法赔偿是指行使侦查权、检察权、刑事审判权、监狱管理权、国家安全机关以及军队的保卫部门的国家司法机关及其工作人员执行职务过程中侵犯公民、法人或者其他组织的合法权益并造成损害，由国家承担赔偿责任的法律制度。民事、行政司法赔偿则是人民法院在审理民事、行政案件的过程中违法采取强制措施、保全措施或者对判决、裁定及其他生效法律文书执行错误，造成损害由国家承担的赔偿责任。赔偿请求人要求民事、行政司法赔偿的程序，适用《国家赔偿法》刑事赔偿程序的规定。可见，从立法内容上看，行政赔偿是国家赔偿的一种形式，两者具有种属关系。

（二）海关行政赔偿

海关国家赔偿制度是国家赔偿制度的一部分。海关国家赔偿制度是指海关及其工作人员在行使海关职能的过程中侵犯公民、法人或其他组织的合法权益并造成损害，由国家承担赔偿责任的法律制度。海关国家赔偿制度包括海关刑事赔偿和海关行政赔偿两类。

海关刑事赔偿，是指海关侦查走私犯罪公安机构及其工作人员行使职权侵犯公民、法人或其他组织合法权益造成损害所产生的赔偿责任，是海关国家赔偿的组成部分。为了保护公民、法人或其他组织依法取得行政赔偿权利，促进海关及其工作人员依法行使职权，保证各级海关依法、正确、及时处理行政赔偿案件，根据《国家赔偿法》《海关法》以及有关法律、行政法规，海关总署在2003年发布实施《中华人民共和国海关行政赔偿办法》（以下简称《海关行政赔偿办法》）。根据该办法，海关行政赔偿是指海关及其工作人员行使职权过程中，侵犯公民、法人或其他组织的合法权益并造成损害，依法由国家承担责任，对受害人予以赔偿的制度。海关行政赔偿案件包括海关及其工作人员行使职权导致的行政赔偿案件和依法对进出境货物、物品实施查验而发生的查验赔偿。

二、海关行政赔偿的特征

（一）海关行政赔偿属于国家赔偿

海关行政赔偿是国家赔偿的一类，属于行政赔偿的范畴，国家是海关行政赔偿的责任主体。国家机关及其工作人员的公务行为，侵害行政相对人的合法权益而产生的赔偿责任由国家承担。这是行政赔偿与民事赔偿的区别所在。但是，国家是虚拟抽象的概念，国家的职能要通过具体的国家机关来完成。因此，海关及其工作人员是完成国家海关职能并对相对人实施侵权的主体，代表国家完成行政赔偿义务的机关必然是海关。根据《行政诉讼法》及《国家赔偿法》的规定，海关行政赔偿请求人应首先向实施侵权行为的海关提出赔偿申请，并从该海关获得赔偿。海关先行承担了责任后，再通过财政拨款的形式将赔偿责任转移给国家。

（二）海关行政赔偿以海关及其工作人员行使职权的行为承担责任

“海关”不仅包括各级海关，还包括海关派出机构；“工作人员”不仅包括具有公务员身份的海关工作人员，还包括受海关委托执行公务的一般公民。“行使职权”意味着国家对国家机关及其工作人员的民事行为和个人行为造成的损害不给予赔偿，只对职务行为承担赔偿责任。此外，根据修订后的《国家赔偿法》，不管是违法行使职权（作为和不作为）造成损害还是在法定情形下合法行使职权造成损害，国家均应承担赔偿责任。而根据《海关行政赔偿办法》的规定，海关行政赔偿是以海关及其行政人员违法行使职权为前提。[①] 按照下位法服从上位法，后法优于前法的法律适用规则，海关行政赔偿不仅仅以海关及其行政人员违法行使职权为前提，还应包括在法定情形下合法行使职权造成损害。如海关依法对进出境货物、物品实施查验而发生的查验赔偿就属于海关合法行使职权造成损害。

（三）海关行政赔偿以侵犯海关行政相对人的合法权益并造成损害为一必要条件

意指海关及其工作人员行使职权侵犯的是海关行政相对人的合法权益，而不是违法权益；造成的损害是由海关及其工作人员行使职权所致，即海关及其工作人员行使职权的行为与相对人的损害存在因果关系。如果相对人的损害是由于其他因素导致的，不产生国家赔偿的问题，只能构成民事侵权；行政相对人所受到的损害必须是实际发生的，国家不赔偿可能发生的损害。

（四）海关行政赔偿责任的承担遵循依法承担原则

如果没有法律的规定，即使公民受到了海关行政机关的违法侵害，国家也有可能不承担赔偿责任。海关行政赔偿的方式、范围、程序等均应该按法律的明确规定进行，如果没有法律法规明确规定，一般不予赔偿。例如，对国防外交等国家行为，一般认为实行国家豁免；得以赔偿的损害限于人身权和财产权；赔偿限于最低限度的直接损失等。

三、海关行政赔偿的地位

建立行政赔偿制度是国家民主法制建设中的一件大事，对于实施宪法，监督行政机关依法行使职权，为受到国家行政行为侵害的公民、法人提供有效补救，都具有不可估量的意义，而且能增强国家机关工作人员的法律意识和责任心。具体来说，海关行政赔偿制度的建立，其意义表现在以下两个方面。

第一，海关行政赔偿制度有利于监督海关行政机关及其公务员依法行政，强化行政机关的自我约束，减少各种行政违法行为和滥用职权、渎职失职现象，提高行政效率，减少海关内部的行政腐败，因而有利于推进我国行政法治的进程。在法治社会，为使社会处于有序状态，任何人都必须对自己的行为负责，海关作为国家的进出境监督管理机关当然不能例外。因为海关享有人民赋予的优越于普通公民的权利，当然也应当承担与此权利相适应的责任，海关的活动必须在法律法规的范围内进行，海关行政侵权给公民、法人或其他组织造成损害的，理应确立海关赔偿责任。这对于增强海关工作人员的法律意识和工作责任心起到了强化作用。此外，确认海关行政赔偿责任保证了海关依法行政。自律总是不够的，还需要外部的监督和保障机制的他律，海关行政赔偿制度正是他律的设计，也是一种

---

① 《海关行政赔偿办法》第二条规定："各级海关办理行政赔偿案件，包括因海关及其工作人员违法行使职权导致的行政赔偿和依法对进出境货物、物品实施查验而发生的查验赔偿，适用本办法。"

潜在的压力，提醒海关公务员滥用行政职权将承担法律责任。因此在这种外在的制裁和压力下，可以有效地督促海关正确行使职权。

第二，海关行政赔偿制度，可以有效地补救受到海关行政侵害的受害人，这有利于国家的稳定和社会的进步，有利于构建和谐社会。有权利，就应该有救济。有效的补救恢复受到海关及海关工作人员侵害的公民、法人或者其他组织的合法权益，是行政赔偿制度基本功能之一。这不仅有利于保护公民、法人和其他组织的合法权益，而且有利于增进海关和公民、法人以及其他组织之间的相互信任和理解，便于海关管理目标的实现，进而构建良性互动、和谐一致的理想法制环境。

第二节　海关行政赔偿的归责原则

归责，即法律责任的归结，是指国家机关或其他社会组织根据法律的规定，依照法定程序判断、认定、归结和执行法律责任的活动。国家赔偿归责原则是国家赔偿责任的理论基石，是从法律价值上判断国家在何种情况下承担赔偿责任的根本标准和依据。目前各国国家赔偿的归责原则主要有过错责任原则、违法责任原则和危险责任原则等。对于这些归责原则，学术界褒贬不一，分歧也很大。如何选择及选择什么样的归责原则，对于确定国家赔偿责任的构成、免责条件及范围以及举证责任的负担等，均具有重要意义。海关行政赔偿责任的归责原则，是指在法律上确定赔偿义务机关赔偿责任所依据的某种标准，即海关凭什么要承担赔偿责任；某种损害发生后，是以行为人的过错为依据，还是以已发生的损害结果为依据，抑或以行为的违法为依据。修改后的《国家赔偿法》第二条规定：“国家机关和国家机关工作人员行使职权，有本法规定的侵犯公民、法人和其他组织合法权益的情形，造成损害的，受害人有依照本法取得国家赔偿的权利。”① 与修改前条文相比，虽然只是删除了“违法”两字，但归责原则发生了变化，即确立了由单一违法归责转变为以违法归责为主，结果归责、过错归责为辅的多元归责原则，尤其在刑事赔偿领域，采取违法归责与结果归责相结合的归责原则，大大拓宽了赔偿范围。② 海关行政赔偿的归责原则从民事赔偿的归责原则发展而来，但海关行政赔偿的归责原则又区别于民事赔偿的归责原则③。经过比较与借鉴，也依据《国家赔偿法》修正案和中国国情，海关行政赔偿归责原则是以客观过错（包含违法）原则为主、无过错原则为辅的归责原则体系。

一、过错归责原则

过错归责原则是指国家机关及其工作人员在行使职权时，存在着故意或过失或者致害

---

① 修改前条文：“国家机关和国家机关工作人员违法行使职权侵犯公民、法人和其他组织的合法权益造成损害的，受害人有依照本法取得国家赔偿的权利。”

② 在刑事赔偿领域，采取违法归责与结果归责相结合的归责原则。对错误逮捕、错误判适用“结果归责”；对刑事拘留适用“违法归责原则”；对于法院司法赔偿，则采取了“违法归责与过错归责”相结合的原则。

③ 我国民事赔偿采用以过错原则为主，以无过错原则、公平原则为辅的归责原则体系。

行为本身存在着某种欠缺，从而成为承担赔偿责任的根据。过错归责原则又包括主观过错、客观过错和公务过错。①《法国民法典》第一千三百八十三条规定：“任何人不仅对于因自己故意行为所生的损害负赔偿责任，而且还对因自己的懈怠（negligence）或者疏忽（impru-dence）造成的损害，承担赔偿责任。”在追究国家行政赔偿责任时，适用过错责任原则的理由：

第一，“过错归责原则”可以合理解决共同侵权行为和混合过错的责任承担问题。在海关执法实践中，由于联合执法现象的存在或管理职权的交叉，会出现海关和其他行政主体都有行使职权致使受害人遭受损失的情况，也可能出现相对人自己或第三人的过错而导致损害的情况。在这种情况下，如果根据“违法归责原则”就很难分清责任的轻重，因为海关虽然存在违法，但损失并不都是海关的行为造成的，把责任全部归责于“违法”的海关显然不合适。

第二，“过错归责原则”比“违法归责原则”更具包容性。海关等行政主体行政作为义务的义务来源广泛，不仅来源于法律、法规等的明文规定，还来源于先行行为、行政合同、行政承诺等；海关行政行为不仅包括不合法行为，也存在不合理行为；海关行政行为不仅有作为违法，也存在不作为违法。而“违法归责原则”只解决合法问题，不解决合理问题；“违法归责原则”只解决行政作为行为违法问题，难解决行政不作为行为违法的问题；“违法归责原则”只解决海关违反法律、法规明文规定义务的现象，不解决海关违反行政合同、行政承诺等义务的现象。因此，适用过错归责原则更有包容性和实用性。

第三，适用“过错归责原则”可以有效落实国家追偿。根据《国家赔偿法》的相关规定，所谓的国家追偿，是国家给受害人承担国家赔偿责任后，责令有故意或重大过失的国家行政机关工作人员承担部分或全部赔偿责任。在违法归责原则指导下，忽略违法与公务员的故意或重大过失之间的关系，主要认定行政主体违法，致使国家追偿制度落空。但如果适用过错责任归责原则，其归责的路径是先确认行政主体存在过错，再细分行政机关工作人员的个人与行政主体之间的过错份额，进而确定是否向行政机关工作人员追偿。例如，某人向海关申请颁发报关员资格证书，在资料齐全、手续完备的情况下，始终得不到海关答复，遂状告海关行政不作为。法院经审理认定具体负责颁发报关证的工作人员与申请者有个人恩怨，因而故意刁难并不予办理。这种过错是工作人员的个人过错，如果符合国家赔偿的构成要件，海关赔偿损失后就可以向该海关工作人员追偿。

此外，在海关的行政管理实践中，还存在大量的事实行为②，法律不可能对所有的事

---

① 主观过错原则是指致害行为具有的一种非难的心理状态。受非难的原因在于行为人应该意识到自己行为的后果，过错是由行为人内在意志决定的。该原则广泛用于英国、美国、日本等国的行政赔偿，但在实际中判断较困难。“客观过错原则”是指以某种客观行为为标准来判断行为人是否有过错，着眼于致害行为本身，从行为来判断是否具有过错。如美国的侵权行为法就采纳了不符合某种标准的学说，规定行为不符合法律为保护他人免受不合理的危险而订立的标准，即为过错。“公务过错原则”是指致害行为不符合正常的公务标准。此原则最早是在法国确立，它避免了主观过错判断的困难，也适应国家赔偿的特点。公务过错的主要表现形式有：公务实施不良，不执行公务，公务实施拖延。

② 事实行为包括行使公共权力时作出的不产生法律效力的行为，如提供咨询、进行指导等，也包括某些程序行为，如对某决定的执行行为、对扣押物品的保管等。

实行为进行规定，如果采用违法归责原则，使大量的事实行为致害排除在海关行政赔偿之外，不利于保护受害人权益。

二、无过错归责原则

随着人们对社会依赖性的不断扩大，行政权扩张成为现代社会的重要特征。行政权扩张预示着政府要广泛地承担起生存照顾的职责，建设道路、桥梁、隧道、楼房、机场、堤坝等公共设施供公众利用是政府履行生存照顾职责的体现。这些设施提高了公众的福利水平、保障了公民的生存权。然而，由公共设施导致的事故也频频发生，按照有损害就有救济理论，有必要明确法律责任来分配风险，公有公共设施致害赔偿制度应运而生。

公有公共设施致害的国家赔偿责任，是指对于一定范围内的公有公共设施，因其设置或者管理有瑕疵致使他人人身、财产权益受到损害时，国家对此损害承担赔偿责任。这里设置或者管理有瑕疵是指公有公共设施设置或者管理不完全、不完备状态，即该公有公共设施缺少通常应具备的安全性。设置欠缺包括设计不良、位置不当、基础不牢、施工质量低劣等；管理欠缺主要指公有公共设施设置后，存在维护不当、保护不当、疏于修缮检修等不完善的问题，使该公有公共设施缺少通常应具备的安全性。公有公共设施致使他人人身和财产损害，所应承担的赔偿责任是民事侵权责任还是国家赔偿责任，各国立法规定不尽一致，我国一直适用《中华人民共和国民法典》第一千二百五十八条进行处理，将其纳入民法调整范围。但是大多数国家则将公有公共设施致害赔偿作为国家赔偿的一部分。许多国家适用无过错责任来解决公共设施①致害问题，如法国对公共工程、公共建筑物的实施，公共建筑物的存在缺乏正常维修、运行给第三者造成异常、特别损害负无过错责任。行政主体对由于公产②处于破坏状态而对他人造成损害时，要负赔偿责任。日本早在大正时期（1912—1926 年）发生的德岛游动圆木事件中即以判例形式确立了国家对公共营造物的设置、管理瑕疵承担赔偿责任。1947 年日本以成文法的形式确立了公有公共设施国家赔偿责任。日本《国家赔偿法》第二条第一款规定了由于道路、河川及其他公共营造物的设置或管理有瑕疵，给他人带来损害时，国家或公共团体对该损害承担赔偿责任。

无过错原则，是指无论国家机关及其工作人员有无过错，只要损害结果发生，致害人就要承担赔偿责任。无过错归责原则是为弥补过错责任原则的不足而设立的制度，其目的在于赔偿受害人所受的损失，以达到“分配正义”。因为很多时候，国家机关及其工作人员无过错，也可能侵害相对人合法权利。而且，无过错原则是在具有高度危险的领域对过错原则的补充，在此领域，完全依靠过错原则，则无力提供充分救济；在性质上，无过错原则不以过错为基础，不从行为本身是否有过错出发，而是从结果出发，有损害结果即导致赔偿。将公有公共设施的致害纳入国家赔偿的理由：

第一，公有公共设施的致害纳入国家赔偿是适应服务性政府的要求。我国《国家赔偿法》定位于行政权力的致害救济，而对政府的公共服务职责认识不足。随着政府职能从高

---

① 公有公共设施是指由国家或特许的公务法人为了公共目的设置或管理的，供公众使用或使用于公务的有体物或设备。

② 公产是指供公众使用或公务使用的行政主体的财产。

权行政转向服务行政，提供优质便捷的公有公共设施已成为政府的重要职责，如果政府没有尽到职责，就应承担赔偿责任。

第二，公有公共设施的致害纳入国家赔偿是规制海关行政不作为的有效办法。国有公共设施的致害行为大多是由于国家行政机关工作人员或特许的人员行政不作为造成的。对于国有公共设施，有权管理的人员必须尽职尽责管理保护好。但由于行政人员的行政不作为，造成受害人损害，或者不正当履行职务而造成受害人损害，这种致害行为说到底还是行政机关违法行使职权或不行使职权造成的，应当成为行政赔偿的一项内容。有利于促使行政机关增强责任心，精心设置、管理公有公共设施，不因赔偿责任与己无关而怠于行使职责。如海关对使用的办公楼、海关专用的焚烧机等办公设施有管理修缮义务，未尽到义务致人损害，海关要承担行政赔偿责任。

第三，公有公共设施的致害纳入国家赔偿有利于相对人。适用民法规定不利于保护受害者的合法权益。如果将公有公共设施致害纳入国家赔偿范围并确立无过错责任或危险责任原则，对公有公共设施受害者获赔极为有利。另外，由于一般民事主体的财力有限，有时可能出现有损害但无赔偿能力的现象。将公有公共设施的致害纳入国家赔偿，使相对人的赔偿具有了保障性。

海关除了职务侵权、公用设施管理等方面以无过错归责原则承担行政赔偿责任外，海关查验赔偿也是承担无过错责任。所谓查验赔偿，是指海关在查验进出境货物、物品时，损坏被查验的货物、物品的，应当赔偿当事人的实际损失。海关查验赔偿是《海关法》规定的海关特有的赔偿制度，适用的是无过错责任的归责原则，不以违法作为赔偿的前提条件。根据《海关法》第九十四条的规定，海关在依法查验进出境货物、物品时，损坏被查验的货物、物品的，当事人对实际损失有权要求海关赔偿。这在学理上一般认为是一种行政补偿，即国家对公民、法人和其他组织因行政机关和行政机关工作人员合法行使职权行为或因公共利益需要致其合法权益受到损害而给予补偿的一种法律救济制度。

第三节　海关行政赔偿的范围

一、海关行政赔偿范围概述

行政赔偿的范围是指国家行政机关及其行政人员在行使职权时对受害人造成损害的哪些行为和损害予以赔偿的制度。各国行政赔偿的范围都有一定的限制，只是限制的大小不同而已。范围界定标准有的采用行为标准（导致行政赔偿责任的原因行为范围），有的采用损害标准（行政赔偿的损害范围），有的采用行为与损害相结合的方式。我国《国家赔偿法》使用的主要是行为标准。行政赔偿的范围是行政赔偿制度的核心问题，既涉及国家在多大范围内对行政行为负担赔偿责任，更决定着受害人对哪些事项享有索赔的权利。海关行政赔偿的范围是指海关在行使职权或者作出与行使职权相关的行为时，给公民、法人或者其他组织造成损害的，国家给予赔偿的范围。

海关行政赔偿范围的确定对于相对人来说，意味着界定受害人享有和行使行政赔偿请求权的界限，意味着属于海关行政赔偿范围内的事项和损害，国家必须承担责任，赔偿义务机关必须履行赔偿义务，任何个人和组织不得限制和剥夺受害人的行政赔偿请求权；对于海关来说，明确其行使行政行为而对行政相对人造成损害的赔偿范围，不仅有利于海关更加合法、合理地行使行政职权，而且确定了海关只要行使了法律规定的属于国家承担赔偿责任的行政侵权行为就必须履行行政赔偿义务；对于法院来说，明确海关行政赔偿纠纷的范围，有利于明确法院受理行政赔偿案件的范围，也有利于确定人民法院对海关的司法监督程度。我国有关法律、法规对于海关行政赔偿的范围采用了成文的条款性的规定，有概括性语言，亦有具体列举，有肯定性的范围，又有否定的范围。

二、侵犯人身权的海关行政赔偿范围

“人身权”是人重要的一项权利。《宪法》意义上的人身权是指公民为了生存而必不可少的、与公民的身体和名誉密不可分的权利；民法学意义上的人身权是指与权利主体自身密不可分的、没有财产内容的权利，包括人格权（包括人身自由权、生命健康权、姓名权、肖像权、名誉权等）和身份权（荣誉权、婚姻自由权等）；行政学意义上的人身权范围比较广泛，除了《宪法》、民法规定的人身权外，还包括行政法律规定的特殊人身权，如公务员的身份保障权。学理上认为人身权是指来去自由，参加或者放弃的自由，及一般来说只要是没有法律禁止即可以做一个人想做的事的自由。根据《国家赔偿法》《海关行政赔偿办法》的规定，海关及其工作人员有下列违法行使行政职权、侵犯公民人身权情形之一的，受害人有取得赔偿的权利。

（一）违法扣留公民的

人身自由是公民的基本权利，是公民从事任何社会活动的基础，但是，行政机关在公民有某种违法行为或者在客观情势必要的情况下，可以对其予以拘留或采取限制人身自由的行政强制措施。基于公民人身自由和社会秩序之间的矛盾，法律①规定了行政机关限制公民人身自由的条件、措施或程序等，行政机关必须依法实施。否则就会侵犯人身权，构成此需要赔偿的范围。具体包括：（1）对没有走私犯罪嫌疑的公民予以扣留的；（2）未经直属海关关长或者其授权的隶属海关关长批准实施扣留的；（3）扣留时间超过法律规定期限的；（4）有其他违法扣留情形的。

（二）违法采取其他限制公民人身自由的行政强制措施的

法律明确规定了采取行政强制措施的条件和措施等，行政机关必须要依法实施。所谓依法实施，首先是指限制公民人身自由的行政强制措施只有在法律有规定时才能采取，其次是指在采取限制公民人身自由的强制措施时必须要符合法律的相关规定，如法定条件、法定期限、法定程序等。否则，就属于违法采取限制公民人身自由的行政强制措施。

---

① 《海关法》第六条明确规定了海关对走私犯罪嫌疑人，扣留时间不超过24小时，在特殊情况下可以延长至48小时。

（三）非法拘禁或者以其他方法非法剥夺公民人身自由的

“中华人民共和国公民的人身自由不受侵犯”，是《宪法》规定的公民的基本权利。因此，任何人或机关都不能对公民的人身非法剥夺。法律规定了“非法”的拘留处罚制度、限制人身自由和行政强制的措施，但行政机关在实施过程中，如违背了拘留处罚和行政强制措施的有关规定，采取拘禁或者以其他方法剥夺或者限制公民的人身自由，即侵犯公民的人身权。也就是说，海关在法定的行政强制措施以外，不允许以任何方式方法限制或剥夺公民的人身自由。否则，即构成非法拘禁或非法剥夺公民的人身自由。

（四）以殴打、虐待等行为或者唆使、放纵他人以殴打、虐待等行为造成公民身体伤害或者死亡的

在实践中，不仅存在行政执法人员采用殴打或者唆使他人殴打的行为，而且还可能存在一些虐待行为。此类案件属于对公民的生命健康权的侵犯，将其纳入行政赔偿的范围，有利于遏制刑讯逼供、随便折磨人的非人道行为。生命健康权是人固有的权利，是人进行各种活动、创造社会财富的基础。因此，公民的身体不受伤害，生命不可剥夺，任何海关行政机关都限于使用法律规定的手段，而任何法律都不允许行政机关用殴打或者其他造成公民身体伤害的暴力达到目的。

（五）违法使用武器、警械造成公民身体伤害或者死亡的

武器、警械是指枪支、警棍、警绳、手铐等。有权使用武器、警械的行政机关工作人员主要有人民警察（包括海关缉私警察）、武警部队人员等。武器、警械的使用必须具备一定的条件。根据有关规定，人民警察在执行逮捕、拘留、押解人犯和值勤、巡逻、处理治安案件等公务时，可以使用武器、警械，但符合使用条件、使用时间、使用种类、使用程序等。对于违法使用武器、器械有以下几种情况：（1）不该使用的场合，使用了武器、警械；（2）使用武器、警械超过了必要的限度；（3）该使用甲种武器、器械却错误地选择使用了乙种武器、警械；（4）没有经过批准程序使用武器、警械等。凡是海关行政机关违法使用了武器、警械造成公民身体伤害或者死亡的，都应承担赔偿责任。

（六）造成公民身体伤害或者死亡的其他职权行为

“造成公民身体伤害或者死亡的其他职权行为”属于概括性规定，防止遗漏了某些对公民人身权造成损害应当承担的赔偿责任的行为，意指凡是海关行政机关在行使职权或相关职务行为时造成公民身体伤害或死亡的，国家都要承担赔偿责任。例如，海关行政机关及工作人员在执行公务过程中违反交通规则撞伤行人等。

根据我国《国家赔偿法》第三十三条的规定，对于侵犯人身权的赔偿，以支付赔偿金为主要赔偿方式。侵犯公民人身自由的，每日赔偿金按照国家上年度职工日平均工资计算。《国家赔偿法》第三十四条具体规定了侵犯公民生命健康权的赔偿金计算方法。

（1）造成身体伤害的，应当支付医疗费、护理费，以及赔偿因误工减少的收入。减少的收入每日的赔偿金按照国家上年度职工日平均工资计算，最高额为国家上年度职工年平均工资的5倍。

（2）造成部分或者全部丧失劳动能力的，应当支付医疗费、护理费、残疾生活辅助具费、康复费等因残疾而增加的必要支出和继续治疗所必需的费用，以及残疾赔偿金。残疾赔偿金根据丧失劳动能力的程度，按照国家规定的伤残等级确定，最高不超过国家上年度职工年平均工资的20倍。造成全部丧失劳动能力的，对其扶养的无劳动能力的人，还应当支付生活费。

（3）造成死亡的，应当支付死亡赔偿金、丧葬费，总额为国家上年度职工年平均工资的20倍。对死者生前扶养的无劳动能力的人，还应当支付生活费。

上述第（2）、（3）项规定的生活费的发放标准，参照当地最低生活保障标准执行。被扶养的人是未成年人的，生活费给付至18周岁止；其他无劳动能力的人，生活费给付至死亡时止。

三、侵犯财产权的海关行政赔偿范围

财产权是指以财产利益为内容，直接体现某种物质利益的权利，包括物权、债权、继承权和知识产权。具体如所有权、经营自主权、土地使用权、租赁权、专利权、商标权、著作权、劳动权、休息权等。根据《国家赔偿法》和《海关行政赔偿办法》第六条的规定，海关及其工作人员在行使行政职权时有下列侵犯财产权情形之一的，受害人有取得赔偿的权利：违法实施罚款，没收货物、物品、运输工具或其他财产，追缴无法没收的货物、物品、运输工具的等值价款，暂停或者撤销企业从事有关海关业务资格及其他行政处罚的；违法对生产设备、货物、物品、运输工具等财产采取扣留、封存等行政强制措施的；违法收取保证金、风险担保金、抵押物、质押物的；违法收取滞报金、监管手续费等费用的；违法采取税收强制措施和税收保全措施的；擅自使用扣留的货物、物品、运输财产或者其他财产，造成损失的；对扣留的货物、物品、运输工具或者其他财产不履行保管职责，严重不负责任，造成财物损毁、灭失的，但依然交由有关单位负责保管的情形除外；违法拒绝接受报关、核销等请求，拖延监管，故意刁难或不履行其他法定义务，给公民、法人或者其他组织造成财产损失的；变卖财产应当拍卖而未依法拍卖，或者有其他违法处理情形造成直接损失的；造成财产损害的其他违法行为。可见，损害造成的原因主要集中在海关行政不作为或海关及其工作人员在实施海关行政处罚、海关行政强制、海关行政收费时违法操作引起的。

关于侵犯财产权的赔偿，按照《国家赔偿法》第三十六条的规定处理：（1）处罚款、罚金、追缴、没收财产或者违法征收、征用财产的，返还财产；（2）查封、扣押、冻结财产的，解除对财产的查封、扣押、冻结，造成财产损坏或者灭失的，依照本条第（3）项、第（4）项规定赔偿；（3）应当返还的财产损坏的，能够恢复原状的恢复原状，不能恢复原状的，按照损害程度给付相应的赔偿金；（4）应当返还的财产灭失的，给付相应的赔偿金；（5）财产已经拍卖或者变卖的，给付拍卖或者变卖所得的价款；变卖的价款明显低于财产价值的，应当支付相应的赔偿金；（6）吊销许可证和执照、责令停产停业的，赔偿停产停业期间必要的经常性费用开支；（7）返还执行的罚款或者罚金、追缴或者没收的金钱，解除冻结的存款或者汇款的，应当支付银行同期存款利息；（8）对财产权造成其他损害的，按照直接损失给予赔偿。不难看出，现行法律规定的侵害财产权的损害赔偿的范围极其有限。“返还财产”、“解除对财产的查封、扣押、冻结”和“恢复原状”属于与赔偿并行的责任形式，这些责任形式的功能各不相同，不能彼此互相代替。

四、海关精神损害赔偿范围

《国家赔偿法》第三十五条规定：“有本法第三条或者第十七条规定情形之一①，致人精神损害的，应当在侵权行为影响的范围内，为受害人消除影响，恢复名誉，赔礼道歉；造成严重后果的，应当支付相应的精神损害抚慰金。”本条包含三层意思：一是精神损害抚慰金的适用范围是国家机关侵犯公民人身自由权、生命健康权等人身权利造成的损害；二是适用精神损害抚慰金的前提是采用非财产性救济方式（如停止侵害、恢复名誉、消除影响、赔礼道歉）不足以弥补权利主体的损失时；三是精神损害不同于其他形式的损害，无法以金钱予以衡量，因此赔偿数额不宜太高，仅“抚慰”即可。

《国家赔偿法》将精神损害抚慰金纳入国家赔偿范围意义重大。在民事领域早已认可精神损害赔偿，于2001年3月颁布的《最高人民法院关于确定民事侵权精神损害赔偿责任若干问题的解释》第八条第二款规定：“因侵权致人精神损害，造成严重后果的，人民法院除判令侵权人承担停止侵害、恢复名誉、消除影响、赔礼道歉等民事责任外，还可以根据受害人一方的请求判令其赔偿相应的精神损害抚慰金。”民事侵权和国家公权力侵权同属侵权行为，并无本质区别，造成精神损害理应都得到赔偿。当公民的人身权利受到公权力侵犯而产生精神损害时，当然更有责任对此承担损害赔偿义务。与此同时，对于受害人人身权受到的损害，国家不可能用类似恢复原状的方式承担责任。相比之下，金钱赔偿是最切实可行的。因此，精神抚慰金纳入国家赔偿，是对受害人的补偿和安慰，是对致害者的警戒和教育，也促使有关国家机关依法行使职权，减少损害他人人格、人身权的侵权行为的发生，进而保护公民的合法权益。

关于国家赔偿精神抚慰金数额的确定，可以借鉴《最高人民法院关于审理人身损害赔偿案件适用法律若干问题的解释》第十八条和《最高人民法院关于确定民事侵权精神损害赔偿责任若干问题的解释》第十条的规定，同时也基于国家精神损害赔偿的特殊性，法官在充分考虑客观因素（如受害人住所地的经济水平）、侵权人因素（如侵权原因、主观动

---

① 《国家赔偿法》第三条规定：“行政机关及其工作人员在行使行政职权时有下列侵犯人身权情形之一的，受害人有取得赔偿的权利：（一）违法拘留或者违法采取限制公民人身自由的行政强制措施的；（二）非法拘禁或者以其他方法非法剥夺公民人身自由的；（三）以殴打、虐待等行为或者唆使、放纵他人以殴打、虐待等行为造成公民身体伤害或者死亡的；（四）违法使用武器、警械造成公民身体伤害或者死亡的；（五）造成公民身体伤害或者死亡的其他违法行为。”《国家赔偿法》第十七条规定：“行使侦查、检察、审判职权的机关以及看守所、监狱管理机关及其工作人员在行使职权时有下列侵犯人身权情形之一的，受害人有取得赔偿的权利：（一）违反刑事诉讼法的规定对公民采取拘留措施的，或者依照刑事诉讼法规定的条件和程序对公民采取拘留措施，但是拘留时间超过刑事诉讼法规定的时限，其后决定撤销案件、不起诉或者判决宣告无罪终止追究刑事责任的；（二）对公民采取逮捕措施后，决定撤销案件、不起诉或者判决宣告无罪终止追究刑事责任的；（三）依照审判监督程序再审改判无罪，原判刑罚已经执行的；（四）刑讯逼供或者以殴打、虐待等行为或者唆使、放纵他人以殴打、虐待等行为造成公民身体伤害或者死亡的；（五）违法使用武器、警械造成公民身体伤害或者死亡的。”

机、过错程度、侵权情节、对恢复受害人权益的态度等）、受害人因素（如受害人的自身特点和个体差异、受害人精神损害的程度和后果、受害人的谅解程度）等来裁量确定赔偿数额。

五、海关行政赔偿范围的排除

海关不承担赔偿责任的范围，也称海关行政赔偿的抗辩事由。根据《国家赔偿法》和《海关行政赔偿办法》，下列情形不属于海关行政赔偿的范围：

（1）海关工作人员与行使职权无关的个人行为。行政机关工作人员行使职权的行为是行政行为，其行为结果归属于国家，行政机关工作人员与行使职权无关的行为属于个人行为，其行为结果应归属于个人，由此造成的损害由个人承担。

（2）因公民、法人和其他组织自己的行为致使损害发生的。行政赔偿以损害为前提，但是有损害，不一定就有海关行政赔偿，在他人过错的情况下，行政机关可以免责。

（3）因不可抗力、意外事件、正当防卫、紧急避险等造成损害后果的。《中华人民共和国民法典》规定的不可抗力、意外事件、正当防卫、紧急避险等，同样也适用于海关行政赔偿中的免责情况。

（4）法律规定的其他情形。如国防、外交等国家行为造成的损害、因修改法律法规造成的损害、因行政相对人的过错而扩大的损害等，海关也不承担赔偿责任。

第四节　海关行政赔偿当事人

行政赔偿关系中的当事人是指因发生行政赔偿争议，以自己的名义参加行政赔偿活动，并受行政赔偿决定或裁判约束的主体，具体包括海关行政赔偿请求人、海关行政赔偿义务机关以及海关行政赔偿中的第三人。

一、海关行政赔偿请求人

海关行政赔偿请求人是指因其合法权益在海关行政管理活动中受到海关及其工作人员的侵害，而有权依法要求赔偿的当事人。《国家赔偿法》第六条第一款规定："受害的公民、法人和其他组织有权要求赔偿。"《行政诉讼法》第六十七条第一款规定："公民、法人或者其他组织的合法权益受到行政机关或者行政机关工作人员作出的具体行政行为侵犯造成损害的，有权请求赔偿。"可见，行政赔偿请求人是合法权益受到海关及其工作人员行使行政职权行为侵害的公民、法人或其他组织。

根据《国家赔偿法》和《海关行政赔偿办法》的相关规定，赔偿请求资格在法定条件下可以转移：受害的公民死亡，其行政赔偿请求权转移至其继承人或其他有扶养关系的亲属；赔偿请求人为无民事行为能力人或者限制民事行为能力人的由其法定代理人或指定代理人代为要求赔偿；企业法人或者其他组织被行政机关撤销、变更、兼并、注销的，其行政赔偿请求权转移至其继受组织。

二、海关行政赔偿义务机关

海关行政赔偿义务机关是指因其本身或者由其委托的其他组织以及所属的工作人员，在行使职权过程中侵犯行政相对人的合法权益，而依法必须承担赔偿责任的海关。国家赔偿的责任主体是国家，但国家是庞大的、结构复杂的政治实体，受害者无法直接请求国家承担具体的赔偿义务，必须通过组成国家的各个具体的行政机关去赔偿。行政赔偿义务机关是代表国家承担赔偿义务的机关。行政赔偿义务机关代表国家处理赔偿请求、支付赔偿费用、参加赔偿诉讼等。行政赔偿的义务机关，应当区分不同情况而定。根据《国家赔偿法》《海关行政赔偿办法》的规定，认定海关行政赔偿义务机关的规则如下：

（一）单独的赔偿义务机关

海关本身行使行政职权侵犯公民、法人和其他法人组织的合法权益造成损害的，该行政机关为赔偿义务机关；海关所属的工作人员行使行政职权侵犯公民、法人和其他组织的合法权益造成损害的，其所属的海关为赔偿义务机关。两者的区分在于：海关以自己名义发布命令，工作人员负责执行的，是行政机关实施的行为；海关没有明确命令，工作人员在执法过程中根据具体情况自行决定实施侵权行为的，视为该公务员所在的行政机关实施的行为。另外，海关依法设立的派出机构行使行政职权侵犯公民、法人和其他组织的合法权益造成损害的，设立该派出机构的海关为赔偿义务机关；受海关委托的组织或者个人在行使受委托的海关行政权力时侵犯公民、法人或其他组织的合法权益造成损害的，委托的海关为赔偿义务机关；赔偿义务机关被撤销的，继续行使其职权的海关为赔偿义务机关；没有继续行使其职权的海关的，该海关的上一级海关为赔偿义务机关。

（二）共同赔偿义务机关

两个以上海关共同行使行政职权时侵犯公民、法人和其他组织的合法权益造成损害的，共同行使行政职权的海关为共同赔偿义务机关；海关与其他行政机关联合执法的，海关与其他行政机关为共同的赔偿义务机关；两个以上的海关工作人员分属不同的海关，在其共同行使职权时侵犯公民、法人和其他组织的合法权益造成损害的，应当以海关工作人员所在的海关为共同的赔偿义务机关。

共同的赔偿义务机关之间负连带责任，受害人可以向共同的赔偿义务机关中的任何一个机关要求赔偿；如果引起行政赔偿诉讼，共同的赔偿义务机关为共同的被告。

（三）选择性赔偿义务机关

经海关行政复议机关复议的，复议决定没有加重损害的，由造成侵权行为的海关为赔偿义务机关；如果复议决定加重损害的，海关行政复议机关对加重部分承担赔偿义务；如果赔偿请求人只对作出原行政决定的海关提起行政赔偿诉讼，作出决定的海关为被告；如果赔偿请求人只对海关行政复议机关提起赔偿诉讼的，仅以海关行政复议机关为赔偿义务机关。

三、海关行政赔偿第三人

海关行政赔偿第三人是指同海关行政赔偿案件处理结果有法律上的利害关系，除海关行政赔偿请求人以外的其他公民、法人和其他组织。《海关行政赔偿办法》第二十条规定：“同赔偿案件处理结果有利害关系的其他公民、法人或者其他组织，可以作为第三人参加赔偿案件处理。申请以第三人身份参加赔偿案件处理的，应当以书面形式提出，并对其与赔偿案件处理结果有利害关系负举证责任。赔偿义务机关认为必要时，也可以通知第三人参加。第三人参加赔偿案件处理的，赔偿义务机关应当制作《第三人参加行政赔偿案件处理通知书》，并送达第三人、赔偿请求人。”

第五节　海关行政赔偿程序

一、海关行政赔偿程序概述

行政赔偿程序是指受害人依法取得国家赔偿、行政机关或者人民法院依法办理行政赔偿事务应当遵守的步骤、方法、顺序和时限的总称。海关行政赔偿程序是指海关赔偿请求人请求海关行政赔偿和海关行政赔偿义务机关、人民法院处理海关行政赔偿案件所遵循的方式、步骤、期间、顺序的总称。海关行政赔偿程序是海关行政赔偿请求人依法获得行政赔偿这一实体权利的程序保障。根据《行政诉讼法》《国家赔偿法》《海关行政赔偿办法》等相关规定。海关行政赔偿程序有两种类型：一是单独请求海关行政赔偿的程序；二是附带请求海关行政赔偿的程序。所谓单独请求海关行政赔偿的程序，是指请求人仅就行政侵权行为造成损害的后果提出具体的赔偿请求，而未针对侵权的具体行政行为或事实行为[①]提出违法性审查。所谓附带请求海关行政赔偿的程序，是指海关行政相对人在提起海关行政复议和海关行政诉讼的同时一并提出海关行政赔偿请求所遵循的方式、步骤、期间和顺序的总称。

附带行政赔偿的处理方式见图 17.1。

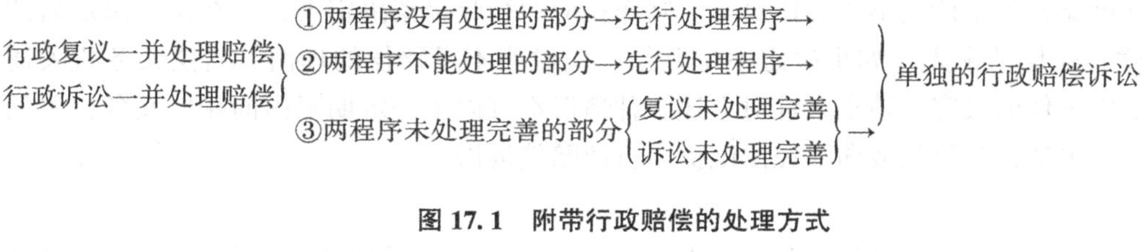

图 17.1　附带行政赔偿的处理方式

---

① 所谓事实行为，是指国家机关和国家机关工作人员实施的不发生法律效果或虽然发生法律效果，但效果的发生是由于外界的某种事实状态所致的行为。能够引起国家赔偿的行政事实行为，仅限于侵犯生命权、健康权、财产权的行政事实行为。对于这些事实行为，可以直接提起单独的行政赔偿诉讼。

二、海关处理行政赔偿案件的程序

海关行政赔偿请求人单独提出海关行政赔偿请求时必须首先向赔偿义务海关提出，因此，作为赔偿义务机关的海关有义务处理行政赔偿案件。

单独海关行政赔偿请求的提出必须符合一定的要件：请求人必须具有海关行政赔偿请求权；必须有明确的海关行政赔偿义务机关；必须在法定期限内提出海关行政赔偿请求；所提出的海关行政赔偿请求必须在法律规定的应予赔偿的损害范围内。

海关行政赔偿请求人必须以书面形式提出赔偿请求。如果赔偿请求人书写申请书确有困难的，可以委托他人代书，最后由本人签名或盖章，以示申请书的内容是本人的真实意思表示。如果海关行政赔偿请求人委托他人代书亦有不便，也可以口头申请，由赔偿义务海关将其口头申请记入笔录，经海关赔偿请求人确认无误后，由请求人签字或盖章。该笔录则与正式申请书的法律效力相同。申请书应记载下列事项：（1）受害人姓名、性别、年龄、工作单位和住所，法人或者其他组织的名称、住所和法定代表人或者主要负责人的姓名、职务；（2）具体的要求、事实根据和理由；（3）赔偿义务海关的名称；（4）申请的年、月、日；（5）有关的附件。包括复议决定书、法院判决书、医疗证明、证人、照片等证据材料或证据线索。

海关行政赔偿义务海关在收到行政赔偿申请书后，应当出具加盖本行政机关专用印章并注明收讫日期的书面凭证并对申请书进行初步审查；审查的期限规定是5个工作日；审查的结果有：受理、不予受理、补正材料等。受理作出“受理决定书”，不受理作出“不予受理决定书”，均送达到赔偿请求人。对于申请材料不全，需要补齐的应当当场或者在5日内一次性告知赔偿请求人需要补正的全部内容。海关审理赔偿案件，参照《中华人民共和国海关实施〈行政复议法〉办法》以及海关审理行政复议案件实行合议制的有关规定执行；赔偿义务机关核实相关证据材料，对被限制人身自由的人死亡或者丧失行为能力的赔偿案件，承担损害和行为是否存在因果关系的举证责任；应当对本案事实进行调查；就赔偿方式、赔偿项目、赔偿数额听取赔偿请求人意见并与其民主协商；在收到赔偿申请书后的2个月内①作出海关行政赔偿案件的处理决定。

赔偿义务机关在尊重事实、尊重法律的基础上，在充分听取赔偿请求人意见和协商后，最终可能作出赔偿或不予赔偿决定，制作相应的行政赔偿决定书，并在作出决定后的10日内送达赔偿请求人。如果决定不予赔偿，应说明不予赔偿的理由。赔偿义务机关还有可能不作出任何决定。请求人针对上述3种情形都可以于法定期限内向赔偿义务机关的上一级海关申请行政复议或向人民法院提出行政赔偿诉讼。

---

① 行政赔偿义务海关应当自收到赔偿请求之日起2个月内作出赔偿或不赔偿的决定。但有下列情形之一的，其间中止，从中止期间的原因消除之日起，赔偿机关作出决定的期间继续计算：赔偿请求人死亡，需要等待其继承人或其他有扶养关系的亲属以及死者生前扶养的无劳动能力的人表明是否参加赔偿案件处理的；作为赔偿请求人的法人或者其他组织终止，需要等待其权利承受人的确定以及其权利承受人表明是否参加赔偿案件处理的；赔偿请求人丧失行为能力，尚未确定其法定代理人或指定代理人的；赔偿请求人因不可抗拒的事由，不能参加赔偿案件处理的；需要依据司法机关，其他行政机关、组织的决定或者结论作出决定的；其他应当中止的情形。

在赔偿义务机关受理赔偿申请之后，赔偿决定作出之前，有下列情形之一的，应当终止赔偿案件审理，制作“行政赔偿案件终止决定书”，并送达赔偿请求人、第三人：赔偿请求人申请撤回赔偿申请的；发现在受理赔偿申请之前赔偿请求人已向复议机关申请复议或者已向人民法院提起行政诉讼，并且复议机关或人民法院已经依法受理的；有其他终止的情形的。

三、附带请求海关行政赔偿的程序

附带请求海关行政赔偿的程序是指海关行政相对人在提起海关行政复议和海关行政诉讼的同时一并提出海关行政赔偿请求所遵循的方式、步骤、期间和顺序的总称。附带请求海关行政赔偿的程序，完全适用海关行政复议和海关行政诉讼程序。其特点为：将确认海关行政职权行为违法与要求海关行政赔偿两项请求一并提出，并要求并案处理。海关行政复议机关或人民法院通常先对海关行政职权的违法性进行确认，然后再决定是否应予海关行政赔偿。《海关行政赔偿办法》第十七条规定：“赔偿请求人要求行政赔偿应当先向赔偿义务机关提出，也可以在申请行政复议和提起行政诉讼时一并提出。”

（一）行政复议附带赔偿程序

在行政复议中一并提出赔偿请求的受理和审理适用行政复议程序。根据《行政复议法》规定的行政复议程序，行政复议机关对违法的具体行政行为进行审查并作出裁决。在赔偿处理中行政复议机关可以适用调解，以调解书的形式解决赔偿争议，也可以作出赔偿的裁决。如果被申请人依法应当承担赔偿责任，即使申请人没有提出申请，行政复议机关也应当决定予以赔偿。行政复议机关在撤销被诉具体行政行为违法的同时，应当作出赔偿决定。复议机关应当在收到复议申请书起 60 日内作出复议决定，申请人对复议机关作出的包括赔偿裁决在内的复议决定不服，可以在收到决定书之日起 15 日内，向人民法院提起行政诉讼。

（二）行政诉讼附带赔偿程序

行政诉讼附带赔偿程序，是指人民法院受理和审理行政诉讼的同时附带裁决行政赔偿请求的程序，是一种特殊的行政诉讼。提起行政诉讼附带赔偿诉讼的条件：原告是行政侵权行为的受害人；有明确的被告；有具体的诉讼请求和相应的事实根据；属于人民法院受案范围和受诉人民法院管辖；管辖适用《行政诉讼法》关于管辖的规定；原告单独提出赔偿请求的，必须先向赔偿义务机关提出，对赔偿义务机关的处理决定不服或者赔偿义务机关的不作为不服才可以提起诉讼；在法律规定的时效内起诉。当事人提出赔偿请求的时效为 2 年，从侵害行为被确认为违法之日起计算。对赔偿义务机关逾期不予赔偿或者对赔偿数额有异议的，应当在赔偿义务机关处理期限届满后的 3 个月内，向人民法院提起诉讼，一并要求赔偿的时效按照行政诉讼的规定进行。

对行政诉讼附带赔偿案件，法院一律组织合议庭审理；原告应当对被诉具体行政行为造成损害的事实提供证据；被告有义务提供不予赔偿或者减少赔偿额方面的证据，被告对被限制人身自由的人死亡或者丧失行为能力的赔偿案件，承担损害和行为是否存在因果关系的举证责任。

赔偿诉讼可以适用调解。受害人和赔偿义务机关达成协议，应当制作行政赔偿调解书，调解书应写明赔偿请求、案件事实和调解结果，应由审判人员、书记员署名，加盖人民法院印章送达双方当事人，调解书在双方当事人签收后，即具有法律效力。在特定的给付案件中，人民法院在作出判决之前，会因原告生活困难，裁定义务人采取先行给付一定款项或者特定物，并立即交付执行的措施。行政赔偿诉讼裁判的执行包括划拨、罚款、司法建议和追究刑事责任。

一、汇某公司诉浦江海关讨赔偿案

（一）案情简介

上海汇某实业有限公司（简称汇某公司）于2001年11月申报进口人工草坪。上海浦江海关征收关税和代征增值税后放行。之后，浦江海关发现汇某公司进口人工草坪税则归类错误，导致税率差异，故于2002年10月又向汇某公司补征关税和代征增值税共计4.7万余元。[1] 汇某公司缴纳了补征的税款后（以下简称补税行为），于2003年1月以浦江海关2001年11月13日的征税行为（以下简称初征税行为）违法为由，向浦江海关申请行政赔偿。2003年3月21日，浦江海关作出不予行政赔偿决定，认为海关征税行为合法，汇某公司的赔偿请求不符合《国家赔偿法》第二条、第四条规定的赔偿条件，决定不予赔偿。

在赔偿申请被拒后，汇某公司于2003年4月28日起诉至上海市第二中级人民法院，要求确认浦江海关初征税行为违法，并要求浦江海关赔偿因税则归类错误导致其无法将补征税款计入成本核销所产生的经济损失，损失数额与补征税行为的税额相同。一审法院认为，汇某公司提供的工程施工合同约定的单价，包括人工草坪、铺设所需辅料及人工费用，该证据与赔偿请求之间无法律上因果关系。此外，汇某公司未提供造成损害以及行政违法与损害后果之间有因果关系的事实证据。据此，驳回汇某公司的诉讼请求。汇某公司提出上诉，认为由于征税违法导致补征税，从而产生进口人工草坪的新成本，而征税所涉及的人工草坪已在补征税之前出售，因此新增成本只能充抵上诉人所获收益。二审法院审理后认为，上诉人汇某公司提供的证据显示人工草坪的单价相差较大，而这些人工草坪进口时适用的税率相同，可见征税数额并非合同定价的主要因素。因此上诉人主张的利益损失并不确定，不确定的利益不构成直接损失。据此，二审法院驳回汇某公司的诉讼请求，维持一审

① 汇某公司于2001年11月13日由上海协某（集团）有限公司代理报关，申报的进口人工草坪商品编号为39189090，共计8491.2平方米。浦江海关于2001年11月13日向汇某公司征收关税101515.8元，代征增值税132308.96元。浦江海关放行后发现原征税所依据的商品编号错误导致税率差异，正确的商品编号应为57033000。编号为39189090的商品2001年的进口税率为15%，2002年为10%，编号为57033000的商品2001年的进口税率为21%，2002年为19.3%。2002年10月22日，浦江海关向汇某公司补征关税40606.32元，代征增值税6903.02元，汇某公司缴纳了补征的税款。

原判。

（二）法律分析

1. 本案是单独提起行政赔偿诉讼。赔偿请求人是汇某公司，赔偿义务机关是上海浦江海关。按照“法不溯及既往”的法律适用规则，此案适用2010年修改前的《国家赔偿法》。按照当时的《国家赔偿法》的相关规定，单独提起国家赔偿请求必须先有赔偿义务机关违法确认。本案是一起因海关补征税款引起的行政赔偿案件，由于征税机关失误发现少征税款而予以补征。该补征税款的行为，可视为对初征税行为违法性的确认。此外，在一审证据交换时，浦江海关已承认初征税行为违法，在开庭审理中，浦江海关再次确认违法。据此，法院认定汇某公司符合起诉条件。

2. 海关初征税未造成直接损失，浦江海关的初征税行为违法与赔偿申请人的损失之间没有因果关系。从初始征收到发现少征并予以补征需要一个过程，其间可能发生货物销售，纳税人的利润可能会发生因补征税款而减少的情况。但是初征税行为未对汇某公司造成直接损失。首先，《海关法》专门确立了海关补征税制度，本案中初征和补征的税款系汇某公司本应承担的义务。其次，行政赔偿诉讼中，原告应当对被诉具体行政行为造成损害的事实提供证据。汇某公司提供的其与杭州市景芳中学、复旦大学、上海仕贤实业发展有限公司签订的合同，签约时间均在浦江海关原征税之前，合同已确定了销售人工草坪的面积、价格等内容，汇某公司依据以上合同要求浦江海关承担行政赔偿责任，缺乏事实证据。汇某公司提供的工程施工合同约定的单价，包括人工草坪、铺设所需的辅料及人工费用，其提供的证据与赔偿请求之间无法律上的因果关系。企业定价应主要取决于市场因素，关税的高低并非决定企业定价的唯一因素。

二、A港桂某纸业有限公司诉A海关行政赔偿案①

（一）案情简介

1996年，桂某公司与香港和澳门两家公司签订了2000吨白卡纸进料加工复出口合同，同年12月13日，桂某公司将上述加工贸易合同向南宁海关下属A海关备案，并凭此办理了两本加工登记手册，手册有效期截至1997年5月31日。1996年12月25日，桂某公司持上述手册向A海关申报进口白卡纸2000.86吨。由于桂某公司生产车间所在地A港市港口区渔洲城到1997年5月8日才开始正式供应生产用电，截至5月27日，该公司只加工生产白卡纸56吨。同日，桂某公司以当地电力供应问题致使其不能在手册有效期内完成加工任务为由，向A海关申请办理手册展期手续，A海关作出不予续展的决定［防关函（1997）26号通知］，并要求桂某公司在合同期满后的1个月内办理上述白卡纸内销补税手续。1997年6月22日，桂某公司向A海关申请将进料加工白卡纸退运出境，但A海关对桂某公司的退运申请未

① 案例来源：http：//www.doc88.com/p-014901173838.html。

予答复。1997年7月11日，A海关对桂某公司进行常规稽查，以桂某公司有飞料走私嫌疑为由，于7月18日查封了桂某公司的库存白卡纸及厂房。1997年9月10日A海关作出稽查处理决定，责令该公司在15天内对未经海关许可擅自内销的140吨白卡纸补税435899.51元，库存白卡纸限期加工出口。但9月15日，A海关又下文通知桂某公司限期到其处核销进料加工合同。桂某公司在得到A港外经贸批准内销的发〔1997〕第35号审批文后，于1997年12月25日向A海关申请内销白卡纸841.797吨。1998年2月10日，A海关向桂某公司出具税款缴款书，桂某公司提出以该公司存放于A港港务局仓库内的800吨白卡纸作为税款抵押物，申请先放行货物后再补缴税款，A海关接受其税款抵押担保申请，于2月12日核准放行了该公司申报内销的白卡纸841.797吨。但此后桂某公司未履行缴纳税款义务，在海关多次催缴后，只缴纳了税款保证金70万元，拖欠税款2016334.77万元。1998年9月3日，A海关决定采取税收强制措施，委托广西公务拍卖行拍卖桂某公司作为税款抵押的800吨白卡纸。

桂某公司不服A海关上述行政处理决定，向A港市中级人民法院提起行政诉讼，请求：确认A海关查封该公司厂房的具体行政行为违法；撤销A海关要求该公司补税内销白卡纸的行政指令并确认该公司根据上述指令内销白卡纸行为无效；撤销A海关要求该公司补缴税款的行政决定；判决A海关批准该公司将进口白卡纸退运出境；判决A海关赔偿该公司经济损失1149.146万元。

（二）法律分析

法院认为：A海关“防关函（1997）26号通知”的有关内容违反法律规定。理由：

（1）当地供电部门未能按时供电是造成桂某公司不能如期履行加工合同的主要原因，应属特殊情况，A海关在对桂某公司申请展期事由是否属“特殊情况”未作合理审查的情况下，即作出不予展期决定，违反了海关《对进料加工进出口货物管理办法》的有关规定，为明显不合理执法。

（2）依据有关规定，内销属于需企业申请的行为，A海关在桂某公司未提出内销申请的情况下强制其内销补税进口料件，没有法律依据，属于越权执法，违背“法无授权不得为”的原则。

（3）A海关不予批准桂某公司退运申请的具体行政行为违法。理由：对于无法按期出口的进料加工料件，一般可采取“内销补税”或“退运境外”两种方式处理，有关法律、法规及规章未明确何种方式不能实施。根据“法无明文禁止则可为之”原则，桂某公司有权在上述两种方式（“内销补税”或“退运境外”）中作出选择，A海关不能以法律、法规无具体规定为由拒绝其退运申请。

（4）A海关实施的查封行为违法。根据《中华人民共和国海关稽查条例》的有关规定，海关只能查封货物且所查封货物可就地封存由当事人自行保管，也可异地封存，但本案A海关在桂某公司厂房门口贴上封条，实际上已构成对其厂房的查封，A海关的查封行为指向错误。

（5）A 海关应对其不准桂某公司退运货物行为和查封桂某公司厂房行为所造成的直接经济损失承担行政赔偿责任。具体范围包括：①桂某公司加工和内销后余下的 1805.86 吨白卡纸因不能退运境外所支付的仓储费用，计算期间从海关明确口头答复不同意退运货物的 1997 年 10 月 23 日（原告、被告双方均认可的海关口头答复不予退运的日期）起，至 A 港市外经委同意桂某公司内销白卡纸的 1998 年 2 月 9 日止，计算标准按每日 0.35 元/吨计算，合计仓储费用为 69525.61 元；②上述 1805.06 吨白卡纸因不能退运境外所造成的价值损耗，以桂某公司于 1997 年 10 月 23 日与外方签订退运合同所确定的到岸价格 810 美元/吨（当日美元与人民币外汇牌价为 1：8.283）扣减该公司与国内企业签订内销合同成交价 8500 元/吨所得余值，价值损耗合计 2593323.31 元；③因 A 海关查封桂某公司厂房致使该公司生产车间停工期间实际支出的有关费用，合计 22000 元。上述三项费用共计 2684848.92 元。

（6）2002 年 1 月 10 日，广西高院对本案作出终审判决：撤销 A 港市中院一审判决；确认 A 海关"防关函（1997）26 号通知"违法；确认 A 海关不予批准桂某公司退运申请行政行为违法；确认 A 海关查封桂某公司厂房行为违法；判决 A 海关赔偿桂某公司直接经济损失 2684848.91 元；驳回桂某公司的其他诉讼请求。历时 3 年，海关败诉赔偿约 268 万元。

第六节　海关行政追偿程序

一、海关行政追偿概述

赔偿制度解决的是国家或行政机关与受害人之间的关系，追偿制度解决的是国家或国家行政机关与其工作人员之间的关系。在行政赔偿中，行政工作人员是直接实施侵权行为的人，其所造成的损害应由所在行政机关予以赔偿。但是，具体实施侵权行为的工作人员不能完全免除责任，由此就产生了行政赔偿中的追偿制度。海关行政追偿是指海关代表国家向行政赔偿请求人支付赔偿费用以后，依法责令有故意或重大过失的海关行政人员、受委托的组织或个人承担部分或全部赔偿费用的法律制度。《国家赔偿法》第十六条规定："赔偿义务机关赔偿损失后，应当责令有故意或者重大过失的工作人员或者受委托的组织或者个人承担部分或者全部赔偿费用。"

（一）追偿的性质和意义

海关的工作人员或者受委托的组织和个人，在行使职权时，以国家海关代表的身份出现，因此，其职权行为侵犯公民、法人或其他组织的合法权益时，受害人不能向行使职权的个人或者被委托的组织要求赔偿，只能向代表国家的海关行政赔偿义务机关要求赔偿。但是，致害人因故意或重大过失导致的损失，其应当承担责任。因此，追偿制度实际上是一种制裁，着眼于监督责任人恪尽职守、依法行政、防止其滥用职权。追偿制度既可以保证受害人及时得到赔偿，避免海关行政因资金薄弱难以向受害人支付足额赔偿费用的情形，又可监督海关行政人依法行使行政职权，增强其责任感，使海关行政人尽职尽责，同时还可以减轻国家财政负担。

（二）海关行政追偿的形式

海关行政追偿的形式是海关先向受害人赔偿，然后根据法定条件和情况责令致害的海关行政人员支付赔偿费用，即“先赔后追”的方式。这种方式能够使受害人及时得到海关行政赔偿，有利于保护受害人的合法权益，同时建立对有故意或重大过失的海关行政人员进行追偿的制度，可以监督其依法行政、忠于职守，督促海关行政人员合法、合理地行使海关行政权，履行职责。

二、海关行政追偿人与被追偿人

（一）海关行政追偿人

海关行政追偿人应当是赔偿义务机关，包括：因海关的工作人员行使职权，侵犯公民、法人或其他组织的合法权益造成损害、引起赔偿的，该工作人员所在的海关为海关行政追偿人；受海关委托的组织或个人行使所委托的海关的行政职权，造成侵权损害赔偿的，委托的海关是海关行政追偿人。

（二）海关行政被追偿人

海关行政被追偿人是实施造成受害人合法权益损害的侵权行为的海关行政人员或受委托的组织和个人。在数人共同实施加害行为的情况下，该数人均为海关行政被追偿人，应根据各行为人在加害行为中的地位、作用以及过错的轻重，分别确定其追偿责任；直接受海关委托行使海关行政职权的组织内部的成员实施加害行为，该受委托的组织为海关行政被追偿人。该组织在承担了追偿责任之后，还可以根据内部的规定追究直接责任人员的责任。工作人员因执行错误命令而造成损害的，应以发布错误命令的责任人为被追偿人，而不应以执行命令的人为被追偿人；经合议行为发生的赔偿责任，所有投赞成票的工作人员都是被追偿人。

（三）被追偿人的权利和责任

《海关行政赔偿办法》第五十五条规定：“有关责任人员对追偿有申辩的权利。”被追偿人既具有不服决议，向上级行政机关或者监察、人事行政机关申诉的权利，也理应有进行赔偿、履行赔偿义务的责任。追偿的金额一般应当在其月工资的 1 至 10 倍之间，特殊情况下可调整。另外，根据《国家赔偿法》的规定，对于有故意或者重大过失的责任人员，有关机关应当依法给予行政处分，构成犯罪的，应当依法追究刑事责任。《海关行政赔偿办法》第五十条规定：“对有本办法第五条、第六条所列行为导致国家赔偿的有故意或者重大过失的责任人员，由有关部门依法给予行政处分；有违法所得的，依法没收违法所得；构成犯罪的，依法追究刑事责任。”也就是说，被追偿人还可能承担行政处分，情节严重的，可能受到刑事制裁。

三、海关行政追偿的条件

海关行政追偿的实行，根据其性质和形式，必须具备以下两个条件：

（1）赔偿义务的海关已经向受到侵害的公民、法人或其他组织支付了赔偿金或者履行了其他的赔偿要件。赔偿本身的性质决定了只有具备国家承担了赔偿责任这一前提条件，才可能产生追偿问题。在赔偿义务海关向受害人履行赔偿义务之前，不发生追偿。

（2）海关行政人员或者受海关委托的组织或个人行使海关行政职权侵犯受害人的合法权益并造成损失，其在主观上有故意或者重大过失。行政追偿的核心是责任人员有故意或者重大过失，也就是严重的主观错误。“故意”是指致害的海关行政人员或受委托的组织或个人在行使海关行政权力、执行海关行政职务时，明知自己的行为会给行政相对人的合法权益造成侵权伤害，却仍然希望或放任这种损害结果发生的主观心理状态。“重大过失”是指海关行政人员或受委托的组织或个人在行使海关行政职权时未能达到注意的一般标准，致使他人合法权益遭到侵犯并造成损害的。

四、海关行政追偿金额

追偿义务海关有权依法责令与故意或重大过失有关的海关行政人员或受委托的组织、个人承担部分或全部赔偿费用。追偿金额的范围，以赔偿义务海关支付的损害赔偿金额为限。在海关行政赔偿案件处理过程中，赔偿义务海关所支付的办案经费、诉讼费用等应从海关的财政经费支付，不宜列入追偿范围；如果赔偿义务海关因自己的过错而支付了过多的赔偿金时，对超额部分无权追偿。

追偿金额的确定方式上，有的国家采取了协议的方法，由追偿人和被追偿人进行协商，以确定追偿数额、给付方式等，如果不能达成协议，赔偿义务机关有权作出决定。我国对此没有具体规定。

追偿金额的大小要与过错程度相适，同时考虑被追偿者的薪金收入。《海关行政赔偿办法》第五十二条规定：“对责任人员实施追偿时，应当根据其责任大小和造成的损害程度确定追偿的金额。追偿的金额一般应当在其月基本工资的1～10倍之间，特殊情况下作相应调整。”过错重的多赔，过错轻的则少赔，在此原则下，追偿金的具体数额应与被追偿者所得的工资额相适应，且考虑被追偿者的家庭生活费用。

参考文献

1. 翁岳生. 行政法［M］. 北京：中国法制出版社，2009.

2. 胡建淼. 行政法学［M］. 北京：法律出版社，2007.

3. 应松年. 当代中国行政法［M］. 北京：中国方正出版社，2005.

4. 关保英. 比较行政法学［M］. 北京：法律出版社，2008.

5. 陈小文. 行政法的哲学基础［M］. 北京：北京大学出版社，2009.

6. ［德］平特纳. 德国普通行政法［M］. 朱林，译. 北京：中国政法大学出版社，1999.

7. 庞中英. 全球化、反全球化与中国［M］. 上海：上海人民出版社，2002.

8. 周佑勇. 行政法专论［M］. 北京：中国人民大学出版社，2010.

9. ［美］朱迪·费里曼. 合作治理和新行政法［M］. 毕洪海、陈标冲，译. 北京：商务印书馆，2010.

10. 袁建国. 海关行政法［M］. 北京：中国人事出版社，1993.

11. 刘达芳. 海关法教程（第二版）［M］. 北京：中国海关出版社，2009.

12. ［法］克劳德若·贝尔，亨利·特雷莫. 海关法学［M］. 北京：中国社会科学出版社，1991.

13. 海关总署国际合作司. 简化和协调海关制度的国际公约（京都公约）总附约和专项附约指南［M］. 北京：中国海关出版社，2003.

14. 杨向东. 外贸行政法概论［M］. 北京：中国法制出版社，2012.

15. 姚梅琳. 中国海关概论［M］. 北京：中国海关出版社，2002.

16. 张正钊，胡锦光. 行政法与行政诉讼法（第四版）［M］. 北京：中国人民大学出版社，2015.

17. ［法］孟德斯鸠. 论法的精神（上）［M］. 张雁深，译. 北京：商务印书馆，1982.

18. 中国社会科学院语言研究所词典编辑室. 现代汉语词典（修订本）［M］. 北京：商务印书馆，1996.

19.《法学词典》编辑委员会. 法学词典［M］. 上海：上海辞书出版社，1985.

20. 郑传坤. 现代行政管理学［M］. 北京：法律出版社，2006.

21. ［日］盐野宏. 行政法总论［M］. 杨建顺，译. 北京：北京大学出版社，2008.

22. 罗豪才. 行政法学［M］. 北京：北京大学出版社，1996.

23. 杨海坤. 跨入21世纪的中国行政法学［M］. 北京：中国人事出版社，2000.

24. ［日］米丸恒治. 私人行政——法的统制的比较研究［M］. 洪英，等，译. 北京：中国人民大学出版社，2010.

25. 薄守省，等. 美国337调查程序实务［M］. 北京：对外经济贸易大学出版社，2006.

26. 姜明安. 行政法与行政诉讼法［M］. 北京：北京大学出版社、高等教育出版社，2007.

27. 沈宗灵. 法理学（第二版）[M]. 北京：高等教育出版社，2004.

28. [德] 哈特穆特·毛雷尔. 行政法学总论 [M]. 高家伟，译. 北京：法律出版社，2000.

29. 陈晖，邵铁民. 案例海关法教程 [M]. 上海：立信会计出版社，2007.

30. 应松年. 行政法与行政诉讼法（第二版）[M]. 北京：法律出版社，2009.

31. [阿塞拜疆] A. A. 阿里耶夫. 海关业务与世界经济发展 [M]. 方宁，刘平，译. 北京：中国海关出版社，2006.

32. [荷] 克拉勃. 近代国家观念 [M]. 王检，译. 长春：吉林出版集团有限责任公司，2009.

33. 杨解君. 特别行政法问题研究 [M]. 北京：北京大学出版社，2005.

34. 陈新民. 中国行政法学原理 [M]. 北京：中国政法大学出版社，2002.

35. 邵铁民. 海关法学 [M]. 上海：上海财经大学出版社，2004：67.

36. 江国华. 中国行政法（总论）[M]. 武汉：武汉大学出版社，2011.

37. 应松年. 行政法学新论 [M]. 北京：中国方正出版社，2004.

38. 毕家亮. 海关行政法学 [M]. 北京：中国海关出版社，2002.

39. 严励. 海关行政法 [M]. 北京：中国政法大学出版社，2008.

40. 周叶中. 宪法 [M]. 北京：高等教育出版社、北京大学出版社，2005.

41. 江国华. 立法：理想与变革 [M]. 济南：山东人民出版社，2007.

42. [美]乔·萨托利. 民主新论 [M]. 冯克利，阎克文，译. 北京：东方出版社，1993.

43. 列宁. 列宁全集（第 10 卷）[M]. 北京：人民出版社，1987.

44. 李林. 立法理论与制度 [M]. 北京：中国法制出版社，2005.

45. 周旺生. 立法论 [M]. 北京：北京大学出版社，1994.

46. 成卉青. 海关法与海关法研究的若干问题 [J]. 海关研究，1987（1）.

47. 金维新，王润田. 海关法与经济法、行政法之比较——海关法性质浅议 [J]. 海关研究，1987（1）.

48. 梁文忠.《海关法》属于行政法的范畴 [J]. 海关研究，1987（4）.

49. 邵铁民. 海关法性质刍议 [J]. 海关教学与研究，1987（4）.

50. 丁良培. 论《海关法》的行政法属性 [J]. 海关教学与研究，1989（3）.

51. 万曙春. 二十年海关法研究基本状况和发展趋势综述 [J]. 上海海关学院学报，2010（1）.

52. 张尚鷟. 谈谈《海关法》的性质 [J]. 海关研究，1987（3）.

53. 何晓兵. 论海关法的概念、性质及特征 [J]. 海关研究，1987（3）.

54. 张洪光. 海关法的经济法范畴及对构建现代海关法律制度的影响 [J]. 世界海运，2005（3）.

55. 万曙春. 从行政法角度解读海关法的新发展——兼谈对“海关法属于典型经济法”的不同意见 [J]. 上海海关学院学报，2010（3）.

56. 朱秋沅. 一种学科角度的尝试：谈我国海关法的相对独立性及海关法学的前路 [J]. 上海海关学院学报，2010（1）.

57. 陈晖. 海关法是一门什么性质的法？——综合性海关法概念之提倡［J］. 上海海关学院学报，2008（2）.

58. 宋华琳. 部门行政法与一般行政法的改革——以药品行政领域为例证［J］. 当代法学，2010（2）.

59. 宋华琳. 医疗服务监管的国际经验及启示［J］. 中国卫生政策研究，2009（4）.

60. 宋华琳. 部门行政法与一般行政法的改革——以药品行政领域为例证［J］. 当代法学，2010（2）.

61. 吴展. 晚近 WTO 法的发展与我国海关立法之因应［J］. 国际商务研究，2011（2）.

62. 陈晖. 经济全球化下海关法面临的挑战及对策［J］. 国际贸易问题，2005（1）.

63. 朱秋沅. 我国海关法性质发展近路的法理探析——写于我国当代《海关法》修订十周年之际［J］. 研究生法学，2010（6）.

64. 余凌云. 部门行政法学的发展与建构——以警察（行政）法学为个案的分析［J］. 法学家，2006（5）.

65. 胡敏洁. 合作行政与现代行政法发展的新方向——读《合作治理与新行政法》［J］. 行政法学研究，2012（2）.

66. 刘成斌，赵颖磊. 如何破解外贸危险品集装箱监管困境——美国海关与边境保护局集装箱管理的启示［J］. 中国水运，2008（5）.

67. 维洪. 一张面孔对外——美国的口岸执法部门改革［J］. 中国海关，2004（2）.

68. 周阳. 试论美国海关贸易便利化制度的特点——以美国海关 C-TPAT 制度为视角［J］. 上海海关学院学报，2010（2）.

69. 宋世明. 解析《公务员法》中分类制度之设计原理［J］. 法商研究，2005（4）.

70. 吴展. 府际行政协调机制在区域立法协调领域的贡献及不足——以长江三角洲为例［J］. 延边大学学报，2012（2）.

71. 童之伟. 立法“根据宪法”无可非议——评：“全国人大立法不宜根据宪法说”［J］. 中国法学，2007（1）.

72. 孙荣燕. 论入世后海关行政立法的完善［D］对外经济贸易大学，2003 届法律硕士论文.